JN444515

헤겔연구 제29호

예술의 생명성

*이 학술지는 2010년도 정부재원(교육인적자원부 학술연구조성 사업비)으로 한국학술진흥재단의 지원을 받아 출판되었음

헤겔연구 제29호

예술의 생명성

한국헤겔학회 편

발간사

헤겔이 철학을 시대 속에서 파악한 것은 잘 알려진 사실이다. 철학은 시대를 진단할 뿐 아니라 새로운 시대를 '욕구'한다. 그가 언명하는 "시대는 탄생의 시대이며 새로운 시기로 이행하는 시대이다." 이러한 시대의 철학은 분열을 마감하고 통합과 조화를 추구하는 과제를 떠맡는다. 새로운 시대정신은 기존의 정신에서 자신을 소외시키며 계몽을 다시 계몽하고 독자적 개체를 공동체로 고양시킨다. 유한과 무한의 분열을 통합하고 통합된 조직에 생명을 불어넣는다. 인간에게 맞서 있는 존재를 그와 통합시키고 삶의 분열을 전체의 생명 가운데 조직화한다. 여기서 철학은 현실적 지식이 되며 형이상학도 새로운 시대정신의 학문이 된다.

형이상학이 현실적 지식이자 학문이라는 주장은 그 자체가 엄청난 폭발력을 지닌다. 이것은 철학을 전대미문의 차원으로 고양시키는가 하면 현실을 새로운 사유가 펼쳐지는 마당이 되게 한다. 철학의 위상과 현실 작용성이 달라진 것이다. 형이상학은 헤겔 이후 더 이상 추상적인 논의에 머물지 않으며 그때그때 존재의 의미를 창출하는 주체 속에 있다. 주체의 학문은 운동하는 사유의 도움으로 상대적 지평을 넘어서며 절대성까지 자기화한다. 분열을 극복하려는 욕구와 이를 이겨낼 수 있다는 용기는 절대자 속에서 사유하고 사유 속에서 절대자를 찾는 활동에서 정점에 도달한다.

이러한 절대자의 사유는 오늘의 철학이 비판하는 대상이기도 하지만 그것을 상실한 자들이 동경하는 대상이기도 하다. 이것은 헤겔이 한편으로 동경하고 다른 한편으로 이를 넘어서려고 했던 그리스의 인륜과 같은 모습이 되었다. 헤겔이 파악한 철학과 시대의 연관을 우리 시대에 적용해 본다면, 이 연관은 우리에게 형이상학의 변화를 요구한다. 무의 형이상학과 형이상학의 해체를 주장하고 탈형이상학의 노선 속에서 규범과 의사소통을 강조하는 흐름 속에서 새로운 변화가 필요한 것이다.

이러한 환경에서 오늘의 헤겔 연구는 수많은 과제에 직면해 있다. 철학을 시대정신으로까지 파악한 헤겔의 중심 사상을 염두에 둘 때 과제는 더 많이 확인된다. 철학과 인문학의 무용론까지 횡행하는 현실 가운데 헤겔의 정신을 유의미하게 드러낼 수 있는 새로운 시도가 그 어느 때보다 더 요구되는 것이다. 탈형이상학과 반(反)헤겔의 현실을 도외시하고 텍스트 독해에만 머무는 것은 그의 정신을 드러내는 절반의 노력에 지나지 않을 수 있다. 분열의 통합을 철학의 과제로 받아들인다면 현재의 사상 가운데서 헤겔의 유산을 확인할 수 있어야 하며 더 나아가 반헤겔의 정신까지도 끌어안을 수 있는 새로운 사상의 지평을 그려낼 수 있어야 한다. 반형이상학과도 적극적으로 대화할 때 형이상학은 손상된 절대성을 회복하고 미래적 학문으로 전개될 수 있을 것이다.

『헤겔연구』 제29집에도 이러한 맥락에서 집필된 다양한 논문들이 실렸다. 특히 월례 발표회의 집중적인 논의를 보여주는 토론을 첨부함으로써 발표회 현장의 목소리를 이어갈 수 있는 기회를 마련했다. 모든 글들이 문제성에서 사유의 진보를 보여주고 있는 만큼, 후속 연구도 이들 논문에 대한 적극적인 인용과 참조를 통해 지금 여기에서 운동하고 있는 정신을 보다 생생하게 담아낼 수 있기를 기대한다. 이로써 연구자들 사이의 살아 있는 교류는 물론이고, 후학들이 헤겔의 정신을 이해하고 실험해볼 수 있는 실질적인 파급효과가 나타나기를 바란다.

2011년 5월

한국헤겔학회 회장 최신한

차례

제1부

헤겔과 미학

헤겔의 미학에서 예술의 생명성*

서 정 혁

요약문

헤겔은 '미학 강의'에서 자연에 대한 예술의 우위를 주장하면서도, 동물적 유기체에게 적용되는 원리가 미학의 '보조적인 전제'로 수용될 수 있으며, 예술형식들 중 내용과 형식이 온전히 합치하는 고전적 예술이 영혼과 육체의 통일에서 비롯되는 유기적 '생명성'에 비견될 수 있다고 주장한다. 여기서 다음과 같은 질문이 제기 가능하다. 첫째, 어떻게 생명성과 관련하여 자연과 예술이 서로 유의미한 비교대상이 될 수 있는가? 둘째, 예술의 생명성은 고전적 예술에서만 가능한 것인가? 셋째, 고전적 예술의 해체 이후에도 예술에서 생명성이 가능하다면, 그것은 구체적으로 어떤 의미를 지니는가? 이 같은 물음들과 관련하여 본 논문은 다음과 같은 내용들을 검토한다.

첫째, 동물적 유기체의 생명성과 고전적 예술형식의 생명성이 어떤 점에서 서로 유의미하게 비교대상이 될 수 있는지, 그리고 어떻게 동물적 유기체에서 나타나는 생명성이 원칙적으로 자연미보다 예술미를 우선시하는 헤겔의 '미학 강의'에서 '보조적 전제'로 수용가능한지에 대해 논한다. 특히 동물적 유기체에서 '영혼과 육체의 일치'라는 점과 예술에서 '개념과 실재의 일치'라는 점을 상호 비교검토해 보고, 개념과 실재가 온전히 딱 들어맞는 고전적 예술형식에서 조각과 같은 예술작품을 통해 어떻게 조화로운 아름다움이

* 이 논문은 2010년도 정부재원(교육과학기술부 인문사회연구역량강화사업비)으로 한국연구재단의 지원을 받아 연구되었음(NRF-2010-327-A00155).

실현되는지를 살펴볼 것이다.

둘째, 헤겔의 '미학 강의' 내에서 고전적 예술형식의 해체 이후에도 과연 예술에게 '생명성'이 가능한지, 만일 가능하다면 그것이 구체적으로 어떤 의미를 지니는지를 낭만적 예술형식과 '예술의 과거성과 종언' 문제를 중심으로 살펴본다. 헤겔은 '미학 강의'에서 고전적 예술에서 아름다움의 이념이 온전하게 실현된다고 언급하면서 곧이어 '예술의 과거성'을 논하고 있다. 그리고 이 '예술의 과거성'은 더 이상 개념과 실재가 온전하게 일치하지 않고, 이념상(das Ideale)이 분열되고 해체되어 버리는 낭만적 예술형식의 성격에 기인하는 것으로 보고 있다. 그런데, 헤겔에 의하면 낭만적 예술형식에서는 기독교의 영향으로 유한한 인간이 자신 속에서 '죽음'이라는 부정적 계기를 내면화하면서 '신과 인간의 진정한 화해'가 이루어지고 의인(신)관(Anthropomorphismus, 신인동형설)이 완성된다. 이 점에서 '예술의 과거성'은 한편으로 이상적인 고전적 예술형식의 과거성, 종언을 함축하는 것으로 판단되며, 따라서 고전적 예술형식의 해체 후에도 여전히 예술에서 '생명성'을 논하는 것이 유의미하다는 사실이 드러난다.

셋째, 낭만적 예술형식 및 그 해체 이후 다양한 외면적 삶이 예술과 관련하여 지니는 특징과 의미에 관해 살펴보고, 헤겔의 관점에서 예술의 본질을 현재에 비추어 조명해 본다. 헤겔에 의하면 절대적 주관성과 내면성을 우선시하는 낭만적 예술형식을 거치면서 예술에서는 모든 평범한 객관을 소재로 수용하는 것이 가능해진다. 이 가능성으로 인해 예술은 더 이상 아름다움의 이념을 감각적으로 표현하는데 목적을 두지 않고, 오히려 평범하고 일상적인 삶을 그 가변성과 유한한 일시성 속에서 포착하는데 의미를 둔다. 그리고 '인류 전체와 그들의 전체 발전'이 예술의 무한한 소재가 된다고 한다. 결국 이러한 상황은 예술이 예술 스스로를 해체하고 자신의 경계를 부정하는 과정으로 해석될 수 있고, 헤겔의 표현대로 하자면 '무엇이 예술작품인지를 말하기가 어려운 시대'의 도래를 알리는 것이기도 하다. 이 같은 예술에 대한 헤겔의 통찰은 현재에도 예술 자체에 대해 여전히 중요한 의미를 지니는 것으로 해석될 수 있다.

● 주요어 : 생명성, 예술의 과거성, 예술의 종언, 고전적 예술형식, 낭만적 예술형식, 이념상, 의인관

1. 머리말

예술(Kunst)은 자연적인 생명체가 아니다. 예술은 무엇을 만드는 인간의 능력이거나, 예술작품인 그 결과물로서 그 자체로는 생명체가 아니다. 헤겔의 철학 체계에서 삶(Leben)이나 생명성(Lebendigkeit)은 일차적으로 자연철학에서 논의될 수 있는 주제다. '미학 강의'에서도 헤겔은 이 점을 기본적으로 견지하고 있다. 식물이나 동물과 같은 자연산물은 그 자체로 생명체이지만 예술작품은 사물로서는 전혀 살아 있는 생명체가 아니다. 이렇게 자연적으로 살아 있다는 관점에서 보면 살아 있는 것이 죽어 있는 것보다 더 고귀하므로, '자연생산물이 예술품보다 더 고귀하지 않느냐?'라는 질문이 제기될 수도 있다.[1] 그러나, '미학 강의'에서 한편으로 헤겔은 자연물과 예술작품의 차별성을 뚜렷하게 부각시킨다. 헤겔은 다음과 같이 말한다. "예술작품은 사물적 존재(Dingsein)의 이러한 측면에 따라서 존재하는 것이 아니라, 예술작품은 정신의 세례를 받고 유지하면서 오직 정신으로만 존재한다."[2] 예술작품은 자연적으로 살아 있지 않기 때문에 오히려 "존속하고 지속할 수 있으며",[3] "자연적으로 살아 있으려는 목적"을 전혀 지니지 않는다.[4]

헤겔은 자신의 '미학 강의'가 다루는 본래적인 대상은 '예술'이며, 아름다움에 있어서는 예술이 자연보다 우월하기 때문에, 자연미는 미학의 본래적인 대상이 될 수 없다는 점을 다음과 같이 분명히 밝힌다.[5]

---

1) Hotho, 11쪽.
2) Hotho, 11쪽.
3) Hotho, 11쪽.
4) Hotho, 18쪽.
5) 다른 판본에서도 동일한 언급이 발견된다. "이 강의는 미학, 즉 아름다움, 그 중에서도 예술미의 철학, 학문에 전념한다. 우리는 자연미를 배제한다. …… 우리가 예술미만을 대상으로 삼는 것은 자의적인 규정이 아니다."(Kehler, 1쪽) "이 강의는 미학에 전념한다. 즉 미학의 대상은 아름다움의 폭넓은 영역이며, 더 자세히 말하자면 예술, 그 중에서도 아름다운 예술이 그 영역이다. …… 우리는 [예술 철학이나 아름다운 예술 철학과 같은] 이러한 표현을 사용함으로써 곧바로 자연미는 제외한다. …… 우리는 우선 예술미가 자연미보다 우월하다고 주장할 수 있다. 왜냐하면 예술미는 정신으로부터 탄생한, 정신에서 다시 태어난 아름다움이기 때문이다. 정신과 정신의 산물이 자연과 자연의 현상들보다 우월하듯이 예술미도 자연미보다 우월하다."(Ästhetik1, 13-14쪽)

> "이 강의는 미학에 전념하며, 이 강의의 영역은 아름다움, 특히 예술이다. …… [에스테틱이라는] 이 표현은 그리 적절하지는 않다. 왜냐하면 이 강의에서는 예술의 아름다움에 관해서만 언급을 하려는 것이지, 자연이 유발한 감각들을 고찰하려는 것이 아니기 때문이다."[6]
>
> "우리의 고찰 대상은 아름다움의 영역, 좀 더 자세히 말하자면 예술의 영역이다."[7]
>
> "이 강의는 예술미에 전념하지 자연미에 전념하지는 않는다. …… 자연미의 배제는 자의적인 것으로 보일 수도 있다. …… 그러나 예술미가 자연미보다 우월하다. 왜냐하면 예술미는 정신으로부터 산출되기 때문이다."[8]

이 점에서 헤겔은 원칙적으로 예술이 '자연의 모방'이라는 주장에 대해서도 비판적이다. 자연의 모방은 예술작품의 본질적 규정이 될 수 없으며, 대상의 객관적 가치를 반성하지 않은 채 모방만 하는 것은 기술적인 능숙함만을 보여주는 것에 지나지 않는다고 헤겔은 비판한다.[9] 요약하자면, 헤겔에 의하면 예술은 자연이 될 수도 없고 될 필요도 없으며 되어서도 안 된다. 그런데 이 같은 헤겔 자신의 언급에도 불구하고, 다른 한편으로 헤겔의 '미학 강의'에서 '생명성(Lebendigkeit)'과 관련하여 자연과 예술을 견주어 보는 것은 가능할 뿐만 아니라 결코 무의미하지 않다.[10] 왜냐하면 일차적으로 헤겔 미학의 구성 면에서 볼 때, 헤겔은 '미학 강의'의 적지 않은 부분을 자연미에 할애하고 있을 뿐만 아니라,[11] 직접적으로 헤겔 자신이 동물과 같은 자연의 유기체를 예술에 견

6) Ascheberg, 21쪽.
7) Hotho, 1쪽.
8) Pfordten, 51쪽.
9) Hotho, 25-26쪽. 그럼에도 불구하고 개별 예술의 체계들을 자연철학과의 관계 하에서 검토해 보는 것은 무의미하지 않다. 이에 대해서는 다음을 참조할 것. N. Février, "Die Naturphilosophie und »das System der einzelnen Künste«", *Hegels Ästhetik. Die Kunst der Politik-Die Politik der Kunst*, 1. Teil, hrsg. von A. Arndt, K. Bal & H. Ottmann, Berlin: Akademie Verlag, 2000, 234-239쪽.
10) 헤겔은 『대논리학』에서 삶을 이념 중 하나로 설정하면서, 삶을 세 가지 측면으로 구분한다. 즉 '순수 이념으로서의 논리적 삶'과 '자연철학에서 고찰되는 자연의 삶', 그리고 '정신과 관련이 있는 삶'이 그것이다.(GW12, 180쪽) 이 중 '정신과 관련이 있는 삶'을 논하는 자리에서 헤겔은 "정신과 생동적인 육체성의 통일"은 "정신 자신으로부터 이념상(Ideal)"으로 산출된다고 하면서, 논리적 삶과 대비시키기 위해 "이상"과 더불어 "아름다움"을 언급하고 있다.(GW12, 180-181쪽)
11) 헤겔이 '미학 강의'에서 자연미를 다루고 있는 대표적인 부분은 다음과 같다. Ascheberg, 65-109쪽. Hotho, 47-82쪽. Ästhetik1, 157-202쪽.

주고도 싶어 하기 때문이다. 특히, 헤겔은 '1820/21년 미학 강의'에서 다음과 같이 언급하고 있다.

> "… 살아있는 육체만이 개념의 참된 표현이라고 할 수 있다. 살아있는 동물의 육체의 경우에는 개별적 부분들은 전체에 의해 관철되어(durchdringen) 있다. 이 부분들은 비유기적 자연에서처럼 집합물이 아니며 전체의 삶은 각 지체에서 표현되므로, 만일 각 지체가 전체와 분리되어 버리면, 전체의 삶은 중단되고 만다. 그래서 [동물적 육체에서] 개별적 부분들은 오직 전체와의 연관 속에서만 어떤 것이다. 그러나 우리는 이 명제를 자연철학으로부터 [미학에] 보조적인 전제로서만(nur lemmatisch) 수용할 수 있다. 개념과 실재가 이 같이 온전히 적절하게 된 상태가 고전적 예술이다."[12)]

여기서 헤겔은 고전적 예술을 논하면서 동물적 유기체에 관한 내용을 '미학 강의'에서 '보조적인 전제로서만' 수용가능함을 밝힌다. 그리고 마치 동물적 유기체의 논의를 수용한다면, "개념과 실재가 온전히 적절하게 된 상태"가 예술에서는 "고전적 예술"에 견주어질 수 있음을 주장하고 있는 것이다. 이 같은 논의는 앞서 자연과 예술의 비교에서 드러나는 헤겔의 입장에서 볼 때 쉽게 이해되지 않는 의문점들을 남긴다. 우선 헤겔의 미학에서 어떻게 생명성과 관련하여 자연과 예술이 서로 유의미하게 비교 대상이 될 수 있는가? 이 물음은 동물적 유기체에 관한 논의가 미학에서 '보조적인 전제로서만' 수용가능하다는 헤겔의 주장의 의미를 밝히는 문제와 연관된다. 더 나아가 고전적 예술이 "개념과 실재가 온전히 적절하게 된 상태"라면, "예술의 생명성(Lebendigkeit)은 오직 고전적 예술에서만 가능한 것인가?"라는 물음도 제기 가능하다. 그런데, 이 같은 물음들은 사실상 헤겔 미학의 핵심 내용과 관련된다. 즉, 이 물음들 속에 내포된 예술의 생명성은 익히 알려진 '예술의 과거성' 문제와 밀접한 관련이 있다. 왜냐하면 '예술의 과거성'은 통상적으로 내용과 형식이 온전하게 일치한 고전적 예술형식에로 향하는 헤겔의 시선에서 비롯된 주장으로 이해되고, 내용과 형식의 온전한 일치는 곧 '생명성'이라는 개념으로 대체될 수 있기 때문이다. 본 논문에서는 이처럼 주어진 물음들에 대해 예상되는 답변을 헤겔의 '미학 강의'의 관련 부분들, 특히 낭만

12) Ascheberg, 21쪽.

적 예술형식과 그 해체를 중심으로 모색해봄으로써, 헤겔 미학에서 예술이 고전적 예술의 해체 이후에도 여전히 유의미한 '생명성'을 지닐 수 있는지, 또 만일 그것이 가능하다면 그것은 구체적으로 어떤 의미로 해석될 수 있는지를 검토해 볼 것이다.

2. 동물적 유기체와 고전적 예술형식의 생명성

'미학 강의'에서 생명에 관한 논의 중 가장 주목할 만한 부분은 동물적 유기체에 관한 헤겔의 언급이다. 왜냐하면 헤겔에 의하면 아름다움은 본래 "이념이자, 더욱이 특정한 형식을 갖춘 이념, 즉 이념상(Ideal)"으로서 개념과 실재의 통일이고,[13] 자연에서 이 이념에 가장 어울리는 형태는 동물과 같은 유기적 생명체이기 때문이다.

자연의 생명성(Lebendigkeit)이 아름다운가 여부는, 이념이 특정한 자연의 형태를 갖출 때 얼마나 그에 적합한 현실 속의 생명체로 현존하는가에 달려 있다.[14] 헤겔에 의하면 생명이 없는 비유기적 자연 속에는 개념의 계기들이 분산되어 있고 하나의 체계(System)를 이루기는 하지만 하나의 개체(Individuum)를 이루지는 못 하기 때문에 '주관성'이라는 일자가 결여되어 있다. 이에 비해 구분되는 전체의 각 부분들이 지체(Glieder)의 역할을 하면서, 이것들 서로가 단순히 배제하면서 독자적으로 존재하지 않고, 이념으로 통일되는 가운데 참되게 존재하는 것이 살아있는 유기적 자연의 특징이다. 헤겔에 의하면 이렇게 생명이 있는 유기적 자연만이 이념이 현실로 드러난 것으로서 "영혼과 육체의 통일"이라는 관점에서 이해가능하다.[15] 그리고 헤겔은 생명은 오직 "생명체"로서만, "개

13) Ästhetik1, 145쪽. 이념상(Ideal)에 대한 자세한 논의는 다음을 참조할 것. A. Gethmann-Siefert, *Einführung in Hegels Ästhetik*, München: Wilhelm Fink Verlag, 2005, 46-104쪽. 여기서 A. Gethmann-Siefert는 초기부터 후기의 '미학 강의'에 이르기까지 이념상이 헤겔의 문제의식에 따라 어떻게 그 의미가 전개되는지를 상세하게 추적하고 있다.

14) Ästhetik1, 167쪽. 물론 이 경우에도 살아있는 자연 대상을 아름답다고 판단하는 기준은 그것을 아름답다고 판단하는 우리의 의식에 있다고 헤겔은 분명히 언급한다.

15) Ästhetik1, 160-161쪽. 여기서 헤겔은 생명은 모든 지체들과 규정들의 차이를 드

별적인 주관"으로서만 실존하며, "개별적인 살아있는 주관성"으로서만 비로소 현실적일 수 있다고 한다.[16] 이러한 관점에서 보면, 식물은 동물이 지닌 영혼과 자기감정과 이념적 통일성 등이 결여되어 있으며, 한 개체의 '가상'만을 지니고 있을 뿐이다. 왜냐하면 나무의 각 부분이 비록 하나의 개체로 관찰될 수 있다고 해도, 전체의 주관성이라는 개념은 개별적인 부분들에서 표현되지 않고, 나무의 잎 하나 하나, 가지 하나 하나는 그 자체로 하나의 전체로 타당할 수 있기 때문이다.[17] 그래서 헤겔은 동물의 "살아있는 육체(몸뚱이)만이 개념의 참된 표현이라고 할 수 있다."고 하면서,[18] "동물적 삶"을 "자연미의 절정(Gipfel)"이라고까지 표현한다.[19]

그러면, 이와 같이 동물적 유기체에서 파악될 수 있는 생명성은 예술, 특히 고전적 예술과 어떻게 견주어질 수 있을까? 어떻게 이러한 생명성에 대한 이해가 '미학 강의'에서 '보조적 전제로서' 수용 가능한 것일까? 이 문제에 답하기 위해 우리는 우선 헤겔이 '미학 강의'에서 다루고 있는 내용과 형식, 개념과 실재 사이의 관계에 주목할 필요가 있다. 헤겔은 고전적 예술에 '완성된, 온전한(vollkommen, vollendet)'이라는 수식어를 붙이는데,[20] 여기서 '완성되었다' 또는 '온전하다'는 것은, 개념과 실재, 내용과 형식 사이의 관계를 기준으로 삼은 표현이다. 실제 헤겔이 예술이나 아름다움을 바라보는 관점은 그의 일반적인 철학적 문제 의식

러내면서도 이 차이가 확고해지려고 하면 그것을 지양하고 보편적인 이념성을 관철시켜 활력을 불어 넣는다고 하면서, 이것이 바로 "생명성의 관념론(Idealismus der Lebendigkeit)"이라고 한다. Ästhetik1, 163쪽.

16) Ästhetik1, 165쪽.

17) Ascheberg, 41쪽. 이 같은 견해는 나무와 같은 식물보다 동물적 유기체를 더 고차적인 형태로 보는 헤겔의 자연관에 기초하며, 이러한 자연관은 '미학 강의'에서도 그대로 유지되고 있다. 헤겔에 의하면 동물에 비해 식물에게는 "영적인 생명성(beseelte Lebendigkeit)", "영적인 주관성", "감각의 이념적 통일성", "자기감정", "영혼충만함"이 결여되어 있다.(Ästhetik1, 182-183쪽, 193쪽) 이러한 자연관은 칸트의 자연관과는 대비된다. 익히 알려져 있다시피, 칸트는 『판단력 비판』에서 자연의 합목적성을 설명하면서 대표적인 사례로 나무의 예를 들고 있다. KU, §64 참조.

18) Ascheberg, 41쪽.

19) Ästhetik1, 177쪽. 물론 자연미는 자연 자체가 파악하는 것이 아니다. 실제 자연미는 아름다움을 파악하는 의식인 우리에 대해서만 존재하지 자연 자체로서는 판정될 수 없다. Ästhetik1, 167쪽.

20) Ascheberg, 41쪽. Hotho, 118쪽.

에 기초해 있다. 즉, 헤겔은 "아름다움은 내용과 이 내용의 현존 방식의 통일이자 실재가 개념에 적합하게 존재(Angemessen-Sein)하거나 실재를 개념에 적합하게 만들기(Angemessen-Machen)"라고 정의한다. 그리고 예술은 "개념이 실재 속으로 형상화되어 들어가게 되는 측면에서 개념의 관계에만 기초할 수 있다."라고 언급한다.[21] 이처럼 헤겔은 예술과 관련해서 생명성(Lebendigkeit)을 논할 때에도 '개념과 실재의 관계'를 중심에 놓고 논의를 진행한다. 즉, 동물에서와 마찬가지로 예술작품에 '살아있다'라는 수식을 붙일 수 있는 것은, 그 예술작품이 정말 자연적으로 살아 있기 때문이 아니라, 그것이 개념의 온전한 실현인가 여부, 내용이 온전하게 형태화되어 있는가 여부에 달려 있는 것이다. 헤겔은 다음과 같이 말한다.

> "우리는 보통 예술적 관심이나 예술창작을 위해서 일반적으로 생명성(Lebendigkeit)을 더 요구한다. 이 생명성 속에서 보편자는 법칙과 준칙으로 존재하지 않고, 상상(Phantasie) 속에서 보편적이며 이성적인 것이 구체적이고 감각적인 현상과 통일되어 있듯이 심정이나 감각과 동일하게 작용한다."[22]
>
> "그 본성상 자연적인 생명체 일반이라고 할 수 있는 이념이나 아름다움 일반에 관해서 보면, 아름다움은 생명체와 합치한다. 이념은 개념과 실재의 통일이며, 이 양자의 구체적인 합치다."[23]

이처럼 헤겔은 '미학 강의'에서 기본적으로 개념과 실재 사이의 관계를 통해, 또는 내용이 형식에 얼마나 적합한가라는 측면에서 예술의 형식들도 파악하고 구분한다.[24] 잘 알려져 있듯이, 헤겔은 예술의 형식을 세 가지로 구분한다. 즉, 상징적 예술 형식, 고전적 예술 형식, 그리고 낭만적 예술 형식이 그것이다. 헤겔에 의하면 이 중 개념과 실재, 내용과 형식이 "온전히 딱 들어맞는(vollkommen adäquat)" 단계는 고전적 예술 형식이다.[25] 헤겔에 의하면 고전적 예술에서는 "개념이 실재 속으로

21) Hotho, 34쪽.
22) Ästhetik1, 25쪽.
23) Hotho, 47쪽.
24) Hotho, 32쪽.
25) Hotho, 36쪽.

완전히 형성되어 들어가고 실재도 개념 속으로 완전히 형성되어 들어가서 감각적 이념상을 만든다."[26] 그리고 내용과 형식이 이렇게 딱 들어맞는 예술의 '이념상'의 대표적인 사례는, 고대 그리스의 신들을 표현한 '조각'이다.[27] 헤겔은 고대 그리스의 신상을 '혼이 충만되어 정신적인 내용이나 신이 예술형식에 내재하고, 소재와 내용이 재료와 형식과 절대적으로 동일한 것으로 현존하는 상태'로 파악한다.[28] 헤겔은 다음과 같이 말한다.

> "조각은 신적인 형태 자체를 제시한다. [조각에서] 신은 차분하고 기쁨이 충만하며 굳은 고요의 상태로 자신의 외면에 거한다. 형식과 내용은 절대적으로 동일하며, [형식과 내용 둘 중] 어느 측면도 과도하지 않고, 내용은 형식을 형식은 내용을 서로 규정한다."[29]

헤겔에 의하면 고대 그리스의 조각은 신들의 모습을 참된 형태를 띠고 감각적으로 드러나게 함으로써, "고전적 예술의 고유한 중심(das eigentümliche Zentrum)"을 이룬다.[30] 고대 그리스의 조각은 "정신으로 충만해 있는 인간 육체의 생명성(Lebendigkeit)"[31]으로 신을 표현한다. 인간의 육체도 동물적 유기체이지만, 인간의 육체는 "개념에 합당한 유기체(ein begriffsmäßiger Organismus)"[32]인 동시에 여타의 동물보다 인간의 생명성이 더 고차적이며,[33] 인간은 가장 생동적인 유기조직을 지니

26) Ascheberg, 41쪽.
27) 헤겔은 상징적 예술형식의 대표격으로 건축을, 고전적 예술형식의 대표적으로 조각을, 그리고 낭만적 예술형식의 대표격으로 시문학을 제시한다. 그러나 어떤 예술 장르가 하나의 예술형식에만 한정되거나, 하나의 예술형식의 단계에서 단 하나의 예술 장르만이 가능한 것은 아니며, 헤겔의 주장은 각 예술형식의 본질에 대응하는 대표적인 장르를 부각시키려는 의도에서 제기된 것이다. ÄsthetikI, 389-392쪽.
28) Hotho, 38쪽.
29) Hotho, 38-39쪽.
30) Ästhetik2, 49쪽.
31) Ästhetik2, 31쪽.
32) Hotho, 60쪽.
33) Hotho, 76쪽. 헤겔은 자연 철학에서도 "인간은 생명성의 가장 완전한 유기체로서 가장 높은 발전단계다."라고 하면서, "완전한 예술미는 개체화되어야 하는데, 오직 정신에서만 보편자는 이념상이나 이념으로서 자신의 보편적 현존재를 갖는다."라고 주장하다.(TW9, 504-505쪽)

고 있다.[34] 즉, 인간의 육체는 정신의 "거처(Wohnsitz)"이자 "유일하게 가능한 정신의 자연적 현존재(Naturdasein)"로서 단순한 동물의 육체와 구별된다.[35] 그래서 고대 그리스의 조각은 외적인 육체성을 "완벽하게 다듬어져 정신적으로 생동하며 아름다운 형태"로 만들고자 한다.[36] 이처럼 신을 그 혼(정신)에 적합한 형태, 즉, 인간의 개별적 육체로 형태화한 것이 바로 고대 그리스의 조각이다. 신을 인간의 모습으로 형태화한 조각은, 자연 속에 살아 움직이는 동물적 유기체에 비교될 수 있다. 앞서 언급했듯이, 자연에서 개념의 참된 표현은 최고 단계인 동물적 유기체이며, 여기서 개념은 실재와 온전히 일치한다. 이에 견주어 고전적 예술에서는 신을 개체적인 인간의 모습으로 형태화한 조각에서 그 개념과 실재는 하나의 감각적인 개체로 온전히 형성된다. 헤겔에 따르면 이처럼 조각으로 대표되는 고전적 예술형식은 내용과 형식, 개념과 실재가 완전하게 합치하는 단계이다. 그래서 이 점에서 아름다움도 고전적 예술형식에서 가장 완전하게 실현된다고 할 수 있다. 헤겔은 다음과 같이 말한다.

> "고전적 예술에는 아름다움의 개념이 실현되어 있다. 어떤 것도 더 아름답게 될 수 없다."[37]
>
> "(고전적 예술에서) 정신적인 것은 자신의 외적인 현상을 완전히 관통하고, 자연적인 것을 아름다운 통합 상태에서 이념상으로 만들어내고, 자연적인 것을 자신의 실체적인 개체성의 형태로 정신에 맞는 실재로 만듦으로써, 예술의 완성은 그 절정에 도달했다. 이를 통해 고전적 예술은 개념에 적합한 이념상의 표현이 되었으며 아름다움의 영역을 완성시켰다. 그보다 더 아름다운 것은 있지도 않고, 앞으로도 있을 수 없다."[38]

---

34) Hotho, 78쪽.

35) Ästhetik2, 21쪽. 이는 동물계에 대해서 전형적인 인간중심적 견해를 피력한 것으로 판단될 수 있다. Ch. Kockerbeck, "Das Naturschöne und die Biowissenschaften am Ausgang des 19. Jahrhunderts", *Ästhetik und Naturerfahrung*, hrsg. von J. Zimmermann, Stuttgart: frommann-holzboog, 1996, 323쪽 참조.

36) Ästhetik2, 22쪽.

37) Hotho, 179쪽. 그러나, 헤겔은 이 말에 바로 이어서 다음과 같이 언급한다. "하지만 아름다움의 왕국 자체는 대자적으로는 여전히 불완전하다. 왜냐하면 자유로운 개념이 단지 감각적으로만 그 속에 현전하며 어떤 정신적인 실재성도 자기 자신 안에 가지고 있지 않기 때문이다."(같은 곳 참조) 이러한 언급은 그 다음에 이어지는 낭만적 예술형식을 염두에 둔 것이다.

38) Ästhetik2, 127-128쪽.

헤겔이 보기에 이처럼 '고전적 예술형식'은 예술의 생명성이 가장 잘 실현된 형식이다. 왜냐하면 앞서 언급했듯이 고전적 예술형식에서 생명성의 조건이 온전하게 충족되기 때문이다. 이 점에서 헤겔은 "보조적인 전제로서만" 자연의 유기체에 관한 논의를 예술에 관한 논의에도 끌어들일 수 있다고 주장하면서, 개념과 실재가 온전히 적절하게 된 상태로 고전적 예술을 들고 있는 것이다. 아름다움을 개념과 실재, 내용과 형식 사이의 관계를 기준으로 그 정도를 판단하는 헤겔의 입장에서는, 고전적 예술 형식에 대한 이러한 주장은 어쩌면 당연한 결과라고 할 수 있다.[39)]

그러면, 과연 고전적 예술형식을 정점으로, 이 고전적 예술형식이 해체되고 난 이후에는 원칙적으로 예술에 '생명성'이라는 용어를 사용할 수 없는가? 개념과 실재의 일치, 개념의 감성적 실현 또는 형식을 통한 내용의 형태화라는 관점에서 보면, 고전적 예술형식이 이를 최고로 실현한 상태이므로, 이 예술형식에서만 예술의 '생명성'이 가능하다고 할 수 있을까? 고전적 예술형식의 해체는 곧 개념과 실재, 형식과 내용 사이의 불일치, 와해를 의미하므로, 예술의 '생명성'도 동시에 해체되고 무의미해져 버리는 것은 아닌가? 이러한 의문이 전혀 근거가 없지는 않다는 것은, 고전적 예술에서 아름다움의 이념이 온전하게 실현된다는 언급 바로 다음에, 곧바로 헤겔 자신이 '예술의 과거성'을 논하고 있기 때문이다. 헤겔은 다음과 같이 말하고 있다.

> "예술은 이전 시대의 민족들이 거기서 추구하고 그 속에서만 발견했던 정신적인 요구를 더 이상 충족시켜 줄 수 없게 되었다. …… 오늘날 우리 삶의 반성문화(Reflexionsbildung)는 … 보편적인 관점을 확정하고 특수자를 통제하려는 요구를 함으로써, 보편적 형식들, 법칙들, 의무들, 법률들, 준칙들이 규정근거로 타당하고 주요 통제자가 되어 버렸다. 그러나, 우리는 보통 예술적 관심이나 예술창작을 위해서 일반적으로 생명성(Lebendigkeit)을 더 요구한다. 이 생명성 속에서 보편자는 법칙과 준칙으로 존재하지 않고, 상상(Phantasie) 속에서 보편적이며 이성적인 것이 구체적이며 감각적인 현상과 통일되어 있듯이 심정이나 감각과 동일하게 작용한다. 그러므로 우리

39) 이처럼 유기체와 예술작품 둘다 이념의 영역에 속한다는 점에서, 이 둘은 공동적인 형식적 규정을 지닌다. M. Tsetsos, "Zum Lebensbegriff in der Ästhetik Hegels", *Das Leben denken*, 2. Teil, *Hegel-Jahrbuch 2007*, hrsg. von A. Arndt, P. Cruysberghs & A. Przylebski, Berlin: Akademie Verlag, 2007, 18쪽 이하 참조.

가 살고 있는 현 시대는 그 일반적 상황으로 볼 때 예술에게 유리한 시대가 아니다."[40]

이 언급에 바로 이어 그 유명한 '예술의 과거성'에 관련된 명제가 등장한다.

"이 모든 정황들 속에서 예술을 그 최고의 규정의 측면에서 볼 때, 우리에 대해 예술은 이미 지나가 버린 것(ein Vergangenes)이고 지나가 버린 것으로 남아 있다. 이로써 예술은 또한 우리에 대해 그 참된 진리와 생명성(Lebendigkeit)을 상실했으며, 옛날처럼 현실 속에서 그 필연성을 주장하고 그 최고의 자리를 지키기보다는 이제는 오히려 우리의 표상 속으로 그 자리를 옮기게 되었다."[41]

여기서 헤겔은 고전적 예술형식의 해체를 곧바로 예술의 생명성의 상실과 동일시하면서, 이제 예술은 옛날처럼 자신의 생명성을 더 이상 유지하지 못하는 과거로만 남아 있고, 이런 시대 분위기는 결코 예술에게 유리하지 않음을 주장하고 있다.[42] 이 같은 주장은 '호토판 헤겔 미학' 뿐만 아니라 다른 시기의 '미학 강의'에도 거의 공통된다.[43]

"예술의 최고 규정은 대체적으로 우리에게는 이미 지나가 버린 것(ein Vergangenes)이며, 예술은 최고의 방식으로 실존했던 것처럼 더 이상 현실성과 직접성을 지니지 않는다. 사람들은 예술의 아름다운 시대의 상실을

---

40) Ästhetik1, 24-25쪽.

41) Ästhetik1, 25쪽.

42) 예술의 과거성 문제와 관련해서는 다음을 참조할 것. 권대중, 「헤겔의 '예술의 종언' 명제의 수정가능성 모색」, 『미학』, 제39집, 한국미학회 편, 2004. 권대중, 「헤겔의 "예술의 종언" 명제가 지니는 다양한 논의 지평들」, 『미학』, 제33집, 한국미학회 편, 2002. 권대중은 이 논문들에서 '예술의 과거성' 또는 '예술의 종언'과 관련된 연구사를 체계적으로 정리하면서, 헤겔 미학의 '정치미학적 가능성'의 길을 열어 두고 있다. 또한 다음의 편역서는 이 문제와 관련된 주요 글들을 소개하고 있어 많은 도움을 준다. 김문환 · 권대중 편역, 『예술과 죽음과 부활-헤겔의 '예술의 종언' 명제와 관련하여』, 지식산업사, 2004.

43) '23년판 미학강의'에도 다음과 같은 표현이 있다. "예술은 그 진지함의 측면에서 보자면 우리에게 이미 존재했던 것(Gewesenes)이다. 우리에게는 신적인 것을 대상화할 또 다른 형식이 필요하다. 우리는 사상이 필요하다."(Hotho, 311-312쪽) 그러나, 적어도 필자가 지금까지 확인한 바에 의하면, '20/21년 미학 강의'에는 '예술은 지나가 버린 과거'라는 헤겔의 직접적 언급이 없다.

> 한탄할 수 있다. …… 우리에게 이러한 생명성이 결여되어 있는 한, 우리가 말할 수 있는 것은, 예술이 본질적인 관심을 지니는 입장은 더 이상 우리 자신의 입장이 아니라는 것이다."[44)]
>
> "예술의 최고 규정은 대체적으로 우리에 대해 이미 지나가 버린 것이며, 우리에게 표상 속으로 떠 넘겨진다. 예술의 고유한 표상은 예술이 최고로 번성한 시기에 지녔던 직접성을 우리에 대해 더 이상 지니지 않는다. … … 예술의 관심을 위해서 우리는 생명성을 필요로 한다. …… 그러나 이러한 종류의 생명성은 더 이상 우세한 것이 아니며, 우리 심정의 만족은 이러한 생명성을 통해 우리가 표상하는 그러한 대상들에 의해 더 이상 충족될 수 없기 때문에, 사람들은 예술이 본질적인 관심을 지녔던 문화의 입장은 더 이상 우리 자신의 입장이 아니라고 말할 수 있다."[45)]

그렇다면, 여기서 헤겔은 정말 고전적 예술형식의 해체 이후에는 생동적인 예술, 즉 예술의 생명성이 가능하지 않다는 것을 단언하고 있는 것일까?

3. 고전적 예술형식의 해체와 낭만적 예술형식의 생명성

앞에서 살펴본 것처럼, 헤겔은 고대 그리스 민족이 예술을 최고의 생명성(생동성)의 상태로 만들어 냈다는 점에서 경의를 표하기는 하지만,[46)] 그러나 그것이 자신에게는 '과거'이며 '통과점'일 뿐이라는 점도 자각하고 있다.

> "그리스인의 세계관은 아름다움이 그들의 참된 삶을 시작하고 명랑한 영역을 열어 보이는 중심이다. 이 중심은 자유로운 생명성의 중심이다. …… 그러나 삶 일반이 그러하듯이 이 중심은 동시에 단지 하나의 통과점일 뿐인 중간지점이기도 하다."[47)]

헤겔에 의하면 기본적으로 고전적 예술형식은 '온전한 예술'이기는 하

---

44) Pfordten, 54쪽.
45) Kehler, 8쪽.
46) Ästhetik2, 25쪽.
47) Ästhetik2, 26쪽.

지만, 그 전체 범위는 제한되어 있다.[48] 왜냐하면 고전적 예술형식은 신과 같은 '무한한 개념'을 인간의 개별적 육체와 같은 '감각적이며 유한한 형식'으로 표현하기 때문이다. 그렇기 때문에 고전적 예술형식은 '신적인 본성과 인간적인 본성의 통일'을 제대로 표현하지 못한다고 헤겔은 주장한다.[49] 사실상 헤겔에 의하면 고전적 예술형식은 이 예술형식이 표현한 신들 안에 자신의 몰락의 씨앗을 품고 있다. 고전적 이념상의 원칙으로 제시된 "정신적 개체성"이 우연성의 지배를 받는 개체적인 신들(Götterindividuen)로 표현됨으로써, 고대 그리스 신들은 자체 내에 결함을 지닐 수밖에 없다.[50] 헤겔은 그리스 신들의 위력은 "특수한 개체성"으로서 각자 제한된 지배범위를 지니며, 서로 간에 다투기도 하고 돕기도 하면서 "개별적인 관계들"을 맺는다고 하면서, 이러한 신들의 모습은 신의 무한성에는 어울리지 않는 우연성과 유한성을 띤다고 주장한다. 헤겔에 의하면 이처럼 신들 자신 속에 내재하고 있는 유한성으로 인해, 신이 신으로서 지녀야 하는 '고귀함과 존엄함의 측면'과, 신들이 조각과 같은 현존의 모습으로 드러날 때 비춰지는 '아름다움의 측면' 사이에 모순이 발생한다. 개체적인 인간의 모습을 한 신들의 조각상은 아름답고 살아 있는 듯 보이지만, 신들은 신들이기 위해서 그들 각자의 지복한 고요함 속에 홀로 머물러 있어 "생명이 없는 어떤 것(etwas Lebloses)"의 모습을 유지해야 한다. 그리스 신들 속에 깃든 이 같은 슬픔과 애도(Trauer)는 신들보다 더 고귀하며 보편적이고 필연적인 것, 즉 운명(Schicksal)이 신들과 인간들을 지배한다는 사실에서 결정적으로 드러난다. 그런데 이 운명도 신들의 개체성이나 상대적인 규정성과는 대립하면

48) 헤겔은 "고전적(klassisch)"이라는 용어가 두 가지 의미로 사용될 수 있다고 말한다. 그 중 첫 번째는 어느 시대든 "모든 완성된 예술작품"에는 대작(大作)이라는 의미에서 "고전적"이라는 명칭을 사용할 수 있다. 두 번째는 "고전적"이라는 것은 "내적인 자유로운 개성과 외적인 현존재가 완전히 서로 관철되어 있는 상태"로서, 헤겔이 상징적 예술과 낭만적 예술과 비교해서 역사적 의미에서 특히 고대 그리스의 예술을 지칭할 때 사용된다. 그런데, 여기서 우리가 유의할 점은, 헤겔 자신은 어떤 예술의 형식에든 "예술의 완성(Kunstvollendung)"이라는 용어가 사용될 수 있다고 언급하고 있는 부분이다. 이 말에 따르면, 단지 고대 그리스의 고전적 예술형식만이 완성된 예술의 단계가 아니다. 상징적 예술 및 특히 낭만적 예술에도 '완성'이라는 수식을 사용할 수 있다.(Ästhetik2, 30-31쪽)

49) Ascheberg, 42쪽.

50) Ästhetik2, 107쪽.

서 그 추상성 속에서 신들과 인간들을 제압하기는 하지만, 여전히 운명 자체는 "이해될 수도 파악될 수도 없는 상태"로만 머물며, 아직 "대자적인 목적"이나 "주관적이며 인격적인 신의 뜻, 결정(Ratschluß)"이 되지는 못한다.[51)]

이처럼 헤겔에 의하면 조각처럼 이념상으로 표현된 신들은 인간적인 형태를 하고는 있으나, 여전히 직접적이며 육체적인 형상을 띠고 있지 "즉자대자적인 인간다움(Menschlichkeit an und für sich)"의 상태에 들어서지는 못한다. 즉자대자적인 인간다움은 "주관적인 의식의 내면 세계에서 자신이 신과 구분된다는 것을 알면서도 동시에 이 구분을 지양함으로써 신과 하나가 되고, 그 자체로 무한하고 절대적인 주관성"에서 가능하다.[52)] 의식은 "즉자대자적인 필연"이나 "자기 고유의 자기규정"을 지니지 못하는 신들에 안주하지 않고, 자신 속으로 방향을 전환하여 "그 자체로 무한하며 스스로를 아는 신"을 대상으로 삼게 된다.[53)] 헤겔에 의하면 이러한 내면적인 주관성이 예술에서 절대화되는 시기가 바로 '낭만적 예술형식'의 시대다.

헤겔은 고전적 예술형식으로부터 낭만적 예술형식으로의 이행이 이념상이 산산이 분열되는 과정으로 보고 있다.[54)] 즉, 개념과 실재, 형식과 내용 사이에 더 이상 완전한 통일이 구현되지 않고, 그것을 초월한 상태를 낭만적 예술형식으로 보고 있다. 고전적 예술형식과 달리 낭만적 예술형식은 "절대적 내면성의 원리"[55)]가 우세하고, "주관의 무한성"[56)]을 특징으로 한다. 따라서 낭만적 예술형식에서는 생명성을 가능케 하는 두 측면, 즉 개념과 실재 사이에 불균형이 발생한다. 이제 예술에서 개념의 측면, 즉 주관과 내면의 측면이 우세해 짐으로써, 실재의 측면, 즉 소재의 측면은 상대적으로 경시된다. 더 이상 고대 그리스의 조각에서처럼 소재와 주관성의 절대적 통일이 예술 속에서 실현되기를 기대할 수 없다.[57)] 표현되어야 할 내면과 표현 수단인 소재는 서로 무관하며, 내면성

51) Ästhetik2, 108-109쪽.
52) Ästhetik2, 110쪽.
53) Ästhetik2, 111쪽.
54) Hotho, 176쪽.
55) Hotho, 180쪽.
56) Hotho, 191쪽.
57) Hotho, 198쪽.

이 외면성에 대해 전혀 상관없는 것으로 나타나면서 외면은 당연히 내적인 것에 적합하지 않게 되며, 세속적인 외면은 와해되면서 그 자체로 자유롭게 된다.[58] 이처럼 헤겔에 의하면 고전적 예술형식 이후의 시대는 조화를 추구하는 시대가 아니라 오히려 분열과 해체의 시대이고 통일이 깨진 시대다. 그렇다면, 고대 이후의 예술에서는 '생명성'을 찾을 수도 추구할 수도 없는가? 만일 생명성이 없다면, 예술의 의미를 다른 곳에서 찾아야 하는가? 아니면, 생명성이 또 다른 의미로 해석될 수 있는가? 이렇게 가능한 물음의 선택지들 중 헤겔 자신의 의도에 적중하고 있는 물음은 무엇인지, 헤겔 자신의 논의를 통해 구체적으로 살펴 볼 필요가 있다.

앞서 언급했듯이, 헤겔은 낭만적 예술형식에서 '정신의 내면성'을 강조한다. 그런데 헤겔은 '미학 강의'에서 정신에게 다음과 같은 의미를 부여하고 있다.

> "정신은 추상물이 아니라, 살아 있고 활동적이며 작용을 하고 실재성을 지니며 스스로에게 실재성을 부여하는 자이다.[59]

여기서 알 수 있듯이, 낭만적 예술형식에서 헤겔은 더 이상 개념이 실재에 합치하는가 여부를 두고 예술의 생명성을 논하지 않는다. 이제 더 이상 내면을 감성적인 외면으로 적절하게 표현하는가 여부가 예술의 생명성을 좌우하는 기준이 되지 않고, 오히려 정신의 자기 내면화에 '생명성'의 의미가 부여된다. 그래서 헤겔은 "예술의 새로운 과제"는 "내면이 주관 자신 안에서 신의 정신적 의식을 직관하게 하는 내면의 자신 내로의 환수"라고 선언한다. 이렇게 되면 이제 "자기 내면의 생명성을 지닌 현실적인 개별적 주관"이 예술에서 무한한 가치를 지니게 된다.[60]

이러한 전환과정은 예술에서 고전적 아름다움의 이념상이 상대화되는 것과 맥을 같이 한다. 즉, 고전적 예술형식에서는 개념이 온전히 감성적으로 실현된 상태, 개념과 실재가 딱 들어맞는 상태를 아름다움의 기준으로 삼았지만, 이러한 기준이 붕괴됨으로써 새롭게 탄생한 낭만적 예술

58) Hotho, 199쪽.
59) Ascheberg, 42-43쪽.
60) Ästhetik2, 131쪽.

형식에서는 더 이상 이러한 아름다움이 최종적인 기준이 되지 못한다. 헤겔은 다음과 같이 말한다.

> "정신은 스스로에게로 고양됨으로써 그 밖에 현존의 외면적인 면과 감각적인 것 속에서 찾아야 했던 자신의 객관성을 자기 자신 속에서 획득하고, 자기 자신과의 이러한 통일 상태에서 스스로를 지각하고 알게 되는데, 이러한 고양이 바로 낭만적 예술의 근본 원칙을 이룬다. 이제 이 마지막 예술단계인 낭만적 예술에서 고전적인 이념상의 아름다움과 그의 고유한 형태와 그것에 가장 적합한 내용으로 드러난 아름다움은 더 이상 최종적인 것(최근의 것, Letztes)이 아니라는 점이 필연적인 규정으로 드러난다."[61]

이 점에서 헤겔은 낭만적 예술형식에서 "형태는 감각적인 형태가 아니고 개념의 바탕은 심정, 가슴이며, 이것은 바로 정신적인 바탕이다."라고 주장한다.[62] 헤겔은 고전적 예술형식이 감각적인 형상으로 아름답게 표현한 것보다 "더 고귀한 것"이 있고, 고전적 예술형식이 성취한 개념과 실재의 통일보다 "더 심오한 화해"가 정신에게 고유한 자기 내면의 기반 속에서 모색될 수 있다고 본다.[63] 그러면, 더 이상 개념과 실재의 통일이 아닌 '더 고귀하고 심오한 화해'는 구체적으로 어떻게 이해될 수 있는가?

앞서의 논의에 따르면, 낭만적 예술형식에서는 더 이상 고전적인 조화로운 생명성은 가능하지 않다. 오히려 그것이 산산이 부서지고 깨진 상태가 낭만적 예술형식을 지탱하게 하는 동력이기 때문이다. 그래서 이 단계에서는 더 이상 고전적 예술형식에서 추구했던 '조화로운 아름다운 생명성'과는 다른 생명성, 즉 '정신 자신의 내면의 생명성'이 부각될 수 밖에 없다. 그리고, 헤겔에 의하면 이 같은 정신의 내면적 생명성은 직접적인 삶의 부정인 '죽음'을 다시 부정함으로써 가능한 생명성이다. 이제 삶이나 생명성에 관한 논의는 삶의 부정인 '죽음'을 한 계기로 끌어들임으로써 한층 더 심화된다.

헤겔은 인간이 자신의 유한한 주관성을 희생하는 데서 비롯되는 부단한 고통이나 괴로움, 죽음 등을 고전적 예술은 배제하거나 자연적인 측

61) Ästhetik2, 128쪽.
62) Ascheberg, 43쪽.
63) Ästhetik2, 128쪽.

면에서만 표현하였으며, 또한 고대 그리스인들은 죽음을 본질적인 의미에서 이해하지 못했다고 주장한다. "고대 그리스인들에게는 오직 자연적이고 외적이고 세속적인 현존재와 어울리는 삶만이 긍정적이었으므로, 죽음은 단순한 부정, 직접적인 현실의 해체일 뿐이었다."[64] 이런 관점에서 헤겔은 예를 들어 순교적인 죽음의 고통 속에서 죽어가는 그리스도의 모습은 고대 그리스의 아름다움의 형태로는 표현할 수 없었다고 주장한다. 왜냐하면 고통받는 그리스도의 모습에서는 고대 그리스에서는 나타나지 않던 신성함, 내면의 심층, 고통의 무한성, 인내와 신적인 고요가 더 고귀한 것으로 드러나기 때문이다.[65] 그리고 고전적 예술과 달리 낭만적 예술에서 죽음은 '참된 필연성'을 비로소 획득하게 되었다고 헤겔은 주장한다.[66] 헤겔은 낭만적 예술에서 죽음의 의미를 다음과 같이 주장한다.

> "낭만적 예술에서 죽음은 바로 자연적인 영혼과 유한한 주관성의 사멸이다. 즉, 자기 자체 내에서 부정적인 것에 부정적으로 관계하며 무상한 것을 지양함으로써 유한성과 분열의 상태로부터 정신을 해방시키고, 또 주관을 절대자와 정신적으로 화해하도록 매개하는 사멸이다."[67]

여기서 죽음은 자연적 삶의 끝인 자연적 죽음이 아니다. 낭만적 예술의 죽음은 모든 자연적이며 무상한 것의 부정이자 "자신의 직접적인 현실을 죽이는 것"이며,[68] 결국 "부정적인 것에 대한 부정(Negation des Negativen)"이다. 그래서 낭만적 세계관이나 낭만적 정신은 죽음을 통해 그냥 무로 해소되지 않고, "자신으로 되돌아오고 자신의 본래적인 진리와 생명성으로부터 차단된 자신의 부정적 현존재를 극복하여" 화해와 긍정적인 존재에 대한 만족과 지복을 지니게 된다.[69] 헤겔은 정신이 이렇게 자신 속으로 복귀하고 이행하는 과정을 "참으로 살아 있는 상태"로 본다.[70]

---

64) Ästhetik2, 135쪽.
65) Ästhetik2, 153쪽.
66) Ästhetik2, 134쪽.
67) Ästhetik2, 135쪽.
68) Ästhetik2, 134쪽.
69) Ästhetik2, 135쪽.

"낭만적 이념상은 다른 정신적인 것과의 연관을 표현한다. 여기서 이 다른 정신적인 것은 내밀성과 결합되어 있어서 이 타자 속에서 영혼은 오직 자기 자신과의 내밀성 속에서만 살아 있다."[71]

따라서 이제 역으로 참된 생명성을 찾기 위해서는 유한한 인간의 자기 부정이 필수이고, 이 같은 인간의 자기 부정은 곧 인간이 죽음을 자기 속으로 내면화하는 과정과 일치한다.[72] 그리고 이렇게 인간이 죽음을 내면화하는 과정은 다름 아니라 예술에서 '신의 인간화' 과정, 즉 '의인(신)관'(Anthropomorphismus. 신인동형설)으로 표현된다. 헤겔은 이러한 생명성, 이를테면 '고전적 생명성'과는 또 다른 '낭만적 생명성'에 의해서만 '신과 인간의 진정한 화해'로서 '의인(신)관'이 완성된다고 본다.[73] 물론 고전적 예술형식에서도 '의인(신)관'이 없었던 것은 아니다.[74] 하지만, 고전적 예술형식은 "진정한 이념상의 순수 토대"를 넘어서지 못하며, 고전적 예술은 "주관이 자신 안에서 인륜적이며 절대적인 것에 대립하여 자신 속에서 추상적인 인격성으로 경화되는 상태, 죄와 악, 주관적 내면성의 자기 내로의 귀의, 분열, 불안정 및 분리의 전 영역을" 알지 못하며, 여기서 산출되는 "아름답지도 않고, 추하며 역겨운 것"도 알지 못한다.[75] 이 점에서 고전적 예술미는 자체 내에 결함을 지니고 있다. 이에 비해 기독교에 기초한 낭만적 예술형식에서 인간으로 표현된 신은 단순히 예술에 의해 인간적 모습으로 형태화된 개체가 아니다. 오히려 낭만적 예술형식에서 신은 "현실적인 개별적 개체"이며, "온전하게 신"이자 "온전하게 한 명의 현실적 인간"으로서 "현존재의 모든 조건 속에 발을 들여놓는다." 따라서 신은 "이념상적인 인간 존재"가

70) Ästhetik2, 136쪽.
71) Ästhetik2, 146쪽.
72) 헤겔이 이렇게 죽음의 의미를 해석하는 것은 '미학 강의'에서만이 아니다. 예를 들어, 헤겔은 이미 『정신현상학』에서도 "죽음이야말로 가장 두려운 것이며, 죽음의 상태를 고수하려고 하는 것은 가장 큰 힘을 필요로 하는 것"이라고 하면서, "죽음을 견디어 내고 죽음 속에서 스스로를 보존하는 삶이 정신의 삶이다. 정신은 고통스러운 절대적인 분열상태 속에 스스로 처함으로써만 정신 자신의 진리를 획득한다."라고 말하고 있다.(GW9, 27-28쪽)
73) Ästhetik2, 129쪽.
74) Ästhetik2, 23쪽.
75) Ästhetik2, 24-25쪽.

아니라 "직접적이고 자연적인 실존이 처한 시간적이며 순전한 외면성에까지 이르는 현실적 진행과정"으로 드러난다. 이 점에서 헤겔은 기독교가 고대 그리스의 종교보다 '의인(신)관'을 더욱 더 진척시킨 것으로 보는 것이다.[76]

헤겔에 의하면 신과 같이 실체적이고 참된 것이 단순히 인류[인간다움]의 피안에 있는 것도 아니며, 고대 그리스적인 '의인(신)관'을 굳이 후대에 와서 제거할 필요도 없다. 오히려 "현실적 주관성으로서 인간적인 것"이 원칙으로 간주되고 '의인(신)관'이 참으로 완성되어야 한다.[77] 다시 말해, 이제 낭만적 예술형식에 이르러 예술은 더 이상 조각과 같은 이념상을 통해 자신의 생명성을 표현하지 않고, 오히려 정말 실제로 살아 있는 한 인간 속에서 그를 통해 예술 자신의 원칙을 마련하는 것이다. 헤겔에 의하면 이처럼 정신으로서의 신을 인간이 유한성을 떨쳐 버리고 자기 내면 속에서 정신으로서 대면하고 파악할 때, 비로소 고대보다 '더 고귀하고 심오한 화해'가 가능하다.

4. 예술의 생명성과 삶의 예술성

앞서의 논의를 통해 우리는 낭만적 세계에서 인간이 '자기 내면으로의 심화'를 통해 자기 외부의 세계와 단절되거나 무관하게 존재하는 것이 아닌가라는 의문을 제기할 수 있다. 그런데, 헤겔은 "낭만적인 것(das Romantische)"이 성취한 "해체(Auflösung)"의 긍정적인 본질도 놓치지 않고 있다. "심정의 주관적인 내면성"이 본질적인 위치를 차지하는 낭만적 예술형식에서는, 이 내면성이 외적 현실과 세계의 특정한 내용에 파고들어 생명력을 지니는가(hineinleben) 여부가 우연적인 성격을 띨 수밖에 없다. 내면의 입장에서는 자신이 절대적으로 타당하므로, 자신을 표현할 "객관적이며 절대적으로 타당한 형태"를 자기 외부에서 찾을 필요가 없기 때문이다. 그런데, 낭만적인 것이 지니는 이 같은 주관적 특성 때문에, 도리어 "낭만적 예술의 표현에는 삶의 모든 영역과 현상들, 가장 위

76) Ästhetik2, 23쪽.
77) Ästhetik2, 129쪽.

대한 것과 하찮은 것, 가장 고귀한 것과 저급한 것, 인륜과 비인륜, 악한 것 등 모든 것"이 예술의 대상으로 들어설 수 있는 자리가 마련된다.[78] 또한 헤겔에 의하면 이러한 상황 전개에는 이미 낭만적 예술이 해체되는 계기가 내재되어 있다. 즉, 낭만적 예술형식의 특징은 절대적 내면성에 기초하지만, 바로 이 특징 때문에 낭만적 예술형식은 모든 "범속한 객관(prosaische Objektivität)"을 예술에 수용하는 일종의 전도 현상이 발생한다는 것이다. 헤겔은 다음과 같이 말한다.

> "[이 객관은] 평범하고 일상적인 삶(das gewöhnliche tägliche Leben)의 내용으로서, 이 같은 삶은 인륜적인 것과 신적인 것을 포함하고 있는 자신의 실체 속에서 파악되지 않고, 자신의 가변성(Veränderlichkeit)과 유한한 일시성(Vergänglichkeit) 속에서만 파악된다."[79]

그래서 앞서 언급한 '의인(신)관'처럼 정신이 유한성을 지양하고 신과 하나가 된다는 것은, 존재하는 현실세계와 정신이 단절되거나 정신이 그것을 초월해 버린다는 것을 뜻하지 않는다. 헤겔에 의하면 외적 현실의 부정을 통한 인간의 자기 내면화, 또는 신의 인간화 과정은 인간이 자기 현실을 포기하는 과정이 아니라, 도리어 인간이 구체적인 실제의 현실을 더욱 더 다양하게 이해하고 표현하고 실현하는 과정이다.

이 같은 사정은 오히려 예술이 실재하는 현존성을 그 유한한 다양성과 특성으로 받아들여 형태화하기를 꺼려하지 않는다는 결과를 초래하며, 이렇게 할 수 있는 계기는 이미 낭만적 예술형식에 내재한다. "[낭만적 예술에서는] 시간성에 대한 외적 직관과 일시성의 흔적을 없애고 실존의 빛나는 아름다움을 위축된 현상 대신에 정립하는 저 이상적인 아름다움은 사라져 버렸다. 낭만적 예술은 현존재의 자유로운 생명성을

---

78) Ästhetik2, 221쪽.

79) Ästhetik2, 222쪽. 이처럼 모든 것이 예술이 될 수 있다면, 실제로는 아무 것도 예술이 아니며, 더 이상 어떤 것도 위대한 예술이라고 불릴 수 없다. 예술에 너무 많은 것을 요구하게 되면 결국 우리는 예술에 아무 것도 요구하지 못하는 상태로 끝맺을 수밖에 없다. 즉 예술이 절대화됨으로써 모든 것이 예술로 허용되지만, 그렇게 됨으로써 아무 것도 더 이상 예술에서 절대적 의미를 지니지 못하게 되는 것이다. W. Desmond, "Art and the Absolute Revisited: The Neglect of Hegel's Aesthetics", *Hegel and Aesthetics*, ed. by W. Maker, New York: State Univ. of N. Y. Press, 2000, 4-5쪽 참조.

무한한 고요와 영혼이 육체 속에 가라앉은 상태로 지니고 있다. 낭만적 예술은 이 삶(생명) 자체를 이 삶(생명)의 가장 고유한 개념의 상태로는 더 이상 목표로 삼지 않는다. 오히려 낭만적 예술은 이 아름다움의 정점에 등을 돌린다."[80] 이처럼 낭만적 예술은 고전적 예술이 이념상으로 형태화한 아름다운 삶(생명성)을 더 이상 추구하지 않는다. 헤겔은 낭만적인 것 안에는 두 개의 세계가 있다고 주장한다. 그 중 하나는 "그 자체로 완성된 정신적인 영역"으로서, 이 영역은 "스스로 자신 속에서 화해하며 생성, 파멸, 재생을 거치는 직선적인 반복을 정신의 참된 원환으로, 자기 내 복귀로, 정신의 진정한 불멸의 삶(Phönixleben)으로 바꾸는 심정(Gemüt)이다." 또 다른 하나는 "외적인 것 자체의 영역"으로서, 이 영역은 "정신과의 확고한 통일상태에서 벗어나서 완전히 경험적 현실이 된 것으로서, 영혼은 이 경험적 현실의 형태에 개의치 않는다."[81] 이처럼 낭만적인 것 안에 내재하는 두 세계의 특징상, 더 이상 정신은 자신의 내면을 그에 적합한 외적인 현상으로 형태화하는 데 관심을 두지 않는다. 왜냐하면 외적인 직접성은 영혼 자체 속에 있는 지복함에 어울리는 존엄성을 지니지 못하기 때문이다.[82] 그러나 이처럼 낭만적 예술은 외면을 자유롭게 방치한다는 바로 그 이유 때문에, 오히려 하찮은 일상용품이나 순간적으로 지나가 버리는 일시적 장면 등을 포함한 모든 것들이 예술의 소재가 될 수 있도록 해준다. 이 점에서 헤겔은 다음과 같이 말한다.

> "인간 속에서 자기 자신을 의식하며 그 자체로 절대적으로 보편적인 절대자가 낭만적 예술의 내적인 알맹이를 이룬다. 그래서 인류 전체(온전한 인간다움, ganze Menschheit)와 그들 전체의 발전은 낭만적 예술의 무한한 소재가 된다."[83]

이처럼 인류 전체와 그들의 전개 양상 모두가 예술의 소재가 된다면, 역사나 철학 등과 차이 나는 예술의 특징은 무엇인가라는 의문이 제기

---

80) Ästhetik2, 139쪽.
81) Ästhetik2, 140쪽.
82) Ästhetik2, 140쪽.
83) Ästhetik2, 138쪽.

될 수 있다. 인류 전체가 행하고 걸어온 길이나, 아니면 개인의 의식이 참된 정신이 되는 정신의 과정으로서 '역사(Geschichte)'가 예술의 기본 대상이 될 수밖에 없다면,[84] 예술은 스스로 자신이 해체될 수 있는 위기를 초래하는 것일 수도 있다. 이 점에서 헤겔은 다음과 같이 말한다.

> "이를 통해 우리는 낭만적인 것 일반의 종착점으로서 외적인 것과 내적인 것의 우연성을 지니게 되고, 이러한 측면들이 붕괴되는 상태를 겪게 된다. 이렇게 붕괴됨으로써 예술 자신은 스스로를 지양하고, 참된 것을 파악하기 위해 예술이 제공할 수 있는 것보다 더 고차적인 형식을 획득하려는 필연성을 의식에게 드러낸다."[85]

이미 낭만적 예술의 시작과 더불어 발생하는 정신의 내면으로의 심화는, 내용을 외적인 감각으로 표현해야 한다는 예술의 본래적 목적에서 벗어나는 단초를 보여준다. "진리를 의식하는 일이 중요하게 될 때, 현상의 아름다움이나 표현은 부차적이며 중요치 않은 것이 된다. 왜냐하면 진리는 예술과는 독립해서 의식에 대해서 현존하기 때문이다."[86] 더 이상 내면이 그에 적합한 외면을 찾을 필요도 없으며 표현될 필요도 없다. 이런 점에서 내용과 형식, 개념과 실재의 일치에 의한 아름다움의 구현이라는 예술의 기존 본질, 목적은 해체되기에 이른다. 이러한 해체의 심화로서 낭만적인 것 자체의 해체과정은 더 나아가 '예술 자신의 자기부정의 과정'으로 해석될 수도 있으며, 이러한 해석에 의거할 때 기존에 유지해 오던 예술의 경계도 더 이상 유지될 수가 없다. 낭만적 예술은 더 이상 예술이 다루고자 하는 "내용을 예술로서 산출하지 않으며", "진리의 알맹이를 예술적인 형식을 통해서만 직관에 산출하는 계시적 가르침이 아니다". 오히려 낭만적 예술이 다루고자 하는 "내용은 이미 예술영역 밖에 그 자체로 표상과 감각에 현존한다."[87] 이 점에서 '예술의 순수성'은 겉으로 보기에 불필요한 것이 되어 버렸다고 생각할 수도 있다.[88]

---

84) Ästhetik2, 149쪽.
85) Ästhetik2, 142쪽.
86) Ästhetik2, 149쪽.
87) Ästhetik2, 138쪽.
88) Ästhetik2, 149쪽.

그러면, 이러한 예술의 부정, 예술의 경계 허물기는 정말 말 그대로 예술의 '종언'과 '죽음'을 뜻하는가? 앞서도 언급했듯이, 헤겔은 낭만적 예술의 개념과 해체로부터 주어진 분명한 결과 하나는, 바로 "현존하는 인류(die existierende Menschheit)만이 오직 예술의 지반"이라는 사실이라고 주장하면서,[89] 낭만적 예술형식의 종결을 다음과 같이 정리한다.

> "보편적인 노력은 [인간이] 자기 고유의 내재적인 것을 획득하려는 것이었다. 이러한 전유(Aneignung)의 지점에 추동력은 도달했으며, 자기 고유의 내재적인 것을 산출해 내기에 이르렀다. 이렇게 이 지점은 도달되었지만, [이와 더불어] 아름다움을 희생해야만 했다. 이것이 바로 낭만적 예술의 종결로서, 다른 한편으로 이것은 시작(Anfang)이기도 하다."[90]

여기서 헤겔은 낭만적 예술형식의 종결 다음에는 반드시 새로운 '시작'이 온다는 생각을 분명히 드러내고 있다. 즉, 낭만적 예술형식의 마지막 부분은 "헤겔 이후 시대의 예술과 예술철학에 대한 단초로서 중요하다".[91] 그러면 이 새로운 '시작'의 의미는 무엇인가? 헤겔은 낭만적 예술의 종결 다음에 도래할 또 다른 예술형식을 예상하고 있는 것인가? 이에 대한 헤겔의 구체적인 언급을 '미학 강의'에서 찾기는 쉽지 않다. 그러나, 한 가지 분명한 점은, 헤겔은 예술의 이 새로운 시작이 실제로 살아있는 인간과 그에 얽힌 여러 이야기와 모습들에서 비롯될 수 있다고 보았다는 것이다.

> "예술가는 자신의 소재에서 백지 상태이다. 관심을 끄는 것은 후마누스, 보편적 인류(인간다움), 충만하고 진실한 상태에 있는 인간의 심정이다."[92]
>
> "사람들은 전체 세계사가 서사시의 대상이 되는 것을 생각할 수도 있는데, 여기서 주인공은 인간정신, 즉 후마누스가 될 것이다. 사람들은 인간정신이 스스로를 세계사로 완성시키는 주인공이라고 생각할 수도 있다. 그러나 이 소재는 예술에게는 너무 지고할 것이다. 왜냐하면 보편적 이념이 배경으로 놓여 있을 것이기 때문이다. 보편적 이념은 개체적이지가 않지만,

---

89) Hotho, 182쪽.
90) Hotho, 200쪽.
91) P. Szondi, *Poetik und Geschichtsphilosophie I*, Frankfurt am Main: Suhrkamp Verlag, 1974, 462쪽.
92) Hotho, 204쪽 이하.

예술은 개체적인 형태를 부여해야만 한다."[93)]

헤겔에 의하면 고전적 예술에서와는 달리 낭만적 예술형식의 중심에 자리한 기독교 예술에서는 "본래적 상태(Zu-Haus-Sein)"가 인간이 살아가는 "직접적 현재성"을 희생시키는 "피안"이지만, 낭만적 예술의 "마지막(ein Letztes)"에 이르러 이 "직접적 현재성"은 "긍정적인 것"이 된다. 그런데, 이 단계의 "마지막"은 현재의 관점에서 볼 때 동시에 "최근"이기도 하다. "직접적 현재성이 긍정적인 것이 된다는 사실, 이것은 겨우 최근[마지막]의 일이다. 바로 이것(das Dieses)이 긍정적인 것이 되는 이 지점을 확정할 수 있는 것은 최근[마지막]이다."[94)] 여기서 헤겔은 낭만적 예술이 해체되는 마지막 단계에 이르러 예술이 맞게 되는 상황을 다음과 같이 묘사한다.[95)]

"예술의 영역에 고향처럼 익숙해진 상태(das Einheimischsein)가 예술이라는 구조물의 쐐기돌이다. 시예술, 건축, 그리고 특히 회화는 [예술 자신에 대해 익숙해지는] 이러한 방향을 취해 왔다. 회화는 특히 현재성(Gegenwärtigkeit)을 표현하고 있다."[96)]

이 같은 회화의 대표적인 예로 헤겔은 후기 네덜란드 화파를 든다. 헤겔에 의하면 이 화파의 회화에는 "일상적인 현실에 만족할 줄 아는 원칙"이 들어 있다.[97)] 꽃이나 사슴들과 같은 일상적인 대상들이 그림으로 표현될 때, 거기에는 더 이상 대상을 알려는 목적도, 어떤 신적인 것을 명료하게 하려는 목적도 없으며, 다만 예술가가 관심을 두는 것은

93) Hotho, 288-289쪽.

94) Hotho, 200쪽.

95) 네덜란드 장르화 뿐만 아니라, 예술의 종언 이후의 새로운 예술의 가능성으로 헤겔이 제시한 것들로는 셰익스피어의 작품들, 근대적 소설(Roman), 괴테의 『서동가요』 등이 있다. 특히 '산문(Prosa)' 개념을 중심으로 헤겔의 미학이 현대에서 지니는 유의미한 의미에 관해서는 다음을 참조할 것. 권정임, 「헤겔의 '산문'개념과 그 의미 연구」, 『헤겔연구』, 제28호, 한국헤겔학회 편, 2010, 165-205쪽 참조.

96) Hotho, 200쪽.

97) Hotho, 200쪽. 17세기 네덜란드 풍속화에 대한 헤겔의 평가를 근대적 산문성과 주관적 내면성 사이의 관계를 통해 논하고 있는 자료로는 다음을 참조할 것. 이진석, 「헤겔과 낭만주의-17세기 네덜란드 풍속화를 중심으로」, 『미학』, 제52집, 한국미학회 편, 2007, 315-338쪽 참조.

“스스로를 자신 속으로 심화시키는 가상(das sich in sich vertiefende Scheinen)”일 뿐이다. 여기서는 때로는 정물(Stillleben)이, 때로는 바느질하고 있는 여인의 순간적인 모습과 같은 어떤 생동성(생명성)이 표현되는데, 헤겔은 이것을 “일시성(Vergänglichkeit)에 대한 예술의 승리”라고 부르며, 이러한 예술을 “가상의 예술”이라고 부른다.[98] 헤겔에 의하면 예술을 역사적으로 규정해 온 ‘개념과 실재와의 통일성’에 대한 요구, 또한 예술가는 실체적인 것을 그에 맞는 적절한 소재를 통해 표현해야 하는 한다는 요구가 이 “가상의 예술”에서는 사라진다. “가상의 예술”에서는 소재와 상관없이 예술가의 “자유로운 주관적 숙련성”이 곧 예술이 된다. 헤겔은 이러한 상황을 “우리 시대의 예술 일반이 처한 상태”로 보고 있다.[99]

물론 헤겔이 “우리 시대”라고 부른 시대에 지금 우리의 시대가 포함되지는 않으며, 헤겔이 지금 우리가 경험하고 있는 예술에 관련된 상황 전체를 예견했으리라는 기대는 애초부터 헤겔 자신에게는 너무 과한 기대일 수 있다. 그러나, “예술은 소재에 전혀 상관없으며, 어떤 대상이 다루어질지라도 가상의 예술이다.”[100]라는 그의 언급은 우리 자신의 시대와 그리 먼 얘기는 아니다. 그리고 낭만적 예술의 해체 단계를 “예술의 최종적인 붕괴과정”으로 보는 시각도 우리에게 그리 낯선 얘기가 아니다.

모든 것은 현재의 과거로서 일시적이다. 헤겔에 의하면 모든 것이 현재를 스쳐 지나 과거의 것이 됨으로써 발생한 일-시-성(Ver-gäng-lichkeit)을 예술은 극복할 수 있어야 한다. 그런데, 일시성에 대한 예술의 승리는, 헤겔에 의하면 더 이상 예술이 불변하고 영원한 것을 추구하거나 만들어 냄으로써 성취될 수는 없다. 예술이 가변성과 일시성을 거부함으로써가 아니라, 오히려 예술 자체가 가변성과 일시성에 자신을 개방하고 내맡기며, 동시에 예술이 가변성과 일시성을 자기화함으로써 예술은 가

---

98) Hotho, 201쪽.

99) Hotho, 202쪽 이하. 17세기 네덜란드 장르화에 대한 헤겔의 언급을 ‘회화의 형식적 완성’ 및 ‘객관적 해학’의 측면에서 논의한 연구로는 다음을 참조할 것. 권정임, 「G.W.F. Hegel의 네덜란드 장르화 해석」, 『미술사학보』, 제13집, 미술사학연구회, 2000, 37-58쪽.

100) Hotho, 204쪽 이하.

변성과 일시성에 대해 승리를 거둘 수 있다. 이처럼 가변성과 일시성을 자기화하는 일은 곧 예술이 일상화되는 일이며, 예술의 일상화는 바꾸어 말하자면 '삶의 예술화'이기도 하다. 가변성과 일시성에 대한 예술의 승리는 바로 전통적인 예술 자신의 패배와 추락, 자기부정을 통해서만 성취될 수 있고, 이 승리의 결과가 바로 일상적 삶의 예술화이기 때문이다.[101] 이제 삶의 예술화에서는 예술 자신의 완성보다는 인간의 완성, 삶 자체의 완성이 더 중요할 수도 있다.[102] 이 점에서 헤겔 자신이 다음과 같이 제기한 질문은 지금도 충분히 유의미하다.

> "이제 여기서 무엇이 예술작품인지를 말하기가 어려워진다. 사람들이 대가다운 솜씨로 그런 대상들을 다룬다고 하더라도 그런 작품들을 예술작품이라고 부를 수 있는가 하는 어려움이 발생한다. 일상적 삶이 예술의 방식에 따라 매일 파악된다면, 예술작품들인가? …… 보통의 삶의 대상들이 예술의 대상이 될 때 예술의 범위는 무한대로 확장된다."[103]
>
> "여기서 무엇이 예술작품인지를 말하기가 어려워진다. 한 편으로 그 속에는 범속한 전체 내용, 매일 매일의 삶이 들어 있다. 그렇다면 만일 매일 매일의 삶이 예술의 방식으로 표현된다면, 예술작품들인가?"[104]

---

101) 이 점에서 필자는 헤겔이 초기에 「독일관념론의 가장 오래된 체계계획」(1796/1797)에서 횔덜린, 셸링과 함께 지녔던 문제의식을 결코 포기하지 않았다고 확신한다. 물론 그러한 문제의식이 어떻게 구체적인 철학적 논의나 체계로 발전되어 나갔는지에 대해서는 좀더 심도있고 많은 검토를 필요로 한다. 이에 대해서는 후속 논문에서 논할 것이다.

102) 이 점에서 헤겔은 '미학 강의'에서 철저히 '후마누스(humanus)', 즉 인간적인 것을 중심 내용으로 삼아서 예술에 관해 논했다고 할 수 있다. 이에 대해서는 다음을 참조할 것. A. Gethmann-Siefert, "Schöne Kunst und Prosa des Lebens. Hegels Rehabilitierung des äathetischen Genusses", *Kunst und Geschichte im Zeitalter Hegels*, hrsg. von Ch. Jamme, Hamburg: Felix Meiner Verlag, 1996, 119쪽 이하 참조. A. Gethmann-Siefert는 이 글에서 예술을 통한 형식적 도야(formelle Bildung)를 강조하면서, 이질적인 문화에 대한 감수성 등을 도야하는 근대 예술의 역할을 헤겔이 강조했다고 주장한다.

103) Kehler, 151-152쪽.

104) Pfordten, 171쪽. 헤겔에게 있어서 이 같은 물음은 비단 후기의 '미학 강의'에만 해당되는 것은 아니다. 이미 헤겔은 예나 시기에 다음과 같이 말하고 있다. "예술은 이렇게 자기 자신과 모순 상태에 빠지게 된다. 예술이 알레고리(Allegorie)에까지 뻗쳐나갈 수밖에 없을 정도로 독자적인 성격을 지니게 되면, 예술은 개성이 되어 버리고 사라지게 되며, [예술의] 의미가 개성으로 전락해 버린다. 그렇게 되면 예술의 의미는 표현되지 않는다."(GW8, 279쪽)

이 같은 물음들에 대한 대답은 우리에게 여전히 현재진행형이다. 이 점에서 예술에 대한 헤겔의 통찰은 회색빛으로 흐릿한 시대를 뒤쫓아가며 거기에 덧칠만 하는 것이 아니라, 오히려 시대를 앞서 예견하는 미네르바의 부엉이가 지닌 밝은 시선이기도 하다.

참고 문헌

1. 헤겔의 저작

Hegel. G. W. F., *Gesammelte Werke*, in Verbindung mit der Deutschen Forschungsgemeinschaft, hrsg. von der Reinische-Westfälischen Akademie der Wissenschaften, Hamburg, 1968ff.(=GW)

______, *Theorie Werkausgabe in zwanzig Bänden*, Redaktion von E. Moldenhauer & K. M. Michel, Frankfurt am Main, 1969ff.(=TW)

______, *Vorlesungen über die Ästhetik I*, in TW13, 1970.(=Ästhetik1)

______, *Vorlesungen über die Ästhetik II*, in TW14, 1970. (=Ästhetik2)

______, *Vorlesungen über die Ästhetik II*, in TW15, 1970. (=Ästhetik3)

______, *Vorlesungen über die* Ästhetik, *Berlin 1820/21*. hrsg. von H. Schneider, Frankfurt am Main: Peter Lang, 1995.(=Ascheberg)

______, *Vorlesungen über die Philosophie der Kunst, Berlin 1823 Nachgeschrieben von Heinrich Gustav Hotho*, hrsg. von Annemarie Gethmann-Siefert, Hamburg: Felix Meiner Verlag, 1998.(=Hotho)

______, *Philosophie der Kunst oder Ästhetik, Nach Hegel. Im Sommer 1826*, hrsg. von Annemarie Gethmann-Siefert, B. Collenberg-Plotnikov, München: Wilhelm Fink Verlag, 2004.(=Kehler)

______, *Philosophie der Kunst. Vorlesung von 1826*, hrsg. von Annemarie Gethmann-Siefert, Jeong-Im Kwon und Karsten Berr, Frankfurt am Main: Suhrkamp Verlag, 2004.(=Pfordten)

______, 권정임 · 한동원 옮김, 『헤겔 예술철학』, 미술문화, 2008.

______, 박병기 옮김, 『헤겔의 자연철학1』, 나남, 2008.

______, 박병기 옮김, 『헤겔의 자연철학2』, 나남, 2008.

______, 두행숙 옮김, 『헤겔미학I』, 나남출판, 1996.

______, 두행숙 옮김, 『헤겔미학II』, 나남출판, 1996.

______, 두행숙 옮김, 『헤겔미학III』, 나남출판, 1996.

______, 서정혁 옮김, 『미학강의』, 지만지고전천줄, 2008.

______, 서정혁 옮김, 『헤겔 예나 시기 정신철학』, 이제이북스, 2006.

2. 2차 문헌

Desmond, W., "Art and the Absolute Revisited: The Neglect of Hegel's Aesthetics", *Hegel and Aesthetics*, ed. by W. Maker, New York: State Univ. of N. Y. Press, 2000.

Février, N., "Die Naturphilosophie und »das System der einzelnen Künste«, *Hegels Ästhetik. Die Kunst der Politik-Die Politik der Kunst*, 1. Teil, hrsg. von A. Arndt, K. Bal & H. Ottmann, Berlin: Akademie Verlag, 2000.

Gethmann-Siefert, A., "Schöne Kunst und Prosa des Lebens. Hegels Rehabilitierung des ästhetischen Genusses", *Kunst und Geschichte im Zeitalter Hegels*, hrsg. von Ch. Jamme, Hamburg: Felix Meiner Verlag, 1996.

______, *Einführung in Hegels Ästhetik*, München: Wilhelm Fink Verlag, 2005.

Kant, I., *Kritik der Urteilskraft*, hrsg. von K. Vorländer, Hamburg: Felix Meiner Verlag, 1974.(=KU)

Kockerbeck, Ch., "Das Naturschöne und die Biowissenschaften am Ausgang des 19. Jahrhunderts", *Ästhetik und Naturerfahrung*, hrsg. von J. Zimmermann, Stuttgart: frommann-holzboog, 1996.

Szondi, P., *Poetik und Geschichtsphilosophie I*, Frankfurt am Main: Suhrkamp Verlag, 1974.

Tsetsos, M., "Zum Lebensbegriff in der Ästhetik Hegels", *Das Leben denken*, 2. Teil, *Hegel-Jahrbuch 2007*, hrsg. von A. Arndt, P. Cruysberghs & A. Przylebski, Berlin: Akademie Verlag, 2007.

권대중, 「헤겔의 '예술의 종언' 명제의 수정가능성 모색」, 『미학』 제39집, 한국미학회 편, 2004.

______, 「헤겔의 "예술의 종언" 명제가 지니는 다양한 논의 지평들」, 『미학』 제33집, 한국미학회 편, 2002.

권정임, 「헤겔의 '산문'개념과 그 의미 연구」, 『헤겔연구』, 제28호, 한국헤겔학회 편, 2010.

______, 「G.W.F. Hegel의 네덜란드 장르화 해석」, 『미술사학보』 제13집, 미술사학연구회, 2000.

김문환・권대중 편역, 『예술과 죽음과 부활-헤겔의 '예술의 종언' 명제와 관련하여』, 지식산업사, 2004.

이진석, 「헤겔과 낭만주의-17세기 네덜란드 풍속화를 중심으로」, 『미학』 제52집, 한국미학회 편, 2007.

Liveliness of Art in Hegel's Aesthetics

Seo, Jeong-Hyok

Abstract

Hegel asserts in *Aesthetics* that art is superior to nature, but that the principle of animal organism can be applied to art as an assistant premise. The classic art belongs to this part. Here could be raised a few questions. First, how can be nature a meaningful comparative object of art? Second, is liveliness(Lebendigkeit) of art possible only in classic art form? Third, what meaning does it have, if liveliness of art is possible after dissolution of classic art?

Toward these questions, this essay will give these answers; First, liveliness of classic art is comparable to liveliness of animal organism, because the relation between concept and reality is comparable to the relation between soul and body. And then, for example the harmonious beauty is realized in sculpture of classic art form. Second, Hegel refers to the pastness of art in *Aesthetics* when he says that idea of beauty is realized in classic art. According to his opinions, the pastness and end of art results from romantic art form, because the ideal is dissolved in romantic art form. But Hegel thinks that liveliness of art is possible in this art form, because there is anthropomorphism in romantic art form that can make a real harmony between god and human beings. Third, after romantic art form it is possible that many ordinary things are accepted as art's materials. Because of this possibility, art has the purpose to grasp and express a moment and variability of ordinary life. And then human beings and their endless developments can be used as art's materials. This appearance means that art dissolves itself and negates its limit. Hegel asserts that we has arrived on a period when we can't say what truly art is. This insight into art is still important and meaningful until now.

Key Words : liveliness(Lebendigkeit), pastness of art, end of art, classic art form, romantic art form, the deal(das Ideale), anthropomorphism.

• 투고일: 2011.02.23. 심사완료일: 2011.04.25. 게재확정일: 2011.04.27.

「헤겔의 미학에서 예술의 생명성」에 대한 논평

권 대 중

개념의 계기들이 분산되어 있음으로써 각 부분들의 집합에 지나지 않는 비유기적 자연과는 달리 유기체로서의 생명체는 모든 지체들이 하나의 총체성을 이루는 바의 개체라고 하는, 헤겔의 유기체론은 물론 자연철학의 영역에서는 최고의 단계에 대한 진술이지만, 그럼에도 그것이 이념의 타자태인 자연에 관한 것인 한, 정신철학, 그것도 절대정신철학의 한 단계인 예술에 대한 진술과는 관련이 없어 보이는 것이 사실이다. 그러나 '영혼과 신체의 완전한 조화'라는, 생명에 대한 헤겔의 자연철학적 규정은 그 논의의 층위는 상이할지라도 '내용과 형식의 완전한 삼투'라는 그의 미 규정과 상당히 유사한 구조를 이루고 있다. 그 때문에 자연철학과 예술철학을 '생동성'이라는 하나의 범주로 연결해보려는 서정혁 교수(이하 '논자')의 이 논문은 일견 매우 생소한 시도로 여겨질지 모르나, 헤겔의 논법에 익숙한 전공자들에겐 오히려 무리 없는 유비관계의 설정으로 보인다.

논자는 특히 헤겔 『미학강의』 가운데 미 일반에 대한 개념 규정인 제1부뿐 아니라, 상당한 각론적 섬세함으로 갖춘 제2부 예술형식론과 제3부인 장르론의 내용을, 구체적으로는 고전적 예술형식과 낭만적 예술형식, 그리고 조각과 회화(그 중에서도 17세기 네덜란드의 장르화)에 대한 헤겔의 진술들을 전거로 끌어들임으로써 논지를 강화하고 있는데, 이러한 논증 전략은 자의적인 것이 아니라 당연한 것으로 평가될 수 있다. 왜냐하면 고전적 예술형식에 조각이, 그리고 낭만적 예술형식에 그 첫째 장르로 바로 회화가 전형적 장르로 대응한다는, 헤겔의 설정에는 그의 미학의 가장 뜨거운 논쟁거리인 이른바 '예술의 종언' 내지 '예술의 과거성'이라는 주제가 함축되어 있을 뿐 아니라, 이 주제의 해명에 유용하게 동원될 수 있는 코드가 바로 '생동성'이기 때문이다. 즉 고전적 예술형식 및 그 전형적 장르인 그리스 조각에서 달성되었던 내용과 형식의 완전한 일치가 자연적 유기체의 생동성과 구조적 유비관계에 있다면, 미적 조화의 해체로 특징지어지는 낭만적 예술형식 및 그 첫 번째 장르인 회화는 저 유기적 생동성의 쇠락으로 비유될 수 있는 것이다. 또한 그 때문에 논자가 논문의 마지막 부분에서 제기한 질문, 즉 그렇다면 낭만적 예술형식, 가령 네덜란드의 장르화에 대해서는 정녕 생동성이라는 특징을 부여할 수 없는가 라는 질문도 매우 자연스러운 문제 제기로 여겨질 수 있다.

논문의 이러한 전반적 대의에 대해서는 본 논평자도 동의하고 있지만, 내용의 미시적인 부분에 대해서는 다음과 같은 점을 지적하고 또 묻고자 한다.

1) 헤겔이 고전적 미의 특징으로 규정하는 '내용과 형식의 조화'에다 논자는 '개념과 실재의 일치'라는 규정을 종종 동의어적으로 대응시키거나 혼용하고 있는데, 이 점에 대해서는 반론의 여지가 있을 수 있다. 왜냐하면 '개념과 실재의 일치'는 논리학의 최종 범주인 '이념'에 대한 규정이고, 이에 대응하는 실재철학적 범주는 '사유의 사유'인 철학이기 때문이다. 물론 아셰베르크의 정서판에는 헤겔이 직접 이러한 표현을 썼다고 되어 있지만, 헤겔의 엄밀한 용어법에 따를 때 이러한 단순 동일시는 부적절한 것이 아닌가? '영혼과 신체의 통일'이라는 유기체론적 규정이 단순히 외면적 표제어로서만(lemmatisch) 예술미에 대한 유비적 보조 설명 장치로 기능하듯이 –그리고 논자 스스로가 '견준다'는 표현을 사용하듯이 –, '개념과 실재의 일치'도 구조적 유사성만을 가리키는 것으로 설명하는 것이 오히려 적절치 않은가? 그렇지 않을 경우 자연철학과 정신철학의 구분이나 절대정신철학 안에서의 예술과 철학의 구분이 모호하게 될 위험이 있을 것 같아서 이러한 질문을 던져본다.
2) 헤겔 예술형식론에서 가장 뜨거운 화두가 바로 '고전적 예술형식'과 '낭만적 예술형식'의 관계이다. 왜냐하면 이 두 단계 사이의 이행관계는 그의 최종적 미학적 결론인 예술의 '과거성'이라는 명제

를 가장 잘 드러내주기 때문이다. 그런데 우리가 주목하는 '낭만적'이라는 수식어는 기실은 '낭만주의'라는 특정 예술사조에 해당하는 단순한 미학적 개념어가 아니라, 그의 정신철학적 근본 지향성을 여실하게 보여주는 보다 상위 심급의 범주어이다. 즉, 헤겔에게서 '낭만적'이라는 말은 때에 따라 '기독교적'(christlich)이라는 말로 대체되기도 하거니와(ex. Düsing), 이 범주는 정신의 '내면성'(Innerlichkeit)을, 따라서 철학적 사유의 완전한 '반성성' (Reflexivität)까지 포함한다. 그 때문에 '고전'과 '낭만' 사이의 이행관계로 설명되는 예술의 종언 내지 과거성 명제도 미학이라는 하나의 분과 안에서가 아니라, 보다 높은 층위의 정신 자체의 운동 논리를 통해서야 비로소 제대로 해명될 수 있다고 여겨진다. 논평자가 이 점을 거론하는 이유는, 논자가 제기한 "고전적 예술형식이 해체되고 한 이후에는 원칙적으로 예술에 '생명성'이라는 용어를 사용할 수 없는가?"라는 중요한 물음 역시 정신철학 일반의 차원에서야 비로소 답변될 수 있기 때문이다. 환언하면 논자가 모색하는 '낭만적 생동성'의 진정한 가능성은 헤겔의 경우에는 언제나 '예술 이후'에, 그것도 궁극적으로는 개념을 개념적으로 사유라는 철학에 있기 때문에, '사상과 반성이 예술을 넘어 날고 있는' 근대 이후의 세계에서는 예술의 '최고의' 가능성, 즉 인간 정신에 대한 진리의 매개는 오히려 예술 영역을 벗어날 수밖에 없다.

3) 그렇다면 문제가 되는 것은 '후마누스'를 단서로 하여 헤겔이 네덜란드 장르화에 대해 내린 찬사를 얼마만큼 예술의 새로운 가능성에 대한 언급으로 해석할 수 있는가 하는 것인데, 본 논평자의 생각으로는 이와 연관된 헤겔의 발언들도 어디까지나 '예술의 한계 내에서의 가능성'을 가리키는 것이지, 정신철학 일반의 맥락에서 '최고의' 가능성을 복구하려는 진술로는 보기 어렵다. 그 때문에 논평자는 특히 이 부분에 대한 논자의 생각에 강한 호기심이 들었는데, 아쉽게도 이 논문은 그 점에 대한 언급은 없이 다소 성급하게 종결되고 만다. 그러므로 이 자리에서라도 논자의 결론적 주장을 밝혀 주면 좋겠다.

4) 사소한 문제일 수 있으나, 논자는 두행숙 역의 호토 판 미학강의를

종종 인용하고 있는데, 이 번역본에 대한 본 논평자의 평가는 다소 부정적이다. 많은 개념어들이 종종 문학적 상상력에 의해 불충분하거나 잘못 옮겨진 이 번역서를 각주에 명기하거나 직접 인용하는 것은 피해주기 바란다. 그리고 논문의 앞 부분에 헤겔이 자연미를 배제하는 부분은 다소 장황하게 보일 수 있다. 헤겔 전공자들에게는 보충적 정보로 유용하겠지만, 미학 전공자들에게는 일반 상식이 된 지 오래이므로, 이 글을 후일 전문 학술지에 게재할 경우에는 문제의 부분, 특히 『미학강의』의 대목들을 직접 인용한 부분들은 대폭 축소하기를 권장한다.

미학교육의 범주로서 'Bildung' 개념에 관한 연구*

조 상 식

요약문

독일 인문학 전통에서 Bildung 개념의 근대적 확립은 세속화 과정에서 심미적 차원의 수용과정과 궤를 같이 한다. 여기서 18-19세기 낭만주의자들은 자신들의 독특한 세계상 및 인간상을 규정하면서 미학교육론을 전개하였다. 이를 대표하는 쉴러는 미학과 Bildung을 결합하면서 미학교육론의 이론적 실천적 가능성을 제시했다. 그의 미학교육론의 핵심은, 예술의 도덕적 역할을 다시 정의하면서 다양한 인간 능력의 전면적인 발달을 꾀한 데 있다. 이러한 아이디어를 받아들여 대부분의 낭만주의자들은 인간성 자체를 하나의 예술작품으로 만들기 위해 자발적이고 자유로운 주체로서의 개성을 실현해야 한다고 주장한다. 아울러 미학교육의 주요 목표는 종교적 경건주의와 도덕적 엄숙주의를 극복하기 위해 감성을 계발하는 것이다. 이러한 과정은 바로 Bildung의 최종 목표인 자아실현 및 자기 발견 과정과 동일한 것이다. 논문에서는 Bildung 개념이 미학교육의 기본 범주임을 밝히기 위해 먼저,

* 이 논문은 2008년 정부(교육과학기술부)의 재원으로 한국연구재단의 지원을 받아 수행된 연구임(KRF-2008-332-B00291).

Bildung 개념이 Erziehung과 어떻게 구분되는지 의미론적으로 살펴보고, 심미적 의미 내포를 갖추게 되는 과정을 독일 정신사에서 개관한다. 이를 통해 18세기 낭만주의자들의 세계상 및 인간상 확립에서 미학교육론이 등장하는 모습을 확인하면서 Bildung 개념이 미학교육의 기본범주로서 자리 잡게 되는 과정을 이해할 수 있다.

● 주요어 : Bildung, 미학교육, 독일 관념론, 낭만주의, 교육과 예술

Ⅰ. 문제제기

독일어 개념인 Bildung은 우리말로 맥락에 따라 교육, 도야(陶冶), 문화, 교양(敎養), 자기형성(自己形成) 등과 같이 다양하게 번역되어 왔다. 다양한 번역어들 중에서 어느 하나를 선택하여도 여전히 불만족은 남는다. 그래서 대체로 Bildung 개념의 내포(內包)에 접근하려는 '잠정적인' 접근으로서 도야를 선택하는 경우가 많다.[1] 하지만 도야 개념을 통하여 유럽 전통, 특히 독일 인문학적 전통을 반영하고 있는 Bildung을 정확히 담고 있다고 보기 힘들다. 이는 특히 교육학 방면에서 이 개념의 용례를 보면 더욱 분명해 보인다. 교육학 분야에서 사용되고 있는 도야 개념은, 한편으로 능력심리학(能力心理學, psychology of faculty, Vermögenspsychologie)에 기초하여 다분히 심리학적 색채가 강한 채 사용된다. 다른 한편으로 이 개념은 유학(儒學) 경전에 기원을 둔 '동서양 우연적 대응'에 기초한 것이기에 동양적 메타포를 함유하고 있다.[2]

Bildung 개념은 유럽의 이념사적 흐름에서 '독일적' 개념으로 정착하면서 독특한 개념사적 단절과 연속성을 동시에 지니고 있다. 이러한 의미에서 Bildung 개념은 "독일의 민족적 상징"이면서 동시에 "무비자로 모든 인문학의 경계를 넘나드는" 핵심적인 개념이다.[3] 따라서 Bildung

1) 정영근, 「교육학에 "도야"(Bildung) 개념이 필요한가?」, 『교육철학』, 제32호, 2004, 165-180쪽 참조.

2) 임창호, 「교육학에 있어서 Bildung 개념의 재음미－독일 고전주의 Bildung 개념을 중심으로」, 『고신대학교 논문집』, 제22호. 1995, 109쪽.

3) Assmann, A., Arbeit am nationalen Gedächtnis. Eine kurze Geschichte der deutschen Bildungsidee, Edition Pandora Campus, Frankfurt/M. 1993.

개념에 대한 접근은 특정한 분과학문의 연구 영역에 국한해서는 그 독자적인 의미를 정리해내기가 거의 불가능한 성격을 지니고 있다. 이러한 사실은 역설적으로 Bildung 개념에 대한 연구에서 제한점이면서도 동시에 매력으로 작용해 왔다.

교육학 방면에서의 Bildung에 대한 접근은 대체로 특정한 사상가를 중심으로 하여 Bildung에 대한 '해석의 사례'에 초점을 두거나, 혹은 교육 실제를 반성하는 데 유용한 개념적 도구로 간주하면서 교육 고전에 대한 '회고적 연구'를 하는 경향이 있다. 그러면서 Bildung 개념이 지니고 있는 독일 민족적 및 통(通)학문적 측면을 '개념사적 접근'을 통해 보완하려는 시도가 있었다. 하지만 이러한 보완은 개념을 사전적으로 정리해줄 뿐 독일 교육학 내에서 핵심적인 위치를 차지하는 '문제사(問題史: history of problems, Problemgeschichte)적 기원'을 추적하는 데 성공적이었다고 보기 힘들다. 왜냐하면 Bildung 개념의 교육학적 전환뿐만 아니라 독일적 고유성에 있어서 그 근대적 의미는 이미 '미학적 범주'라고 해도 과언이 아니기 때문이다.[4] 이러한 의미에서 본 논문은 독일적 Bildung 개념의 독자성을 부각시키면서도 동시에 교육학적 개념으로 전환되는 과정에서 핵심적인 측면인 '심미적 차원'에 초점을 두고자 한다. 이를 위해 논문은 Bildung 개념의 심미적 차원을 '문제사'의 지평에서 다루기로 한다. 이러한 연구 접근 방식은, 교육학의 학문적 기초가 역사적 분석방법을 통해 해명되는 성격을 지니고 있다는 가정을[5] 받아들이고 있는 셈이다. 이렇게 보았을 때, 독일 Bildung에 대한 심미적 차원의 해명은 리첼의 표현으로 다양한 교육학적 인식을 서로 묶어주는 일종의 "총괄개념(Inbegriff)적 접근"에 속한다.[6]

4) Lichtenstein, E., Zur Entwicklung des Bildungsbegriffs von Meister Eckhart bis Hegel, Quelle & Meyer, Hamburg, 1966.

5) 조상식, 「독일 교육사학의 탐구 전통과 연구의 쟁점」, 『아시아교육연구』, 제6권 제4호, 2005, 75-96쪽.

6) Ritzel, W., Zur Historischen Pädagogik : Methodenfragen. in : Neue Folge der Ergänzungshefte zur Vierteljahrsschrift für wissenschaftliche Pädagogik, Heft 10, Zur pädagogischen Dimension von Psychologie, Soziologie und Geschichte, Bochum, 1969, 34쪽.

Ⅱ. 선행연구의 검토

논문에서는 '교육의 역사에 대한 연구가 곧 문제사의 묶음'이라는 전제 하에서, Bildung 개념을 그 대표적인 문제사의 주제로서 삼으면서 교육학적 의미를 도출하는 데에 초점을 두고자 한다. 여기서 Bildung 개념이 문제사임을 규정하는 내용상의 핵심 고리는 바로 이를 미학적 범주로서 간주하는 것이다. 이미 언급했듯이, Bildung 개념의 심미적 차원은 유럽 지성사의 거대한 흐름에서 독일 고유의 개념으로 전환하는 과정에서뿐만 아니라, 18세기 독일 교육이론의 핵심 개념으로 자리를 잡게 되는 과정 모두를 시야에 두게 한다는 점에서 그 결정적인 의미를 지니고 있다.

국내 교육학을 포함하여 인문학 방면에서 독일 Bildung 개념에 대한 적지 않은 연구가 있었다. 연구들은 대체로 다음과 같은 몇 가지 흐름으로 구분될 수 있다. 첫째, Bildung 개념에 대한 이해를 특정 사상가를 중심으로 접근하려는 시도들이다. 이 중에서 특히 "고전적인 Bildung 개념을 교육학적 개념으로 새롭게 정립시킨 '훔볼트(Wilhelm von Humboldt, 1767-1835) 시대'의 전환"[7]에 주목한 연구들이 주를 이루고 있다.[8] 정영근의 연구는 훔볼트의 언어철학에 초점을 두고서 '인간도야'의 의미를 탐구하거나(1996) 혹은 훔볼트의 Bildung 이론에서 근본 개념을 인격(Charakter)과 개별성, 힘(Kraft), 이념과 이상 그리고 이성으로 규정하고 연구방법론으로서 경험과 정신 및 비교방법론에 초점을 두고 접근하고 있다(1998). 그의 연구는 교육사상가로서 훔볼트에 대한 본격적인 연구 시도로서 의의를 지니며, 이후 한국에서의 훔볼트 연구에 초석이 되었다고 평가할 수 있다. 한편 조상식의 연구(2005)는 정영근의 연구와 유사한 문제의식에서 출발하고 있지만, 훔볼트의 Bildung 이론에 접근하는 방안으로 몇 가지 개념적 도구를 중심으로 그 이론적 고찰을 한다는 점에서 독자적인 성격을 가지고 있다. 여기서 Bildung 개념을 '자아와 세

7) Menze, Cl. Grundzüge der Bildungsphilosophie von Humboldts, in: Bildung und Gesellschaft zum Bildungsbegriff von Humboldt bis zur Gegenwart, Hg. von Steffen, Göttingen, 1972, 6쪽.

8) 그 실례로서 정영근, 「훔볼트의 언어철학을 통해 본 인간도야의 의미」, 『인문학연구』, 제5호. 1996, 537-560쪽, 「"훔볼트의 도야이론의 개념과 방법론에 관한 연구」, 『교육연구』, 제16집. 1998, 1-20쪽, 조상식, 2005, 같은 곳을 참조.

계 사이의 상호작용'으로 규정하면서, 개념적 분석에 유용한 도구들을 활용하고 있다. 이를테면 인간 본성의 본질인 능력, Bildung의 조건으로서 개인의 자유, 이중적인 의미로서 세계, 마지막으로 자아와 세계의 상호작용 등이 그것이다. 이 연구의 독창적인 측면은 훔볼트의 Bildung 이론을 둘러싼 대표적인 논쟁에서 드러난 핵심적인 쟁점을 정리하면서 그 함의를 이끌고 있다는 점이다. 여기서 연구자는 훔볼트 Bildung 이론에 대한 라이프니츠적 해석을 둘러싼 멘체(C. Menze)와 벤너(D. Benner) 사이의 논쟁, 외부세계와 내부세계 개념을 둘러싼 멘체와 리트(Th. Litt) 사이의 상이한 이해, Bildung 과정에서 소외(Entfremdung)의 문제에 대한 이해 그리고 세계인식의 원리로서 정조(情調, Stimmung) 개념에 대한 해석학의 문제 등을 정리하고 있다. 조상식의 연구는 훔볼트 Bildung 이론을 정리하는 것을 넘어 이론적 논쟁의 수준도 다루었다는 점에서 그 의의를 지닌다. 이 밖에 이소크라테스의 수사학에 나타난 인간교육을 도야 개념으로 접근하려는 시도[9]와 헤겔 『정신현상학』으로부터 도야(Bildung)와 교육(Erziehung)의 의미를 도출하려는 시도[10]도 이러한 연구 흐름의 범주에 속한다고 볼 수 있다.

두 번째 연구 흐름으로서, 독일 Bildung 개념의 등장을 특히 18세기에서 19세기의 신인문주의(Neuhumanismus)의 맥락에서 주목하면서 그 교육사상사적 의미를 도출하려는 시도가 있다. 그 대표적인 연구로서, 독일 고전주의 시대의 Bildung을 중심으로 교육학적 의미를 재해석하는 연구,[11] 이른바 독일 교육소설(Bildungsroman)의 개념규정에 주목하는 연구[12] 그리고 독일 인본주의 교육 사상에서 인간도야(Bildung)의 이념을 고찰하려는 연구[13] 등이 있다. 이러한 연구들은 독일 Bildung 개념이 본격적으로 드러나는 시대적 공간을 신인문주의 혹은 낭만주의로 간주

9) 오인탁, 「이소크라테스의 수사학적 도야 이론」, 『교육학연구』 vol. 31. 1993, 1-31쪽 참조.

10) 윤병태, 「헤겔의 『정신현상학』에서 '도야와 교육'의 참된 의미」, 『헤겔연구』, 제17호. 2005, 23-45쪽 참조.

11) 임창호, 같은 곳, 1995.

12) 허영재, 「Bildungsroman의 개념 규정에 관한 고찰」, 『인문논집』, 제34집. 1989, 289-304쪽 참조.

13) 정영근, 「독일 신인본주의 교육사상과 인간 도야의 이념」, 『교육철학』, 제9호, 1991, 169-184쪽 참조.

하고, 개념사적 · 사회사적 접근을 하거나(임창호) 문학작품 속에 드러난 Bildung의 이념을 다루거나(허영재) 인본주의(신인문주의) 교육사조의 흐름에서 Bildung 개념을 다루고 있다. 대체로 이러한 흐름의 연구들은 Bildung 개념의 핵심적인 문제사적 내용으로서 심미적 차원을 부차적이거나 아니면 많은 이념적 표상들 중의 하나로만 다룬다. 다만 임창호의 연구는 18세기 초기부터 등장하는 Bildung 개념의 새로운 계기를 "미학적 움직임"[14]에서 찾고, Bildung 개념을 "예술가가 본래부터 자기 자신이 지니고 있는(타고난) 이념에 따라서 조형물을 창작한다고 하는 비유를 통해 설명" 가능하다고 말하면서 그 이념사적 기원을 18~19세기의 유럽 지성사에서 찾고 있다는 점에서 중요한 기여를 하고 있다. 그렇지만 Bildung 개념의 심미적 차원을 단지 개념사적 추적에 머물면서 이후 교육이론으로부터 "잊혀진 맥락"[15]을 잇는 시도는 생략되고 있어서 아쉽다. 요컨대 이 연구들은 근대 Bildung 개념의 탄생과 이후 교육 이론적 연속성을 가능하게 하는 중요한 내용적 차원이 미학적 범주라는 사실에 주안점을 두지 않고 있다.

마지막으로 Bildung 개념의 교육학적 함의를 오늘날의 교육 현실을 반성하는 준거 개념으로 삼으면서, 그 실천적 함의를 찾는 데 주안점을 두는 연구 흐름이 있다.[16] 이 연구는 Bildung 개념 속에 들어있는 인간 교육의 이상을 오늘날 교육 현실을 비판하는 데 준거로 삼거나, 급속히 변화하는 현대 사회에서 교육적 처방을 가능하게 하는 원천이 무엇인지에 대해 고민하면서 Bildung 이론을 다시금 재음미하고자 한다. 물론 이 방면의 연구들은 급격히 변모하고 있는 시대에 Bildung 교육의 이상을 적용해 보겠다는 일관된 문제의식을 갖고 출발하고 있긴 하지만, 지나치게 계몽적인 차원에서만 문제를 다루고 있기에 정작 Bildung 개념에 대한 역사적 해명 자체는 소홀히 하는 약점을 지니고 있다.

이렇게 Bildung 개념에 대한 다양한 접근을 개관하면서 도출할 수 있는 사실은 다음과 같다. 즉 현대 교육이 급격한 시대 흐름에 어떻게 적

---

14) 임창호, 같은 곳, 116쪽.

15) Mollenhauer, K. Die vergessene Dimension des Ästhetischen in der Erziehungs-und Dimension der Bildung, in: Lenzen, D.(Hg.): Kunst und Pädagogik. Erziehungswissenschaft auf dem Weg zur Ästhetik?, 1990, 3-17쪽 참조.

16) 정영근, 같은 곳, 1996와 같은 곳, 2004 참조.

응할 것인가 하는 근본적인 과제를 해결하거나 혹은 학습자 중심의 새로운 패러다임의 등장에서 전통적인 교육 개념이 위기에 봉착하고 있는 오늘날의 시점에서 Bildung 개념이 도움이 될 수 있다. 이러한 이유에서 역설적으로 고전적인 Bildung 개념은 여전히 유효하며 더욱 계승해야 한다는 기섹케의 주장[17)]이 틀리지 않다.

Ⅲ. 개념(사)적 접근

1. 교육(Erziehung) 개념과 비교

앞서 이미 언급했듯이 독일 인문학적 전통에서 독자적인 지위와 위상을 갖고 있는 Bildung 개념을 우리말로 옮기기가 쉽지만은 않아서인지, 영어로 번역하기도 어렵지 않은 모양이다. 그래서 저명한 영국의 독문학자 브루포드는 Humboldt에서부터 토마스 만까지의 Bildung 전통을 잠정적으로 "자기 계발(self-cultivation)"이라고 번역하면서 독일어 Bildung 단어를 병기하는 데 잊지 않고 있다.[18)] 이렇듯 독일어 Bildung을 인문학적 맥락에서 번역하기란 쉽지 않다. 번역상의 문제는 차치하고서라도 그 의미의 내포를 파악하기는 더욱 어려운 일이다. 일단 이 용어가 가장 많이 사용되는 학문 분야인 독일 교육학 방면에서 Bildung의 의미론적 측면을 Erziehung 개념과 대비하면서 그 개념의 내포를 이해하는 것이 유익하다. 일반적으로 교육학 담론에서 Erziehung 개념은 일찍이 슐라이어마흐의 표현대로 '세대 간 순환'의 맥락에서 일어나는 앞선 세대가 성장세대(Erwachsende)에게 불가피하게 강제성을 띠면서 선험적으로 정당화된 문화유산을 전수하는 것을 의미한다. 따라서 교육활동은 의도적이고 계획적인 것으로 설계된다. 아울러 교육 활동의 결과에 대한 평가는 애초의 의도와 일치시키는 방향으로 기획되는 경향을 보인다.[19)] 따라서 제

---

17) Giesecke, H., Das Ende Erziehung. Neue Chance für Familie und Schule, Stuttgart, Klett-Cotta, 1993. 조상식(역), 『근대교육의 종말. 가족과 학교에 대한 새로운 대안』. 서울, 내일을 여는 책, 2002.

18) Bruford, W. H., The German Tradition of Self-Cultivation, London/New York, Cambridge University Press, 1975.

도로서 학교교육(schooling)에서 교육활동의 준거로 삼고 있는 각종 교육과정은 바로 이 Erziehung 개념을 중심으로 전개된다고 할 수 있다. 이와 반면에 Bildung 개념은 제도적 및 의도적 교육활동과 별개로 개인이 세계와 주체적으로 교섭하면서 내적으로 형성되는 지적, 도덕적, 심미적 능력의 함양을 가리킨다. 훔볼트가 '자아와 세계 사이의 상호작용'이라고 개념적 요체를 정리했듯이,[20] Bildung의 계기는 의도와 결과가 일치되는 양상이 아닌 우연적, 과정적, 초월적 성격을 가진다. 이러한 개념적 이해에서 본다면, 교육에 대한 비판은 대체로 제도적, 기획적 활동으로서 Erziehung을 겨냥한다. 여기서 Bildung 개념은 기존의 교육 정책이나 관행을 비판하는 준거로서 역할을 한다. 이는 교육학 논의에서 뿐만 아니라 일상적인 교육 담론에서도 쉽게 확인할 수 있다.

구드종(Gudjon)은 이론적 차원에서 Bildung과 Erziehung이 각각 교육학적 사유와 행동 원칙에서 어떻게 구분되는지를 보여주기 위해 아래와 같은 표를 제시하고 있다.[21]

표 – 교육과 자기형성

	교육학적 사유와 행동 원칙	
	개인적 입장에서 구성적 원칙	사회적 입장에서 규제적 원칙
교육(Erziehung)	자주성의 요구	교육적 결정에서 사회적 강제
자기형성(Bildung)	인간의 자기규정성의 근거로서 형성가능성	인간의 전체 실천에서 비(非)위계적 질서관계

이 개념적 구분에 따르면, Erziehung 개념은 사회적 입장에서 규제 원칙으로서 사회적 강제라는 외부의 '프로그램적 접근'을 가정한다. 이를테면 교육활동에 수반하는 제반 결정 사항은 사회적으로 결정되는데, 그 실례로 교육과정의 입안, 교사–학생 관계 등을 들 수 있다. 한편 개인적 입장에서 구성적 원칙은 자주성(Selbstständigkeit)의 요구이다. 이는 성장

19) 조상식, 「"학습주의 교육" 패러다임 논의에서 Bildung 개념의 흔적 혹은 부재(不在)」, 『교육철학』, 제43집, 2008, 173-190쪽 참조.

20) 조상식, 「훔볼트의 'Bildung' 개념에 대한 교육학적 이해」, 『헤겔연구』, 제16호, 용의 숲, 2004, 223-258쪽 참조.

21) Gudjon, H., Pädagogisches Grundwissen, Bad Heilbrunn, Verlag Julius Klinkhardt, 1995, 169쪽 참조.

세대의 교육적 목표로서 미래 삶을 스스로 개척할 수 있는 능력을 의미한다. 이와 달리 Bildung 이론의 개인적 입장에서의 구성적 원칙과 사회적 입장에서의 규제적 원칙은 각각 형성가능성과 비(非)위계적 질서관계이다. 말하자면 Bildung은 개인의 자기형성을 자기규정의 근거로 삼음으로써 활동의 결과로서 구체적 목표를 지향하지는 않는다. 대신에 외부세계로부터 형성의 재료를 받아들일 준비가 있는지 여부와 이를 통해 내적 차원의 변화 가능성(Bildsamkeit)에 Bildung 이론의 관심이 놓여 있다. 또한 사회적 국면, 즉 인간 간 관계에서 그 어떠한 위계관계, 구체적으로 가르치는 사람－배우는 사람과 같은 위계적 질서를 전제하지는 않는다. 위에서 언급했듯이, 각 개인과 외부 세계 사이의 개방된 관계만이 규제적 원칙이 될 뿐이다. 이러한 의미에서 구드종이 구분하는 개념적 구분은 다음과 같은 Bildung 개념의 의미론적 차원을 함의하고 있다.[22)]

첫째, 합리적 자기규정능력이다. Bildung 개념이 세계와 자아 사이의 관계를 포착하면서 인간 주체의 자기형성을 가리키듯이, 자기형성의 목표는 합리적이고 자율적인 주체형성(철학적 개념으로 self-determination, Selbstbestimmung)이다. 둘째, 전통적인 문화유산을 매개로 한 주체의 발달이다. Erziehung이 문화유산에의 '강제적' 입문을 의미하는 반면, Bildung은 주체에 의한 끊임없는 세계 해석의 과정이다. 물론 여기서 '세계' 개념은 역사적인 유산뿐만 아니라, 공동체, 자연, 타인, 사회 등을 포함한다. 셋째, Bildung은 개별성(개성)과 사회성(정치시민)을 동시에 획득하는 것을 지향한다. 요컨대 Bildung 개념 속에는 자기형성으로서 개별성의 계기와 사회적 존재로서 보편적 계기가 함께 들어 있다. 이를 통해 Bildung은 사적 개인으로서 욕구실현(혹은 자아실현)이 공적 사안과 대립하지 않은 상태를 지향한다. 넷째, 모든 사람에게 동일하게 적용되는 보편타당한 교육의 원리이다. 독일적 전통에서 Bildung 개념의 출현은 18세기 근대적 자아의 발견과 궤를 같이 한다. 말하자면 자유와 평등의 이념이 Bildung 개념 속에 이미 구현되어 있다는 말이다. 이렇게 본다면 Bildung 개념은 정치적, 가치론적 차원도 내포하고 있는 셈이다. 마지막으로 도덕적, 인지적, 심미적 차원을 포괄하는 다면성의 성격을 가진다. Erziehung 개념이 지나친 프로그램적 기획의 의미를 담고 있는 반면에,

---

22) Gudjons, 같은 곳, 186쪽 참조.

Bildung 개념 속엔 지·덕·체의 통합이라는 고전 인문주의적 이상이 들어 있다. 인간 교육이 추상화된 이념으로 경도되지 않고 지식위주의 교육이 되지 않으면서 심미적이고 도덕적 가치형성까지도 동반해야함은 이미 Bildung 개념 속에 내재된 선험적 원칙이기도 하다. 이러한 측면은 바로 18세기 전후 Bildung 개념의 '독일화' 과정에서 한층 분명히 확인된다. 결국 이 용어의 강점은, 인간 교육을 통해 길러질 인간상이 지식(이해), 태도(가치의 내면화), 기능(행동 및 실천)을 통합적으로 실현하는 것임을 보여주는 일종의 규제적(規制的, regulative) 개념이라는 점이다.

2. Bildung 개념의 심미적(審美的) 수용

분명 Bildung 개념은 유럽적 전통에 그 기원을 가진다. 하지만 독일적 수용과정에서 Bildung 개념은 독자적인 의미론적 변형을 겪게 된다. 그것은 바로 심미적 혹은 미학교육론적 수용이다. 리히텐슈타인(Lichtenstein)에 따르면,[23] 독일 Bildung 개념이 철학적·심미적으로 아울러 신인문주의적 교육 개념으로 정착하는 데에 영국의 샤프츠베리(A. Shaftesbury)가 18세기 독일 정신 및 예술적 삶에 끼친 영향이 결정적이다(16). 이를테면 비란트(Wieland), 헤르더, 외팅거(Oetinger), 훔볼트, 슐레겔이 그 대표적인 경우이다. 어떤 의미에서는 정신사적 영향에 있어서 Bildung 개념이 새롭게 사용되는 데에 샤프츠베리가 독일계 철학자인 라이프니츠보다 더 직접적인 영향을 끼쳤다고 할 수 있을 정도이다.[24] 이러한 정신사적 영향 이전의 개념사적 흐름을 먼저 간략히 정리하면 다음과 같다.

물론 가변적인 소재를 수공적인 방식의 형태로 제작한다는 은유를 통해 영혼의 형성을 설명하면서 Bildung 개념을 교육학적으로 처음 제시한 사람은 플라톤이다. 이러한 의미에서 플라톤은 청소년 영혼의 '교육가능성'(euplaston, Bildsamkeit)이라는 말을 했던 것이다. 플라톤의 생각

23) Lichtenstein, 같은 곳, 1966.

24) 그의 저서에 대한 독일어 번역은 다소 지체된 감도 있었지만, 이미 첫 번째 번역판(1738년과 1745년)을 통해 그의 영향을 확인할 수 있다. 이를테면 inward form 개념을 "innere Bildung"으로, formation of a genteel character 개념을 "Bildung"으로 그리고 forming forms 개념을 "bildende Gestalten"(Spalding에게서) 등으로 번역되었다(같은 곳).

은 16세기에서 17세기로 넘어가는 전환기에 요한 아른트(Johann Arndt)의 경건주의의 이전 형식에 나타난 Bildung 생각과 결부된다.[25] 하지만 세속적 삶을 혐오하는 경건주의자들에게 Bildung 개념은 믿을 만한 것으로 간주되지 않았고 심지어 기피되었다. 이러한 상황에서 샤프츠베리의 열광적인 플라톤주의와 그 심미적 형식 개념이 비로소 경건주의를 정신적으로 해방시키면서 1750년대의 시대정신에 큰 영향을 끼친 것이다. 샤프츠베리의 신(新)플라톤주의적 체계에 따르면, 온갖 형식과 형태는 인간과 우주 사이의 조화에 서 삶의 내면과 외부의 통합이다. 이 형식 개념은 유기체 그 이상을 의미한다. 여기서 ‘형성하는 형식 개념’은 영혼이 없는 ‘죽은 형식’과 달리, ‘근원 형식(Urform)’ 및 ‘원초적인 자아(Urselbst)’의 운동으로부터 산출되고 이것과의 직접적인 관계를 스스로 파악할 수 있는 능동적이고 정신적·영혼적 원칙인 ‘자아’이다.[26] 그 속에서 인성, 즉 인간 속의 ‘천재성’이 발현된다. 영혼 속에서 형성화 원칙은 ‘내향적 형식(inward form)’, 즉 충동과 성향의 내적인 질서이며, 현상에서의 내면적인 것이 비례적으로 표현된 것이다. 이러한 이해로부터 우리는 도덕과 심미적 차원이 통합됨을 확인한다. 그 완결을 향한 목표가 바로 자아형성의 과제인 것이다. 다음 절에서 더 자세히 논하겠지만, 18세기 독일 낭만주의자들이 Bildung의 이상을 예술에서 찾으면서 그 목표를 완전성에서 찾은 근거가 여기에 있다.[27] 자아형성은 어떤 모범을 단지 복사하는 것이 아니라 내면으로부터의 발달을 의미할 수 있는 것이며, 성격과 고유한 본질형성의 통합을 이루는 것이어야 한다는 것이

25) 아른트가 17세기 전환기에 말한 바 있는 ‘신의 형상을 따라 형성되다’라는 말은, ‘새롭게 된’ 인간은 “그리스도의 내면적인 욕망과 감정과 동일한 모습으로 형성”되어야만 함을 뜻한다. 또한 인간은 이를 통해 ‘개선’, 즉 완전하게 되며, 영혼의 ‘상’, ‘모범’, ‘정신적 사안’ 등은 일종의 맹아로서 ‘형성되어져야’ 한다. 이 씨앗은 ‘정신적 열매로서 존재하다가’ ‘신의 아름답고 새로운 상’으로 성장함을 의미한다. 덕은 ‘정신적인 미(美)’이며, 이는 플라톤의 생각과 직접 관련이 있어서 창조적 상, 즉 예술작품으로서 인간의 영혼은 최고의 예술가의 상에 입각하여 형성되어진다. 이러한 생각은 신비주의를 경유하면서 나중에 샤프츠베리가 독일에 얼마나 영향력이 컸는지를 잘 보여주는 사례이다(같은 곳, 42쪽과 각주 50번 참조).

26) 같은 곳, 14쪽.

27) Beiser, F., The Concept of Early German Romanticism, Cambridge, Harvard University Press, 2003, 김주휘 역, 『낭만주의의 명령, 세계를 낭만화하라』, 서울, 그린비, 2011, 180쪽 참조.

다. 이를 위한 방안이 요컨대 심미교육이다. 여기서 '취향(Geschmack)' 개념이[28] 자주 등장한다. 나중에 칸트에게서 분명하게 드러나듯이, 취향이란 지적인 판단능력으로서 합리주의적 의미가 아니라, 공통감(共通感, sensus communis), 도덕감(道德感), 형이상학적 의미에서 인간의 우주론적 구성에 기초해 있는 가치의 근원 등을 포괄하는 것이다.[29] 아마도 오늘날 우리가 사용하는 인간성이라는 의미에 합치되는 존재론적 가치 의미를 가질 것이다.

이러한 과정을 추적해 볼 때, 정신사적으로 샤프츠베리에 의해 독일 Bildung 개념이 신인문주의적 교육 개념으로 변화하는 데에 결정적인 영향을 끼친 것은 바로 르네상스 시기에 다시 등장한 플라톤주의였다. 이러한 맥락에서 비란트(Wieland)는 독일에서 처음으로 플라톤주의적 Bildung 개념을 교육적 상황, 구체적으로 청소년 훈육의 차원에 적용했던 인물이다. 그는 적용에 있어서 다양한 정신사적 성과를 함께 동원한 것으로 보인다. 이를테면 신비주의적이고 종교적인 내용은 클롭스톡(Klopstock)의 메시아 개념을 새롭게 규정한 것이며, 문학적 감수성도 불어 넣었다.[30] 말하자면, 클롭스톡에 따르면, 신의 예술가적 차원과 인간의 '창조적 미'의 재생은 '영혼의 Bildung'이라는 창조 이념 속에 녹아들어 있다는 것이다. 이러한 영혼의 Bildung이라는 말은 교육 가능한 인간의 내면에서의 종교적·심미적 교육을 뜻한다. 요컨대 이 시기에 이미 영혼의 교육가능성 개념이 주도적인 의미가 된 것이다. 그러나 이러한 신비주의적이고 정신주의적 교육은 인간에 의해서가 아니라 초인간적 존재에 의해 영향을 받는다는 것에 주목해야만 한다. 여기서 비란트는 1751년 라이프니츠의 단자론으로부터 그 해명의 열쇠를 찾는다. 이미 훔볼트의 Bildung 이론 속에서도 단자론적 흔적이 남아 있듯이,[31] 그는 클롭스톡의 다소 정서적(및 종교적) 개념인 Bildung을 단자론적 개별성의 철학과 절묘하게 결합하기에 이른 것이다.[32] 이렇게 비란트는 클롭

28) 당대 영국적 개념으로서 moral taste가 이에 대응한다.

29) Lichtenstein, 같은 곳, 14쪽.

30) 같은 곳, 15쪽.

31) 조상식, 2004, 같은 곳, 239쪽 이하 참조.

32) 교훈시 「사물의 본질 혹은 완전한 세계」에서 그는 플라톤을 찬양한다. "이상적인 상은 모든 정신에 깃들어 있도다. 사물의 내적인 형식 자체가 형성력을 지닌다."(Lichtenstein, 같은 곳)

스톡에 의해 신비주의 문학으로부터 차용된 Bildung 개념을 다시 한 번 철학적으로 변형해 간 것이다. 즉 라이프니츠의 단자론으로부터 인간 개별성의 내부에서 벌어지는 생성의 차원을 Bildung 개념의 변형에 활용한 것이다. "모든 변화는 다름 아닌 발전이다. 능력을 계발하는 것은 이념의 형성능력에 있으며, 그 속에서 모든 Bildung의 원형인 신의 고유한 상이 우리의 영혼으로 밀려들어와 모사된다."[33] 물론 이러한 '철학적 변형'에도 불구하고 종래의 자연 신비주의적인 Bildung 개념이 아직도 남아 있음은 부정할 수는 없다. 예컨대 비란트의 "정신과 자기형성하는 본성"이라는 표현이 그것이다. 또한 라이프니츠도 샤프츠베리의 플라톤주의를 클롭스톡의 경건주의와 결합시킨다. 이러한 Bildung 개념의 변화 중에서 흥미로운 점은, 비란트에게서 통찰을 통해 이끌어지는 행위를 강조하는 경향이 나타난다는 사실이다. 이를테면 Bildung 개념은 이제 교육, 양성, 문제해결, 타고난 소질의 계발, 교육 가능한 아동의 정서함양, 인간을 고양시키는 예술 등과 동의어가 되었다던 것이다. 이렇게 본다면 고유한 종교적 의미를 가졌던 Bildung 이념에 세속적인 모티브가 끼어들기 시작한다. 이러한 변화 과정에서 샤프츠베리의 정조(情調)와 인간성 이념과 같은 의미가 수용되면서 Bildung은 세속화된 교육적 개념이 되기에 이른 것이다.

이렇게 세속화된 교육학적 개념으로서 Bildung의 분명한 의미는 1754년 비란트의 「새로운 방식의 사적인 교육에 대한 계획」의 다음 인용 글에서 처음으로 등장한다.

> 젊은이들의 정신에 있어서 가장 우선적이고 필요한 것은, 그들이 좋아하거나 싫어하는 경향이 이성을 제압하기 이전에 그 참된 대상에 대해 올바른 방향을 가지도록 함으로써, 장차 성숙한 이성을 통해 가장 올바른 것을 선택하도록 하고 이를 통해 순수한 교향악, 즉 미덕을 갖춘 정신이 되게 하는 것이다. 여기서 이끌어질 수 있는 결론은, 이렇게 젊은이들에게 단지 취향을 수단으로 선과 악을 구분할 수 있도록 가르치는 이러한 중요한 기술은 … 젊은이들에 대한 지도 혹은(!) Bildung이라는 이름을 붙일 만하다는 점이다.[34]

33) Lichtenstein, 같은 곳, 16쪽, 조상식, 2004, 같은 곳, 240-242쪽 참조.
34) Lichtenstein, 같은 곳, 16쪽에서 재인용.

여기서 비란트는 Bildung 개념을 지도(Unterweisung)로 이해하면서 당대의 계몽주의적 시대정신을 그대로 수용하고 있는 듯하다. 말하자면 특정한 모범이나 모형에 입각하여 취향을 형성하는 동기가 거기에 분명 게재되어 있다는 점이다. 그러나 이렇게 비란트는 당대의 시대정신을 적극 수용하여 개념을 이해하면서도 거기서 그치지 않고, Bildung 개념을 '인간성을 고양시키는 미적(美的) 학문'과 연관이 있는 인문주의적 개념으로 확장시킨다. 이러한 개념적 확장은 바로 본격 진행되는 신인문주의적 이상, 즉 자연과 문화가 고대의 형상에 통합되어 있다는 이념으로 계승되어 간다. 그것은 바로 18세기 독일 낭만주의자들의 Bildung 개념에 대한 이해에서 그 완결된 형식으로 나타난다. 이제 낭만주의자들에게 Bildung 개념은 가장 분명한 미학교육의 범주로서 간주되기에 이른다.

Ⅳ. 낭만주의에서 Bildung 개념

Bildung 개념이 철학사적으로 초기 근대에 신비주의와 종교적 색채를 띠고 있다가 18세기 계몽주의 분위기에서 교육적 기획으로 세속화되는 과정을 살펴보았다. 이제 18세기 중반 이후 계몽주의가 설파한 획일적 이성주의는 다시금 비판에 직면한다. 현대적 용어로 '계몽의 변증법'의 현실화 상황으로서 '보편적 이성에 입각한 개별 인간의 추상화 경향'은 낭만주의자들에 의해 단호히 거부된다. 이를테면 "인간의 보편적 이성에서 출발한 애초의 계몽주의적 교육기획이 불가피하게 개별 인간을 사회적 기능성과 유용성이라는 표준에 따라 만들어내는 불행한 사태"[35]에 대항하여 낭만주의자들은[36] 인간의 개별성이 보편성에 의해 손상되지 않으면서 동시에 교육의 목표이기도 한 이성을 일방적으로 추상화하지 않는 방안을 모색한다. 아마도 이 시기에 독일 문학적 경향을 대표하는 괴테의 '질풍노도(Sturm und Drang)'는 당시의 계몽주의적 시대 상황에 대한 낭만주의자들의 실존적 고뇌를 잘 보여준다. 괴테의 『젊은 베르테

35) 조상식, 「보편논쟁과 교육학－계몽주의와 신인문주의의 논쟁에 나타난 인간 주체형성의 문제」, 『한독교육학연구』, 2003, 48쪽.

36) 교육학 방면에서는 이 시기의 사조를 가리킬 때, 낭만주의보다 신인문주의(Neuhumanismus)라고 부른다.

르의 고뇌』에 나오는 다음의 구절은 이를 잘 보여준다.

> 자연만이 무한히 풍요로우며, 자연만이 위대한 예술가를 만드는 걸세. 규칙도 많은 장점을 갖고 있긴 하지만, 그것은 시민사회를 찬양하는 것과 다를 바 없는 것일세. 물론 규칙에 따라 예술 활동을 하는 사람은 저속하고 천박한 작품을 만들지는 않을 걸세. 그것은 세상의 규칙과 범절에 따라 판에 박힌 행동을 하는 사람이 이웃 사람들의 비난의 대상이 되거나 몹쓸 악당이 되거나 하는 일이란 결코 없는 것과 진배없는 것일세. 그 반면에, 모든 규칙은 아무래도 자연의 진정한 감정과 그 참된 표현을 파괴해 버리고 마는 것일세.[37)][38)]

청년 베르테르의 입을 통해 말해지는 괴테의 생각은 자연(Natur)과 규칙(Regel)의 대비에서 극명하게 드러난다. 그에 따르면, 예술가로서 삶이 세속적 규칙에 따라 영위되어도 아무런 문제 없이 범인(凡人)의 수준을 유지할 수는 있지만, 자연의 본질이라고 할 수 있는 '진정한 감정'을 올바르게 표현할 수 없는 것이 되고 만다. 물론 여기에 괴테 시대 낭만주의자들에게 공통적으로 드러나는 18세기 특유의 '천재미학'의 정조를 강하게 보여주는 것도 사실이지만, 인간의 완전성에 대한 이상을 역설하고 있다.

이 시기, 특히 초기 낭만주의자들에게 Bildung이 어느 정도의 위상을 가진 개념인지는 슐레겔(F. Schlegel)이 고대 철학에 기원을 둘 정도로 오래된 이상인 삶의 최고 가치로서 최고선(最高善)에 대한 언급을 보면 쉽게 알 수 있다. 그는 "최고선을 포함하여 온갖 유용한 것의 근원은 Bildung 개념이다"라고 주장한다.[39)] 이를 통해 낭만주의자들의 세계 이해에서 핵심적으로 설정된 목표가 인류의 Bildung이었음을 확인할 수 있다. 그렇다면 이들은 왜 Bildung을 모든 가치들 중에서 최상위에 위치시켰을까? 사실 최고선의 문제는 이 시대에 창안된 가치 개념은 아니다. 이는 아리스토텔레스가 처음으로 정의하고 당대 칸트가 다시 도덕철학

---

37) Goethe, J. W., Die Leiden des jungen Werther, mit einem Essay von Georg Lukács "Die Leiden des jungen Werther" und einem Nachwort von Jörn Göres "Zweihundert Jahre Werther", Frankfurt/M., 1774/1973, 20쪽. 조상식, 2003, 같은 곳, 54쪽에서 재인용.

38) 이 소설 인용구에 대한 해석은 이미 다른 글(조상식, 2003, 같은 곳, 54쪽)에서 내려졌지만, 여기서는 다른 방식으로 해석되고 있다.

39) Schlegel, Ideen, 37번과 65번. Beiser, 앞의 책, 167쪽에서 재인용.

적 문제로 재수용한 것이다. 최고선은 다른 어떤 목적의 수단이 될 수 없는 궁극적 목적이며 더 이상의 추가적인 가치가 있을 수 없는 완결적 가치를 의미한다. 이러한 개념을 가진 최고선이 Bildung과 결합한 것을 보면 낭만주의자들의 Bildung 개념의 요체에 좀 더 가까이 다가갈 수 있다. 이미 앞에서 언급했듯이, Bildung 개념은 Erziehung과 달리 배움과 인격적 성장을 포괄하는 용어이다. 일반적으로 배움이란 지식의 습득으로 이루어지는 인식작용을 가리키는 것이고 인격적 성장은 도덕적 차원의 성숙을 의미하기 때문에 두 요소가 교육의 과정에서 분리되는 현실에 직면한다. 하지만 Bildung은 이 두 요소가 한 가지로 통합된 인간화 과정을 지칭한다. 따라서 Bildung의 개념 속엔 현대 인간주의 심리학에서 제안하여 익숙해진 개념인 '자아실현 과정'이 내재해 있다. 이렇게 본다면 모든 능력이 골고루 발달하는 자아실현이 인간 교육의 최고선과 다를 바 없는 것이다. 여기서 지식의 습득을 통한 세계이해의 폭과 깊이를 확장하는 것과 도덕·윤리적인 행위 원리의 준수를 일치시키는 것이 최대의 과제로 등장한다. 여기서 낭만주의자들이 살았던 시대적 환경에서 대표적인 윤리적 원칙들로서, 한편으로 쾌락주의적 경향[40]과 다른 한편으로 칸트와 같이 이성 우위의 윤리학이 점차 확립되고 있었다. 낭만주의자들에게 Bildung의 이상 속엔 이 두 흐름을 모두 교정할 목적도 지니고 있었다.[41] 두 원리의 약점을 상쇄하는 전략은 먼저, 개별 인간이 모든 능력을 전면적으로 발달시킴으로써 모든 다양한 능력들을 하나의 전체로 주조하는 것이다. 또한 인간의 고유한 능력들을 포함하여 가각 개인의 독특한 소질과 성향을 의미하는 개성을 발전시키는 것이다. 여기서 낭만주의, 즉 신인문주의의 거대한 인간학적 목표가 드러난다. 그것은 바로 개성과 인간성의 통합이다.

낭만주의자들이 추구한 개성과 인간성의 통일은 개별 인간 내부의 다양한 능력을 조화롭게 발달시켜야 가능하다. 이러한 맥락에서 동시대에 훔볼트도 Bildung의 과정을 "[인간과 세계 사이의 상호작용과 그 회귀를 통해 획득된] … 다양한 능력들은 이제 인간으로 하여금 동일한 대상을 다양한 형식, 즉 오성의 개념으로, 상상력의 상(像)으로 그리고 감각적

40) 영국 도덕감(mora sense) 이론 전통을 통칭하는 표현임.
41) Beiser, 같은 곳, 174쪽 이하 참조.

직관의 형태로 바라볼 수 있게 하는 것"[42]으로 설명한다. 또한 쉴러도 서간문 『인간 미학교육론』에서 "유용성이 거대한 우상"[43]이 되면서 개인의 "파편화(Bruchstück)를 동반한 왜곡된 인성발달이 초래"[44]되었다고 지적한다. 이론적 지식의 습득 과정에서 불균형을 방지하면서 동시에 형식화되어 지나치게 도덕적 명령에 종속되는 부작용을 극복하기 위해 낭만주의자들이 제시한 해결책이 바로 예술의 가치에 입각한 미학교육(ästhetische Bildung)의 전략이다. 분명 심미적, 예술적 수사를 Bildung과 처음으로 결합하여 사용한 사람은 바로 쉴러(F. Schiller)이지만, Bildung 개념에 심미적 이상을 입힌 것은 초기 낭만주의자들 모두에게 동일하게 나타난다. 낭만주의 운동에서 미학주의 입장[45]의 많은 부분 이 책에서 기인하며, 예술을 인간 교육을 위한 주요 수단으로 간주할 때에도 쉴러의 생각을 따른다.

이미 언급했듯이, 계몽주의 난맥상에서 낭만주의자들이 인간 교육의 치유책으로 예술을 지목한 것은, 사유의 자발성을 손상하지 않으면서 도덕적 행위의 자유를 보존할 수 있는 방안이 예술 속에 내재해 있다고 믿었던 것이다.[46] 다시 말해서 오성의 교육만으로는 충분하지 않으며 감정과 욕망의 개발을 통해 도덕적 행위의 성향을 갖출 필요가 있다는 것이다. 여기서 예술은 이성적으로 행동할 수 있도록 고무하는 힘이 있으며 매우 강력하게 상상력에 호소하고 심도 있게 감정에 영향을 끼치는 효과가 있다. 그렇다면 예술을 가르치면 곧장 도덕적인 성향에 긍정적인 영향을 끼칠까? 이는 낭만주의의 미학교육론을 단순하게 이해하는 오류를 지적하는 질문이기도 하다. 쉴러는 『인간 미학교육론』에서 이러한 순진한 발상을 지적하는 당대의 비난을 이미 인식하고 있었던 것으로 보인다.[47] 그 대표적인 지적으로서 인류 역사상 예술이 번창했던 시기에 도덕이 반드시 확립되어 있지 않았다는 점이다. 여기서 쉴러는, 예

42) Humboldt, W. Schriften zur Anthropologie und Bildungslehre, 1793, hrsg. von A. Flitner. Düsseldorf, 1956, 29-30쪽.
43) 두 번째 편지글.
44) 여섯 번째 편지글.
45) 문화적 르네상스에서 예술이 중심적인 역할을 해야 한다는 입장을 의미함. Beiser, 같은 곳, 176쪽 참조.
46) Beiser, 같은 곳, 176-177쪽.
47) 예컨대, 열 번째 편지글 참조.

술의 가치가 곧바로 도덕적 행동을 야기한다는 교육기획의 가능성을 주장하지 않고 미(美)가 인간의 완전성의 본질적인 요소가 아닐까 하는 문제로 관심을 돌린다. 요컨대 "우리를 완전하게 하는 것은 이성의 형식을 감성의 내용과 통일시키는 것인데, 형식과 내용의 통일은 바로 미를 특징짓는 것이다. 그러므로 미학교육은 우리의 성격이 예술작품에 의해 형성되도록 하는 것이 아니라 우리의 성격을 예술 작품으로 만드는 데 있다."[48] 예컨대 예술 작품을 관조하는 것만으로 우리의 도덕적 행동이 변화하는 것은 아니지만, 인간의 수월성에 내재해 있는 미학적 유희를 일깨움으로써 이를 계속 유지시켜 준다는 것이다. 결국 미학교육에 대한 쉴러의 궁극적 입장은 완전성으로서 미(美)이론에 의존하고 있는 셈이다. 이 지점에서 쉴러는 인간의 삶에서 미학적인 우월성을 국가와 사회로 확장해 간다. 그래서 그의 서간문 마지막 편지에 "미학적 국가(ästhetischen Staat)" 개념이 등장하는데, 완전한 국가와 및 사회는 인간성과 함께 예술작품을 닮아야 한다고 끝을 맺고 있다.

Ⅴ. 결론

독일 특유의 개념으로서 Bildung 개념의 근대적 확립은 세속화 과정에서 심미적 차원의 수용과정과 궤를 같이 한다. 여기서 18-19세기 낭만주의자들은 자신들의 독특한 세계상 및 인간상을 규정하면서 미학교육론을 전개하였다. 이를 대표하는 쉴러는 미학과 Bildung을 결합하면서 미학교육론의 이론적·실천적 가능성을 제시했다. 그의 미학교육론의 핵심은, 예술의 도덕적 역할을 다시 정의하면서 다양한 인간 능력의 전면적인 발달을 꾀한 데 있다. 이러한 아이디어를 받아들여 대부분의 낭만주의자들은 인간성 자체를 하나의 예술작품으로 만들기 위해 자발적이고 자유로운 주체로서의 개성을 실현해야 한다고 주장한다. 아울러 미학교육의 주요 목표는 종교적 경건주의와 도덕적 엄숙주의를 극복하기 위해 감성을 개발하는 것이다. 이렇게 낭만주의자들이 "감각의 낭만화"[49]

48) Beiser, 같은 곳, 180쪽.
49) 같은 곳, 188쪽.

에 목표를 두는 이유는, 차가운 오성의 개념주의에 따라 세계를 통상적으로 분류하고 범주화하는 것보다 개별 인간으로 하여금 관조 능력을 개발하여 사물들을 있는 그대로 볼 수 있게 해준다는 데 있다. 뿐만 아니라 낭만주의자들은 외부 세계를 낭만화하는 데 그치지 않고 우리 내부의 감각도 낭만화하여 깊은 내면을 탐색할 것을 주장했다. 이러한 과정은 바로 Bildung의 최종 목표인 자아실현 및 자기 발견 과정과 동일한 것이다.

지금까지 Bildung 개념이 독일적 텍스트와 일상어에서 Erziehung과 어떻게 구분되는지 의미론적으로 살펴보았고, Bildung이 심미적 의미 내포를 갖추게 되는 과정을 독일 정신사적으로 개관하여 보았다. 이를 통해 18세기 낭만주의자들의 세계상 및 인간상 확립에서 미학교육론이 등장하는 모습도 살펴보았다. 이러한 고찰 과정에서 Bildung 개념이 미학교육의 기본범주로서 자리 잡게 되는 개념사적 흐름을 추적하는 데는 성공했지만, 최근의 미학교육론 탐구분야에서 Bildung 개념이 활용되는 사례에 대한 추적은 남겨두었다. 이 주제는 '교육의 프로그램적 기획을 극도로 멀리하면서 교육을 해야 한다'는 일종의 미학교육의 역설이 최근 미학교육 연구에서 어떻게 극복되고 있는지 확인하는 데 유익한 과제라고 생각한다.

참고 문헌

오인탁, 「이소크라테스의 수사학적 도야 이론」, 『교육학연구』 vol.31. 1-31쪽, 1993.

윤병태, 「헤겔의 『정신현상학』에서 '도야와 교육'의 참된 의미」, 『헤겔연구』 제17호. 23-45쪽, 2005.

임창호, 「교육학에 있어서 Bildung 개념의 재음미－독일 고전주의 Bildung 개념을 중심으로」, 『고신대학교 논문집』 제22호. 107-127쪽, 1995.

정영근, 「독일 신인본주의 교육사상과 인간 도야의 이념」, 『교육철학』 제9호, 169-184쪽, 1991.

______, 「훔볼트의 언어철학을 통해 본 인간도야의 의미」, 『인문학연구』 제5호. 537-560쪽, 1996.

______, 「훔볼트의 도야이론의 개념과 방법론에 관한 연구」, 『교육연구』 제16집. 1-20쪽, 1998.

______, 「교육학에 "도야"(Bildung) 개념이 필요한가?」, 『교육철학』 제32호, 165-180쪽, 2004.

조상식, 「보편논쟁과 교육학－계몽주의와 신인문주의의 논쟁에 나타난 인간 주체형성의 문제」, 『한독교육학연구』, 47-63쪽, 문음사, 2003.

______, 「훔볼트의 'Bildung' 개념에 대한 교육학적 이해」, 『헤겔연구』 제16호. 223-258쪽, 용의 숲, 2004.

______, 「독일 교육사학의 탐구 전통과 연구의 쟁점」, 『아시아교육연구』 제6권 제4호. 75-96쪽, 서울대학교 교육연구소, 2005.

______, 「"학습주의 교육" 패러다임 논의에서 Bildung 개념의 흔적 혹은 부재(不在)」, 『교육철학』 제43집. 173-190쪽, 교육철학회, 2008.

허영재, 「Bildungsroman의 개념 규정에 관한 고찰」, 『인문논집』 제34집. 289-304쪽, 1989.

Assmann, A., Arbeit am nationalen Gedächtnis. Eine kurze Geschichte der deutschen Bildungsidee, Frankfurt/M., 1993.

Beiser, F., The Concept of Early German Romanticism, Cambridge, Harvard University Press. 김주휘 역, 『낭만주의의 명령, 세계를 낭만화하라』, 그

린비, 2011.

Bruford, W. H., The German Tradition of Self-Cultivation, London/New York, Cambridge University Press, 1975.

Giesecke, H., Das Ende Erziehung. Neue Chance für Familie und Schule, Stuttgart, Klett-Cotta, 1993. 조상식(역), 『근대교육의 종말. 가족과 학교에 대한 새로운 대안』, 내일을 여는 책, 2002.

Goethe, J. W., Die Leiden des jungen Werther, mit einem Essay von Georg Lukács "Die Leiden des jungen Werther" und einem Nachwort von Jörn Göres "Zweihundert Jahre Werther.", Frankfurt/M., 1774/1973.

Gudjon, H., Pädagogisches Grundwissen, Bad Heilbrunn, Verlag Julius Klinkhardt, 1995.

Humboldt, W. Schriften zur Anthropologie und Bildungslehre, hrsg. von A. Flitner, Düsseldorf, 1956.

Lichtenstein, E., Zur Entwicklung des Bildungsbegriffs von Meister Eckhart bis Hegel, Hamburg, Quelle & Meyer, 1966.

Menze, Cl. "Grundzüge der Bildungsphilosophie von Humboldts", in: Bildung und Gesellschaft zum Bildungsbegriff von Humboldt bis zur Gegenwart, Steffen, H.(Hg.), Göttingen, 1972.

Mollenhauer, K. "Die vergessene Dimension des Ästhetischen in der Erziehungs-und Dimension der Bildung." In: Lenzen, D.(Hg.): Kunst und Pädagogik. Erziehungswissenschaft auf dem Weg zur Ästhetik? pp.3-17, Darmstadt, 1990.

Ritzel, W., Zur Historischen Pädagogik : Methodenfragen. In : Neue Folge der Ergänzungshefte zur Vierteljahrsschrift für wissenschaftliche Pädagogik, Heft 10, Zur pädagogischen Dimension von Psychologie, Soziologie und Geschichte. Bochum, 1969.

Schiller, F., Über die ästhetische Erziehung des Menschen, Stuttgart, Reclam, 1795/1977.

Zum Begriff 'Bildung' als eine ästhetisch-pädagogische Kategorie

Cho, Sang-Sik

Zusammenfassung

Die moderne Bestimmung des Bildungsbegriffs in der deutschen humanwissenschaftlichen Tradition liegt in der gleichen Linie mit dem Rezeptionsprozess der ästhetischen Dimension in der sozialen Säkularisierung. Hierin entwickelten die Romantiker, d.h. Neuhumanisten von 18. bis 19. Jahrhundert die ästhetische Bildungstheorie beim Bestimmen ihres eigenen Welt-bzw. Menschenbilds. Schiller als ihrer Vorbild zeigte die theoretsichen und praktischen Möglichkeiten der ästhetischen Pädagogik durch die Zusammenhaltung zwischen der Ästhetik und Bildung. Sein Angelpunkt der ästhetischen Pädagogik besteht darin, dass man die moralische Rolle wieder bestimmt und dadurch die umfassende Entwicklung der verschiedenen Kräften der Menschen abzielt. Die meisten Romantiker nahm diese Idee auf und behaupte, dass wir die Individualität als ein autonomes und freies Subjekt um die Menschheit selbst zu einen Kunstwerk zu machen aktualisieren soll. Zudem soll der Hauptziel der ästhetischen Bildung mit der Entfaltung der Sinnlichkeit gleichen, um den religiösen Pietismus und moralischen Formalism zu überwinden. Dieser Prozess soll auch denjenigen der Selbstaktualisierung bzw.-Erfindung als endgültigen Ziel der Bildung bedeuten. In diesem Aufsatz handelt es sich darum, zuerst semantisch zu erklären, wie sich der Begriff 'Bildung' von demjenigen der Erziehung unterscheidet, dann den Rezeptionsprozess der ästhetischen Konnotation zu den Bildungsbegriff in der deutschen Ideengeschichte im Zeitraum vom späten 18. bis frühen 19. Jahrhundert zusammenzufassen. Damit kann man die Bestimmung der ästhetischen Pädagogik von Romantikern bei ihrem Welt-bzw. Menschenbild bestätigen und der problemgeschichtlichen Strömung des Bildungsbegriffs als eine Kernkategorie der ästhetischen Pädagogik folgen.

Key Words : Bildung, ästhetische Pädagogik, Deutscher Idealismus, Romantismus, Neuhumanismus, Bildung und Kunst

• 투고일: 2011.04.08. 심사완료일: 2011.04.19. 게재확정일: 2011.04.22.

헤겔의 '이성의 꾀(狡智)' 개념에 대한 새로운 해석

윤 병 태

요약문

'이성의 꾀(狡智)' 개념은 헤겔의 역사철학의 전용 개념으로 널리 알려져 있다. 세계정신 또는 역사이성의 궁극 이념이 그 자신은 배후에 숨어서 개인과 사건들을 계획적으로 조정하고 지배하여, 개인을 희생시키고 사건들을 투쟁과 뒤얽힘으로 몰아가 자신의 이념적 목표를 은밀히 실현한다는 것이 그 요지이다. 요컨대 개인들은 역사를 의식하지 않고 자신이 자유롭게 행동하면서 고유의 독자적 생활을 영위한다고 믿고 또 그런 믿음에 기초한 다양한 개인들의 인간관계가 사회적 삶의 사건들을 만들어내지만 그 역사적 과정을 전체적으로 조망해보면 그 내면에 세계정신의 합목적적 규칙이 있다는 것이다.

이 논문은 역사이성의 꾀 개념의 이론적·논리적 구조와 그 본질이 의식론적 현상학과 논리학에서 확립되고 체계화된다는 것을 밝히려는 의도에서 작성된 것이다. 이에 따라 다음의 세 가지 과제, 즉 첫째, 역사에서 '이성의 꾀'의 진정한 의미 규명, 둘째, 그 이론적 근거로서 학문과 인식에서 '개념의 꾀'의 본성, 그리고 셋째, 목적론에서 '목적의 꾀'의 구조를 해명하고, 그 결론으로 '목적에 대한 수단의 우위성'이 이 개념에 대한 헤겔의 본래적 의도라는 점을 제시하려고 한다.

● 주요어 : 꾀(교지, 간지), 노동, 도구, 목적, 목적론, 수단, 오성, 이성, 이율배반, 인과율, 인식, 주인과 종, 학문.

Ⅰ. 머리말

헤겔에서 역사철학뿐아니라 그의 전 사상을 꿰뚫는 가장 중요한 개념들 중 하나가 '이성의 꾀(奸智:간지, 교지:狡智)'이다.[1] 이 개념의 사상적 출처는 둘인데, 그 하나는 신과 인간의 관계이며, 다른 하나는 노동과 도구의 관계이다. 전통 기독교에서 말하는 창조주와 피조물의 관계와 달리, 여기서 신과 인간의 관계는 피조물의 실재성이 창조주의 창조력을 증거하며, 따라서 이 둘은 존재와 능력에서 동근원적이라는 의미를 함축한다. 그렇다고 이 둘은 기능에서 같은 것이 아니다. 신은 혼자만으로는 아무것도 보여주지 못하며 오직 피조물을 통해 자신의 존재와 위력을 나타낼 수 있고 피조물 중에서도 오직 인간을 통해서만 자신의 의지와 뜻을 증거할 수 있다. 인간의 사유와 실천적 활동은 신적 사유와 활동의 현실적 현상이므로 인간은 단순 피조물이 아니라 신의 대리인이다. 인간에게 사유와 활동은 인식과 실천의 능력이지만, 이 능력은 정신과 삶의 고통스러운 노동의 전형이다. 결국 신은 그 자신이 노동의 이 고통을 겪지 않고 인간에게 위탁함으로써 절대 자유를 누리며 인간은 자유를 포기한 댓가로 삶과 노동의 고통을 짊어진다. 이것이 바로 신, 즉 이성의 교활한 지혜로서 꾀이다. 신 자신(이성)은 아무 일도 아니 하면서도 자신의 의지를 인간을 통해 이 세상에 펼치고 실현하는 것이 신의 본래성이며 그의 감춰진 뜻이다. 반대로 인간은 신이 아니라 그 자신을 위해 힘든 삶의 노동을 하는 것으로 여기지만 그 결말은 죽음으로 버려지게 마련이다. 개체의 노동과 죽음을 통해 인간은 궁극적으로 신 본연의 의도인 영원한 유적 삶의 이념을 실현한다. 신이 자신과 자신의 뜻(의지) 사이에 인간이라는 매개를 끼워 넣어 자기 목적을 실현하는 것과 동일한 형식이 인간의 노동 과정에도 놓여 있다. 노동은 노동하는 자(인간)

---

1) 흔히 奸智(간지), 교지(狡智)로 번역되는 List는 일상적으로 책략, 술수, 또는 교묘한 농간이나 지략 등의 뜻이 있으며, 전통 철학적인 의미에서 지혜는 아니나, 실천적 삶의 영역에서 행동의 지혜를 의미한다. 이 List의 부정적 의미를 표현해야 할 경우 헤겔은 교활함, 유치한 술수, 요령 피움, 잔꾀 등을 의미하는 Pfiffigkeit라는 용어를 사용한다. 종래 번역어인 '교지' 또는 '간지'는 일상에서 거의 사어가 되었다는 생각에, 필자는 이 논문에서 List의 번역어로 '꾀'라는 우리말을 사용하고자 한다.

가 일정한 의도와 목적으로 재료를 그 목적에 맞게 가공해내는 과정을 함축한다. 여기서 의도와 목적은 노동하는 인간의 머리(이성) 속에 있고, 재료는 자연 속에 있으며, 재료를 의도와 목적에 따라 노동하여 만들어 내는 기능은 손(육체)에 있다. 머리는 의도를 가지고 기획하고 설계하지만 육체노동은 하지 않으며, 손은 머리의 의도와 기획 설계에 따라 노동하지만 스스로 생각하지는 않는다. 요컨대 머리는 생각하나 노동하지 않으며, 손은 노동하나 생각하지 않는다. 결국 노동 과정에서 엄밀한 분업이 이루어져 이성은 인간과 자연(재료) 사이에 노동을 도구로 삽입함으로써 스스로는 아무것도 하지 않으면서 자신의 목적을 실현한다. 이것이 이성의 교활한 지혜이다. 인간의 머리(이성)는 노동을 간편하고 힘들지 않게 하기 위해, 즉 육체노동에서 인간의 손(육체)을 해방시키기 위해 손 대신 또 다른 도구(기계 손)를 고안하고 생산하여 노동에 투입한다. 이렇게 노동은 기계화되고 기계화가 진화되면 될수록 손은 노동의 고통에서 해방되지만, 손 자신의 존재 이유로부터 죽음을 맞이하고 이로부터 인간(머리와 손)은 노동 자체로부터도 소외된다. 이와 동일한 형식이 역사이성과 개인의 관계에 내포되어 있다.

어려울 것도 새로울 것도 없는 고루한 문제로 여겼든 아니면, 하나의 독립된 연구 주제로는 다소 미흡한 부차적 개념으로 여겼든, 헤겔의 이성의 꾀 이론에 대한 지금까지의 연구는 매우 미흡하다. 헤겔의 텍스트를 충분히 고려하면서 설득력 있는 논증으로 이 주제에 집중한 논문이 기이하게도 지금까지 전무하다는 문제의식에서 이 논문이 작성된 것이다. 그러나 필자가 보기에 이 개념은 헤겔 사유의 근본을 구성하는 중심 개념 중 하나이다. 이 평가의 토대 위에서 필자는 다음의 세 가지 문제 해명에 초점을 맞추려고 한다. 첫째, 역사에서 이성의 꾀는 어떤 방식으로 작동하는가? 둘째, 인식과 학문에서 개념의 꾀는 어떤 구조로 되어 있는가? 셋째, 목적론에서 목적의 꾀는 수단을 어떻게 정립하고 도구화하는가? 이에 대한 답과 더불어, 왜 수단은 목적의 우위에 서며 과정은 목적의 진리인가?에 대한 규명을 이 글의 결론으로 도출하려고 한다.

Ⅱ. 이성과 개념의 꾀

1. 역사에서 이성의 꾀

역사이성의 목적을 실현하기 위해 역사는 이성 자신을 직접 보여주지는 않고 그럴 수도 없다. 대신 세계사적 개인과 인간들을 도구로 내세워 이성의 목적을 단계적으로 실현한다. 관심과 열정의 개별적 주체인 개성적 개인의 활동과 그 삶이 역사를 주도하는 원동력인 것처럼 보인다. 결국 보편자, 일반자로서 역사이성은 그들의 특수 열정에 따르는 활동 내용의 수준과 단계를 자신의 역사적 단계로 받아들일 수밖에 없다. "…… 왜냐하면 보편자는 특수자, 규정된 것으로부터, 그리고 그 부정을 통해서 결과 되기 때문이다. 특수자는 세계사에서 자기 고유의 관심을 가지나 그것은 유한한 것으로 몰락해가야 하는 것이다. 특수자는 서로 투쟁하면서 한 부분이 몰락으로 치닫는다. 그러나 이 투쟁 속에서, 즉 특수자의 몰락 속에서 보편자가 결과로 나온다. 보편자는 방해받지 않는다. 대립과 투쟁 속에서 위험에 빠지는 것은 보편적 이념이 아니다. 보편적 이념은 배후에 있으면서 공격받지도 손상되지도 않고 보존되며 특수자가 이 투쟁 속에서 열정으로 자신을 닳아 없어지게 한다. 이것이 역사에서 이성의 꾀이다. 즉, 이성은 스스로를 위해 정열을 작동시키고 또 그렇게 함으로써 특수자를 통해 스스로를 실존으로 정정하면서 특수자를 상실시키고 손상시키는 것이다."[2] 분명 이 특수자는 직접적으로는 영웅으로, 세계사적 개인과 열정이지만, 세계사는 이들만으로 이루어지는 것이 아니라, 그와 동시대 같은 장소 혹은 다른 시대 다른 장소에 살았던 무수한 이름 없는 또 다른 개인들의 삶의 종합적 결집으로 채워져 있다. 이들의 작고 사소한 관심과 열정으로 짜인 생활의 존재론적·문화론적 연관성은 어느 한두 특정 영웅의 실존적 행동만이 역사적 의미와 가치

2) Hegel, *Die Vernunft in der Geschichte*, in: *Vorlesungen über die Philosophie der Weltgeschichte*, Bd.I, hrsg. von, J. Hoffmeister, Hamburg, 1955, (이하=VG), 105쪽. 이성이 세계를 지배한다는 말은 인간이 보편정신의 꼭두각시라는 것이 아니라, 세계사 자신의 이성성이 인간의 이성적인 활동을 요구한다는 것에 대한 반성적 의미이다. 유헌식, 「역사에서 새로운 것의 출현에 대한 헤겔의 행위이론적인 이해」, 『헤겔연구』, 28호, 용의숲, 2010, 25쪽.

가 있다고 단언하기 어렵다. 이 이름 없는 단역 조연들 역시 역사이성의 교활한 지혜의 희생이면서 역사적 사건들의 익명적 엑스트라 조연이기 때문이다. 조연들은 이중(二重)의 희생자, 하나는 역사이성이라는 역사 원리 자체의 희생자이며, 다른 하나는 그 이성의 도구이며 담지자로서 세계사적 개인, 즉 영웅들의 희생자이다. 세계사적 사건의 주역들인 영웅들이 각기 저 홀로 자신의 관심과 열정을 펼치고 행위한 적은 한 번도 없다. 그들의 행위에는 예외 없이 수많은 무명씨들이 연루되어 있고 이용당하고 몰락해간다. 영웅주의 관점에서 헤겔은 역사적 영웅들, 즉 "현장에서 활개 치는 하나의 위대한 모습은 수많은 죄 없는 꽃송이들을 짓밟아 뭉개면서 그들의 길 위에서 수많은 것들을 짓부수어야 한다"는 것을 도덕과는 다른 새로운 각도에서 재평가해야 한다고 역설한다.[3)]

이성의 꾀가 주종 관계와 더불어 설명되는 곳은 예나 시대 헤겔 사유에서 일관된다. 이것은 주인이 자기 목적인 주인성을 확보하기 위해 종을 잡아와(정립하여) 그 종으로 하여금 노동하고 그 결과로 생산하게 함으로써, 자신은 노동에 대립되는 자유를 본질로 정립하고 노동 생산물을 그 자유의 목적인 향락에 사용한다는 것, 반대로 종은 자유가 아니라 삶을 택하므로 자기 본성이 노예로 전락하며 주인을 위한 강제노동에 종사한다는 것, 그런데 이 주종 관계를 곰곰이 따져보면 주종의 역할이 전도되어 결국은 주인은 종의 노예가 되고 종은 주인의 주인이 된다는 것으로 결론이 난다.[4)] 그러니까 주인은 자기가 주인이라는 것을 자타에게 확인하기 위해 목적 실현의 수단으로서 타자를 종으로 삼으려하고, 타자는 자신을 강요하는 주인에게 자신이 주인의 종이 아니라 자기 자신의 주인이라는 것을 인정받으려 한다. 이것은 죽느냐 사느냐의 투쟁을 수반한다.[5)] 주인은 실존적 삶이 아니라 그 죽음을 의미하는 자유를 인정받음으로써 주인이 되고, 종은 죽음인 자유 대신 실존적 삶을 택함으로써 주인과 자신을 위한 강제노동을 해야 하는 종으로 인정받는다. 문제는

---

3) 같은 곳.
4) Hegel, *Phänomenologie des Geistes*, hrsg. von W. Bonsiepen und R. Heede, in Verbindung mit der Deutschen Forschungsgemeinschaft, hrsg. von Rheinisch-Westfälischen Akademie der Wissenschaften, Gesammelte Werke, Bd.9, (=PhG), 110쪽 이하.
5) 같은 곳, 112쪽 이하.

이 인정이 등가적이 아니라 대립적 서열적이며 그 의미가 전도된다는 데 있다. 하나의 동등 인격으로서 두 개인 또는 개성의 인정이 아니라 주인은 종의 주인으로 종은 주인의 종으로 차등 인정이 여기서 수행된 것이며, 이렇게 인정된 대립자들은 서로 자기 반대의 역할을 수행하게 된다. 주인의 목적은 노예 노동을 통한 자유와 향락인데, 이 두 가지가 모두 노예 노동의 결과물이라는 점에서 주인은 종의 노예가 되는 셈이다. 그는 오직 종에 의해서만 주인성을 확보할 수 있고 노예 노동의 결과를 통해서만 자유와 여유를 향락할 수 있기 때문에, 전적으로 종에게 의존하게 되고 종은 자기가 자기 주인의 향락에 봉사하고 그를 먹여 살리며 기른다는 점에서 실질적으로 자기 주인의 주인이다.[6] 이성(주인)의 꾀는 실은 도구(종)의 꾀가 된 것이다. 헤겔 자신이 역사에서 이성의 꾀를 직접 주종 관계에 적용하지는 않았지만 그 가능성은 충분하며 그의 사상의 전체적 맥락에서도 부당하다고 여겨지지 않는다.

역사이성은 역사적 사건들을 통해서만 나타나고 역사적 사건의 직접적 주역은 세계사적 개인이다. 그의 관심과 정열에 의한 개인적 활동이 역사의 보편이성의 실존 형태로 나타나고 그 개인 활동 내용의 역사적 의미가 보편적 세계사의 현존적 의미와 가치를 결정한다. 영웅으로서 역사적 개인과 무수한 이름 없는 죄 없는 꽃송이들의 관계도 이와 같다. 역사이성은 역사적 개인을 도구(종)로 하여 자기의 목적인 자유를 실현해가고, 역사적 개인은 이름 없는 꽃송이들(익명의 범부들)을 도구(종)로 하여 자신의 관심과 열정을 펼치면서 목적을 실현한다. 그러나 역사이성은 세계사적 개인에 의해서만, 또 세계사적 개인은 이름 없는 무수한 죄 없는 범부들의 생을 통해서만 자신의 실존과 목적을 드러낼 수 있다는 점에서 스스로가 사용할 목적의 도구들이 자신을 도구로 사용한다는 결말에 도달된다. 이것이 이성의 꾀에 대한 정확한 의미이다. "우리가 수단에 관해 말한다면 우리는 우선 목적의 어떤 부분도 갖지 않는 목적 외적인 그런 수단을 표상하게 된다. 그러나 사실은 자연적 사물들 일반, 가령 수단으로 사용되는 생명 없는 미물들조차도 그 안에 있는 어떤 목적에 일치하여 그 목적과 공통되는 성질을 갖는 것이 틀림없다. 인간은 이런 외면적 의미에서 결코 이성 목적에 대한 수단이라는 식의 태도를

6) "그러므로 자기의식의 진리는 노예의식이다." 같은 곳, 114쪽.

취하지는 않는다. 인간은 이성 목적과 함께 또 이성 목적에 편승해서 내용상 그와는 전혀 다른 자신의 특수성의 목적을 만족시킬 뿐 아니라 이성 목적 자체에 참여하여 그것을 통해 자기 목적으로 되는 것이다. 이 자기 목적은 생명체 일반에서 개별적 생명 자체가 내용상 인간의 생에 예속되어 정당하게도 인간의 생에 수단으로 이용되는 것처럼 형식적이다. 뿐만 아니라 인간 개개인들은 목적 내용에 따른다면 자기 목적인 것이다."[7] 이성의 꾀는 개인과 그 열정을 수단으로 하여 자신의 목적인 자유 실현을 역사 과정 속에서 수행해나간다는 것인데 인간 개개인은 누구도 역사의 수단(종)이 아니라 자기 자신의 생의 목적(주인) 자체를 위해 살아간다. 개인 자신이 자기 목적인 것이다. 각자가 자기 목적이라는 사실은 타자는 자기 목적의 수단이라는 뜻이고 이것은 자연 미물에게도 그대로 적용된다. 다만 자연 미물과 자연 생명체들은 인간 자신의 이성에 의해 인간 생의 수단으로 이용되고 이런 방식은 역사 과정에서 개인의 생에도 마찬가지로 적용된다. 인간에게 다른 점은 그 자신이 이성의 현실적 담지자(소유주)이기 때문에 이성 목적을 스스로 실현할 수 있으며, 따라서 이성 목적의 수단이라기보다 그 목적의 위력이다. 이것은 이름 없는 무수한 죄 없는 역사의 꽃송이들도 마찬가지이다. 다만 그들의 시대와 상황을 몰고 간 우연이라는 괴물이 동시에 영웅과 역사적 개인의 운명에도 똑같이 개입된다.

목적은 수단을 통해 실현되며 수단은 목적을 충족시키기 위한 매개이다. 그런데 목적은 그 자체가 현상으로 직접 나타나지 않는다는 점에서 일종의 관념이며, 수단을 통해 간접적으로 나타난다는 점에서 수단이 목적의 실존 형태가 된다. 목적은 그것이 충족됨과 더불어 해소되고, 이 해소에서 목적-수단-충족의 운동 과정이 구체적으로 완결된다. 문제는 이 운동이 일종의 순환 운동 구조를 갖는다는 것이다. 그 전형이 신과 인간의 관계 이외에도 국가와 개인(시민)의 관계가 있다. 국가를 개인들의 개별 의지의 객관화된 일반 의지로 간주하면, 국가는 개인 또는 시민에 의해 산출된 결과물이고, 그 존립 목적은 개인과 시민들의 생존권의 보장에 있다. 이 점에서 국가는 개인과 시민의 보편적 삶의 수단이다. 그러나 국가는 시민과 개인의 생존권과 자유 보장이라는 과제 이외에

7) VG, 106쪽.

자기 자신의 존재 지속이라는 목적을 지닌다. 이 목적 실현을 위해 국가는 개인과 시민의 희생을 강요할 수 있으며 이때 그들을 수단, 즉 도구로 삼는다.[8] 개인 또는 시민의 본성을 보존하기 위한 제일 실체가 인간성이라면, 이 인간성을 보존하기 위한 제이 실체, 즉 사회적 실체가 바로 국가이다. 궁극적으로 이성적 이념의 역할을 하는 것이 국가요 국가의 목적이며, 그 목적에서 개인과 시민은 자기 자신의 개성과 시민성 확립이라는 고유 목적을 달성할 수 있다. 결국 이 둘은 둘이 아니라 하나인 셈이고 여기서 주종 관계와 목적 수단 관계는 '이성의 꾀'가 아니라 이성의 지혜(Weisheit)로 이해된다.

2. 인식과 학에서 개념의 꾀

이미 예나 초기에 실천철학과 종교철학의 원칙을 규명하면서 헤겔은 꾀 개념을 사용한다. 그러나 이 용어의 인식론적 의미를 비교적 심도 있게 다룬 곳은 그의 예나 시대를 결산하는 최초의 체계적 저술인 『정신현상학』이다. 『정신현상학』은 현상학적 의식론과 의식 경험적 해석학을 종합한 헤겔 특유의 인식론으로 평가된다. 인식론은 학문론이며 앎의 이론이다. 로크가 인간 인식의 구조와 한계에 대해 물음을 제기하면서 경험론은 물론 합리론에서 그 물음에 대한 확고한 답을 시도한 것은, 비록 대부분 실패로 끝나고 말지만, 근대 철학의 중요한 특징을 이룬다. 독일 관념론 철학의 출발점을 이루는 칸트 역시 이 전통에서 원리적이고 체계적인 인식론의 확립을 일차적 목표로 설정한다. 그는 현상과 물자체의 이원론으로 오성적 현상 경험의 인식의 확실성과 그 확실성의 한계 영역을 분명히 함으로서 인식론의 완결을 시도하고 이것은 어느 정도 성공을 거둔다.

칸트의 후계자들은 이 이원론 자체가 이론과 실천, 인식과 삶의 극복 불가능한 간극을 내포한다는 반성을 사유의 출발점으로 삼는다. 헤겔 역시 이런 반성 위에서 정신현상학을 기획한다. 의식의 경험의 학인 정신현상학은 인식과 학문은 어떻게 구성되고 그 확실성의 근거는 무엇인가 하는 문제의 해명을 목표로 한다.

---

8) 같은 곳, 112쪽과 비교.

"학문은 개념의 고유 생명을 통해서만 유기적으로 체계화될 수 있다. 학문에서 규정은 외적으로 도식에 의해 현존에 고착화되는 것이며, 이 규정이 충만된 내용을 스스로 움직이는 영혼이다. 존재자의 운동은, 한편으로는 존재자 스스로 타자가 되면서 존재자의 내면적 운동이 되는 것이며, 다른 편으로는 존재자가 이 자기 분화나 또는 자기 현존을 자체 내로 귀환시킨 것이다. 즉, 이 존재자는 자신을 하나의 계기로 만들어 규정됨(규정성)으로 단순화 된 것이다."[9]

헤겔에 의하면, 형식적 오성은 존재자의 현존의 겉모습을 그려내거나 규정하되 그 내적 필연성인 개념 자신의 본성에 대해서는 무지하다. 외적 규정은 기껏해야 그 객체의 최소한도의 이름 붙임일 뿐이다. 이에 비해 학적 인식은 오성에 의해 규정되는 경험적 현상들의 일정한 내적 원리와 규칙들에 대한 이해를 토대로 구축되며, 또 그 규정은 물론 원리와 규칙들의 생동적 개념적 주체가 된다. 다시 말해 학적 인식은 대상 규정의 내적·외적 본질을 이해하고 통일의 필연성이 개념 자체에 있다는 것을 전제하고 받아들인다는 점에서 개념의 반성적 귀환이며 복귀이다. 여기서 학문은 좁은 의미의 오성적 또는 경험적 개념과 판단이 아니라 그 전체적·일관적 통일성과 확실성을 지향하는 추리를 포함하는 넓은 의미의 개념과 그 체계를 의미한다. 이 체계는 주체 자체의 체계이며, 따라서 주체는 인식은 물론 존재 자체의 실체이다.

"실체는 주체이다."[10] 반성적 귀환을 통해 보면, 대상 규정의 모든 내용을 결정하는, 즉 대상의 모든 것을 결정하는 객체와 객관성의 근거는 주체의 '자기동일성'으로서 실체 이외에 아무것도 아니라는 점이 나타난다. 여기서 대상의 자기 복귀는 주체로의 자기 복귀와 같다. 요컨대 현존재 존재의 실체는 현존재의 내용 포착자이며 그 규정자인 주체이다. 따라서 모든 내용은 주체 자신으로의 복귀를 의미하는 "자기 고유의 자체 내 반성"이다.[11] '현존재의 자기동일성'은 '현존재를 현존재로 규정하는 주체의 자기동일성'의 표현을 의미하며, 후자 없이는 전자 역시 규정을 잃고 사라져버린다. 인식에서 대상적 현존재는 사유된 것이므로 사유의 주체는 사유와 존재의 동일성을 담보하는 실체이다. 이것을 인정할

9) PhG. 38쪽.
10) 같은 곳.
11) 같은 곳.

경우에만 소박한 독단론과 설익은 경험론이 극복된다. 앎(知)은 그 내용이 주체 고유의 내면으로 돌아오는 것(귀환하는 것)임을 인식할 때 비로소 그 객관적 체계성을 정연하게 구축해낼 수 있다. 앎은 객관적 대상 또는 그 내용과 무관하게 순전히 사유의 산물이라 주장하는 독단론 또는 독단적 관념론이나, 반대로 사유와 무관하게 존재하는 대상 자체에 준거해 결정된다는 소박한 경험론으로는 인식의 전모가 밝혀지지 않는다. 앎은 사유와 대상의 교호 작용의 산물이다. 사유는 대상의 내적 자기동일성을 자기화하고, 대상은 사유의 내적 자기동일성에 의해 그 현존과 특성이 규정되며, 이것이 하나의 지의 생성을 의미한다.

"……앎(지)은 내용을 자기 고유의 내면으로 되돌려놓고 본다. 그래서 앎의 활동은 그 내용 안에 침잠한다 하겠다. 왜냐하면 앎의 활동은 내용의 내재적 자아이며 동시에 자체 내로 되돌아온 것이며 이 앎의 활동은 타자 존재 속에 있는 순수한 자기동일성이기 때문이다. 따라서 앎의 활동은 활동의 꾀이다. 즉, 겉으로는 활동을 포기한 듯 보이면서도 자기 보존이나 특수한 이해관계를 추구하는 것처럼 잘못 생각하도록 하면서 규정과 구체적 생의 활동에서는 실은 이와 반대로 스스로를 해체하여 전체의 계기로 자신을 만들어가는 행위임을 보고 있다는 점에서 그러하다."[12]

지(知)나 앎은 예외 없이 어떤 것에 대한 의식적 앎이다. 순수 객관적 존재자로서의 어떤 것이 물론 앎을 위해 실재하는 것은 아니나, 앎은 의식과의 관계에서 이 어떤 것을 자신의 내용으로 전환시킨다. 어떤 것의 존재 규정은 결국 앎의 내용이 되고 의식의 규정이며 그 내용이 된다. 앎의 운동, 즉 인식 활동은 주체 내면의 규정 운동이며 의식의 활동이다. 따지고 보면 앎이란 앎이 규정한 그 어떤 것의 내용이며 대상의 내용이다. 따라서 앎은 대상의 타자화이되 주체적 의식의 자기화이다. 이 말은 주체적 의식은 대상을 이용하여 앎을 구성하고 형성하는 반성적 활동이라는 뜻이다. 이것은 대상 존재도 대상 규정도 주체에 의해 결정된다는 의미이다. 앞에서 지적했듯이 의식은 언제나 대상의식이다. 그런데 이 대상의식은 예외 없이 자기의식에 기초한 대상의식이다. 그렇지

12) PhG. 39f. '특수한 이해관계' = besonderes Interesse. "대상은 내용이자 구별이다." Hegel, *Jenaer Systementwürfe* III, hrsg. von R.-P. Horstmann, in Verbindung mit der Deutschen Forschungsgemeinschaft, hrsg. von Rheinisch-Westfälischen Akademie der Wissenschaften, Bd.8, Hamburg, 1976, 205쪽.

않다면 대상 존재의 일관된 규정성이 불가능하고, 이것이 불가능하면 앎은 도출되지 않는다. 이는 의식의 형식적 구조, 즉 대상의식과 자기의식의 관계성 때문이다. 대상의식이 대상과 관계하고 대상을 규정하는 의식이라면, 자기의식은 그 규정의 불변적 토대로서 의식의 자기동일성이다. 이 후자를 일컬어 순수 자기의식이라 한다. 앎이 대상의식을 이용하여 대상지를 형성하는 순수 자기의식의 동일성의 활동이요 이것이 앎의 활동이라면, 이 활동은 참으로 교활한 지혜의 꾀라고도 할 수 있다. 그 스스로는 아무것도 아니 하면서 대상과 대상의식을 도구로 사용하여 자기 본래의 목적인 앎의 산출을 자기 것으로 하기 때문이다. 개념 역시의식과 동일 구조로 되어 있다. 의식과 마찬가지로 개념 또한 대상의 개념이나, 개념의 주체는 개념화하고 포착하는 활동적 자아이다. 이 주체의 자기동일성에 의해 개념의 대상이 앎의 영역으로 편입된다. 이 운동은 개념의 교활한 지혜의 꾀이다. 개념적 주체 스스로는 아무것도 아니 하면서 대상과 대상 규정을 도구로 사용하여 개념 본래의 목적인 앎의 체계 산출이라는 자기 목적을 조용히 실현하기 때문이다.

3. 목적론에서 목적의 꾀

헤겔은 칸트가 제기한 필연과 자유의 이율배반을 기계론과 목적론의 대립으로 이해한다. 칸트에서 이 이율배반은 세계라는 용어에 질적으로 다른 본성 또는 자연을 상정하고, 그 질서의 차이로 해결된다.[13] 물리적 자연에는 자연법칙만이 지배하며 이 법칙 세계에 자유원인은 있을 수 없고, 인륜적 실천의 영역에는 자연법칙이 지니는 기계적 인과율이 전권을 행사할 수 없으므로 자유 원인을 상정할 수 있다는, 두 주장의 대립은 철학이 시작된 이래 줄곧 평행선을 그려왔다. 반정립은 자연의 질서와 변화의 기체는 기계론적 인과율이며 이것은 인간 경험이 발견한 위대한 유산이다. 이 경우 사건이나 변화의 시초나 끝을 상정할 필요는 없다. 시작도 끝도 자연의 변화를 설명할 수도 없고, 경험할 수도 없기 때문이다. 게다가 변화와 질서를 자연 자신의 본성이며 자연 본성을 이해

13) Kant, *Kritik der reinen Vernunft*, hrsg. von J. Timmermann, Hamburg, 1998, (=KrV), B472-B477 참조.

하는 데 인간의식에 어떤 자율성을 상정해서는 안 된다. 이것이 자연의 합법칙성이다. 이에 대해 정립은 자연 질서와 변화의 시초에 자연 인과율로 설명될 수 없는 제일 원인이 논리적으로 전제되어야 한다고 여긴다. 존재자는 예외 없이 그 있음의 근원적 원인에서 시작함이 필연이기 때문이다. 그런데 이 원인의 원인성, 즉 어떤 존재자가 생기도록 하는 이 원인성은 자연 인과율로는 설명되지 않는다. 그 원인성의 원인에 대한 무한 소급에 떨어지기 때문이다. 그러나 선험적으로 충분한 규정적 원인 없이 어떤 것도 생기지 않으며, 어떤 것도 생기지 않는 곳에 인과율 운동은 나타날 수 없다. 이런 모순을 해결하기 위해 원인의 근원적 원인성은, 스스로는 필연성의 지배를 받지 않으면서 존재와 그 운동을 필연적으로 발생케 하는 절대적 자발성을 전제하는 것이다. 이것이 교활한 지혜의 꾀이다. 다시 말해 자연법칙에 따라 진행하는 현상들의 계열을 스스로 시작하는 원인의 절대적 자발성이 생각될 수 있으며, 이 원인의 절대적 자발성을 "선험적 자유"라 할 수 있다. 칸트에 의하면, 이 선험적 자유 없이는 자연이 변화하는 흐름에 있어서 조차 현상들의 운동 질서를 완전한 방식으로 설명할 수 없다.[14] 물론 이 선험적 자유는 인과율에 어긋나며, 인과율에 어긋나는 어떤 것도 경험적 현상의 통일뿐 아니라 자연 자체의 질서와 운동이 가능하지 않다. 자연과 그 운동에는 오직 강제적 인과 필연성만이 존재할 뿐이며, 그 무한소급을 멈출 이유도 없다. 합법칙성은 단순히 자연의 합법칙성 뿐 아니라 경험의 합법칙적 통일을 담보하고 이를 통해 일체의 학문을 체계적으로 가능케 하는 원칙이기 때문이다.[15]

자유와 필연의 이율배반을 해결하는 칸트의 전략은 간결하고 단순하다. 그것은 자유의 대상과 필연의 대상을 세계 또는 자연이라는 하나의 개념으로 묶을 것이 아니라, 이원화하는 전략이다. 자유라는 선험적 이념은 세계, 그중에서도 인간의 실천적 행위 영역에, 그리고 필연이라는 이념은 세계, 그중에서도 자연의 현상적 질서 영역에 나누어줄 수 있다. 자유는 경험과학의 영역에서는 방해가 되거나 해로운 개념이다. 마찬가지로 강제적 필연 개념은 행동과 실천적 윤리 영역에서 방해가 되거나 나

---

14) KrV. A447, B475.
15) KrV. A449, B470.

뿐 의미를 내포한다. 여기서 칸트의 유명한 ‘두 세계 시민론’이 나온다.

양립 가능하나 서로 넘을 수 없는 필연과 자유의 두 세계는 이론적으로도 실천적으로도 통일되거나 조화될 수 없다. 칸트에서 이 두 세계의 조화 가능성이 열리는 곳은 『판단력 비판』의 제2편 ‘목적론적 판단력 비판’이다. 목적론적 판단력은 미적 판단력의 결과로 얻게 되는 것으로서 사물의 규정이 아니라 사물의 합목적성을 판정하는 능력이다. 자연 속의 다양한 사물들과 그 현상들은 합법칙성에 따라 규정되고 우리의 인식으로 들어온다. 그러나 사물이나 현상들 전체를 규제하는 통일적 원리는 합법칙적 규정의 영역인 이런 세계에는 나타나지 않는다.[16] 이 원리는 목적을 전제하는 경우에만 생각될 수 있으나, 규정적 인식의 대상은 아니다. 그러나 목적론을 도입하면 유기체는 물론 물리적 사물들조차도 부분과 전체의 관계로 환원시킬 수 있다. 바꾸어 말하자면 부분과 전체의 관계로 사물이나 현상을 설명하면 목적론의 체계를 만나게 된다. 전체는 그것을 구성하는 부분의 전 집합이며 부분의 통일이다. 이 통일은 부분들의 결합의 결과이기도 하고 그 원인이기도 하다. 전자는 기계론으로 설명 가능하고 후자는 목적론으로 설명할 수 있다. 목적론을 필연으로 받아들이는 곳은 유기적 생명체, 그중에서도 인간 이성이다. 생명체의 각 지체들은 생명성을 하나의 단위로 통합하며 생명은 그 지체들의 목적이다.[17] 생명이라는 목적이 사라지면 그것을 구성하던 각 지체들은 결합의 필연성도 사라지고 물리적 자연의 인과 세계로 돌아간다(이 역시 생명성의 교활한 지혜의 꾀이다).

목적론적 판단력 비판에서 기계론과 목적론에 대한 칸트의 사유는 헤겔에서 좀 더 세련된 방식으로 전개된다. 헤겔에서 기계론이나 목적론은 세계를 규정하고 평가하는 서로 다른 관점이면서 동시에 절대이념에 도달하는 계기적 단계로 이해된다. 그는 물리적 자연은 물론 정신의 영역에도 기계론적 인과율에 의해 고착화되는 것은 얼마든지 있을 수 있다고 여긴다. 기계적 타성이 되는 습관이나 행동 양식, 일정 자극에 일정

16) 강순전, 「정신현상학 이성 장에 나타난 헤겔의 유기체관」, 『헤겔연구』, 26호, 용의숲, 2009, 11쪽 참조.

17) Kant, *Kritik der Urteilskraft*, hrsg. von K. Vorländer, Hamburg, 1968,(=KU), §62～66 W. O. Döring, *Das Lebenswerk, Immanuel Kants*, Hamburg, 1947, 198쪽 이하 참조.

하게 반응하는 조건반사 등은 인간 삶의 영역에 스며든 물리적 인과 필연성의 전형을 보여준다.[18] 물론 이런 현상들은 정신의 본성인 자유 이념에 어긋난다. 자유는 물리적 자연은 물론 유기체의 본성일 수 없다. 그것은 철두철미 이성적 인간, 그것도 스스로의 행위 방향을 스스로 결정할 수 있으며 그 방향이 완전한 이념(완전한 생명성의 이념)이라는 목적을 지향하는 인간과 그 문화에만 주어진다.[19] 의식하든 안 하든 자신의 생명을 지속시키려는 것은 생명체의 목적이다. 의식하지는 아니하되 묵묵히 열심히 살아가는 대부분의 인간들과 무수한 생명체들의 생의 충동이나 활력을 우리는 맹목적 의지라 할 수 있겠고, 용의주도하게 과거를 정리하고 현재와 미래를 설계하면서 그 설계도에 따라 결단하면서 생을 완성해가는 소수 인간의 노력을 이성적 의지라 할 수 있을 것이다. 어떤 경우든 생은 그 지속을 위해 욕망을 필요로 한다. 이 욕망은 생의 지속을 가능케 하는 추진력이며 동시에 그 수단이다.[20] 다시 말해 욕망은 생의 지속이라는 생 자체의 목적과 그 실현을 위해 수단을 대상화하는 특징이 있다.[21] 이 같은 성향을, 헤겔은 목적 자체가 "스스로를 외면화하려는 본질적 노력이며 충동"과 같은 것으로 이해한다.[22] 이것이 욕망과 수단과 목적이 하나의 체계에서 일정한 합목적적 행위라는 정연한 체계를 이루는 소이이다. 합목적성이 단순한 유기체의 본성이라면 그것은 생존 본능과 자연의 질서이므로 기계적 인과율의 지배 아래 있다. 인간에게 합목적적 행위는 비록 그 규정성과 형식성에서 오성적인 경우라 해도 내용상 "이성적 본성"을 지닌다.[23] 이때 이성적 본성이란 단순히 대상 규정에 머물지 않고 의도와 규정과 용도에 대한 일정한 질서로서 추론의 체계를 갖는다는 뜻이다.

---

18) Hegel, *Wissenschaft der Logik*, Zwieter Band, *Die subjektive Logik*, (1816), hrsg. von F. Hogemann und W. Jaeschke, in Verbindung mit der Deutschen Forschungsgemeinschaft, hrsg. von Rheinisch-Westfälischen Akademie der Wissenschaften, Gesammelte Werke, Hamburg, 1981, (=Logik II), 133쪽 참조. 헤겔은 이런 성향을 "정신의 기계론(der geistige Mechanismus)"이라 부른다.

19) Logik II, 157쪽 참조.

20) 남기호, 「헤겔의 욕망개념」, 『헤겔연구』, 26호, 용의숲, 2009, 35쪽 참조.

21) 헤겔의 생명성 개념에 대해서는, 연효숙, 「헤겔의 자연철학에서 생명의 형이상학적 의미」, 『헤겔연구』, 28호, 용의숲, 2010, 35～58을 참조.

22) Logik II, 160쪽. '본질적 노력이며 충동' = wesentliches Streben und Trieb.

23) Logik II, 160쪽.

칸트 이래 관념론 철학에서 추론(추리)은 형식적 이성의 능력이며 그 최소 단위이다. 『순수이성 비판』에서 좁은 의미의 오성은 '판단 능력'으로 정의되며, 이 능력은 범주와 시간의 도식에 의해 선험적 원칙을 발견 산출하고 이 도움으로 경험을 만들어낸다. 결국 판단 능력은 감각에 주어진 것들을 오성의 규칙 아래 포섭하는 능력, 달리 말해 주어진 감각과 직관 표상을 규칙에 따라 범주와 연결하는 힘이며, 또한 이를 통해 규정하고 경험화하는 심성의 한 능력이다. 이에 비해 넓은 의미의 오성은 세 가지 능력, 즉 협의의 오성과 판단력, 그리고 이성을 포함한다. 좁은 의미의 이성은, 논리적 이성으로서 추리하는 능력이다.[24)]

넓은 의미의 이성은 이념을 포함하는 선험적 이성까지 포함한다. 이성의 논리적 사용은 판단의 논리적 구성과, 판단과 판단의 논리적 연결에 관계한다. 추리는 하나의 판단을 그와는 다른 하나 또는 여러 개의 판단에서 도출하는 것이다. 오성은 개념을 결합하여 판단을 이루고 이성은 판단을 결합하여 결론을 만든다. 결론이 하나의 판단에서 도출되는 것을 직접 추리라 하고(예를 들어, '모든 사람은 죽는다'라는 판단에서 '죽지 않는 사람은 사람이 아니다') 결론이 하나 이상의 판단에서 도출되는 것을 간접 추리라 한다(예를 들어, 대전제 : '모든 사람은 죽는다.' 소전제 : '진시황은 사람이다.' 결론 : '그러므로 진시황은 죽는다.'에서처럼 간접 추리의 최소 단위는 3개의 판단 또는 명제이다). 판단력은 두 개의 명제 또는 판단이 매개념(앞의 예에서 '사람')을 공통으로 가지며, 이것이 두 전제가 서로 포섭되는 것을 인식한다. 논리적 이성은 이 포섭을 고려하여 두 명제 또는 판단이 어떠한 관계에 있으며 어떻게 결합되어야 하는지를 따진다.

헤겔에서 매개념은 결론을 가능하게 하는 소위 '제3의 것'으로 이성의 수단이며 동시에 이성의 힘이다. 이 힘이 가장 선명하게 나타나는 곳이 목적론의 목적 개념이다. 목적론은 기계론과 화학론을 매개하는 제3의 것이다.[25)] 전통 고전철학의 주요 문제 중 하나인 목적론은 근대 칸트에 의해 특히 다시 새롭게 조명된 목적 인과율 학설이다. 주지하다시피 칸트는 '목적인적 결합(nexus finalis)'을 '동력인적 결합(nexus effectivus)'과

24) KrV, B 355.
25) Logik II,159쪽.

구분하고 원인 결과의 순차적 연결을 자동적으로 수행하는 기계론을 오성적 이해에 대립되는 이성적 사유의 결과로 이해한다.[26] 목적인적 결합은 원인과 결과가 순차적 선후적으로 결정되지 않고 교호적이어서 어떤 사태 A가 다른 사태 B의 원인일 경우가 예외 없이 하나의 계열로 고착화하여 연결되는 것이 아니라, B가 A의 원인으로 결합되는 경우도 있으며, 동일 사안이 원인이면서 동시에 결과일 수도 있다. 특히 "한 사물이 스스로 원인이자 결과인 경우, 이 사물은 자연 목적으로 존재하는 것이다."[27] 왜냐하면 이때 설정된 인과율은 자연의 근저에 목적 개념을 놓지 않고서는 이해되지 않기 때문이다. 칸트는 이것을 설명하기 위해 나무를 예로 든다. 첫째, 하나의 나무는 일정한 자연법칙에 따라 그것과 동일한 나무를 산출한다. 이 동일한 나무는 그 나무의 유인데, 이 유의 관점에서 보면 이 나무는 유의 자기 산출이며, 따라서 이 나무는 한편으로는 자기 산출의 원인이며 다른 한편으로는 자기 산출의 결과이다. 즉, 유의 지속은 그 자체가 지닌 원인 결과의 교호성 운동의 결과이다. 둘째, 한 그루의 나무는 개체로서 자기 자신을 산출한다. 씨앗에서 싹이 트고 성장하여 한 그루의 나무로 완성되는 과정은 단순한 물리적 과정이 아니라 그 나무 고유의 독창적 형성 능력에 의한 것이다. 즉, 나무는 자신의 내적 능력으로 주어진 질료들을 능동적으로 결합하고 합성하여 새롭게 성장하고 재생한다. 셋째, 한 그루의 나무를 구성하는 다양한 지체들, 즉 뿌리와 줄기와 잎새 등등은 그 자체가 독립적인 것이 아니라 교호 작용에 의해 상호 의존적이다. 또한 각기의 지체들은 한 나무의 산물이지만 동시에 그 나무를 지탱, 유지, 산출하는 힘으로 작용한다. 이 점에서 각 지체들의 교호 작용이 나무 자신을 생산한다고 하겠다. 이처럼 한 그루의 나무라는 유기체에서조차 단순한 물리적 기계론이 아니라 목적 개념을 요구한다.

헤겔은 칸트의 이런 사유를 좀 더 확장한다.[28] 그는 목적 관계는 어떤 것에 대한 규정으로서의 이름이나 근원적 분할로서 판단 그 이상이

26) KU, §65.
27) KU, §64.
28) 헤겔에서 '목적은 그 스스로를 밖으로 들어내 확립하는 힘이면서 그 자신의 원인인 그런 원인이거나 또는 그 결과가 직접적으로 원인이 되는 그런 원인'으로 정의 된다.(Logik II, 160쪽)

다. 그것은 어떤 것 또는 어떤 사태의 완결이라는 점에서, 그리고 반드시 제3의 것이라는 매개를 통해 도달되고 그 매개에 의해 산출된다는 점에서 추리이다(LII, 159). 논리적으로 추리는 결론에서 끝나고, 끝은 목적지이므로, 오성이 아니라 이성의 영역이다. 게다가 추리는 오성 인식을 이성의 영역으로 이행시키는 통로이며 따라서 인식과 실천을 합목적적으로 연결시킨다. 추론은 이론적 인식이면서 실천적 결단을 요구한다.[29] 목적 개념의 내용이 그것의 실존 속에 있는 “이성적인 것”이라 한 것은 이를 지시한 말이다.[30] 결단은 정해진 목적지에 도달하기 위한 가장 합당한 수단을 객관화하여 그것을 통해 욕망을 충족하는 일련의 행동 양식이다. 이 행동 양식의 체계는 일정 규칙에 따라 대전제와 소전제의 매개념을 통해 결론에 도달하는 추리의 체계에 형식적으로 일치한다.

수단은 주관적 욕망과도 다르고 객관적으로나 주관적으로나 충족된 욕망이라는 목적과도 다르다. 수단은 주체(주관) 안에 마주한 객관적 대상을 목적에 맞추어 가공하는 대상화된 의도(욕망)이다. 이것은 추리의 매개념과 형식적으로 같은 것이다.[31] 목적은 수단을 통해 객관화되고 실현된다. 수단은 목적 실현의 한 방편이지만 이것은 주관적 의도(욕망)에서 목적 설정과 의도의 완결로서 목적의 실현을 객관화하는 기능을 갖는다는 점에서 목적 개념의 주도권을 쥐고 있다.

수단은 일차적으로 욕망 충족의 체계를 기획하는 주체에 의해 정립되나, 그 외화에서 주체와 외부 세계를 매개하면서 동시에 그 자체가 주체에 대해 타자로 된다.[32] 이 타자는 한편으로는 객체, 즉 객관적 외부 세계에 자신의 본성인 수단성을 투입하고, 주체에는 객체의 본성인 실재성과 타자성을 밀어 넣는다. 이를 통해 주체는 객체화하고 객체는 주체화한다. 즉, 주체는 객체를 수단화하고 객체는 주체에 봉사 기능으로 전환한다. 수단에 의해 객관 세계(객체)는 그 독자적 자립성을 잃고 목적에

29) 추리와 결단의 어근은 다 같이 schließen이다.
30) Logik II, 160쪽.
31) 같은 책, 163쪽. “목적은 수단을 통해 객관성과 결합하며 또 객관성 안에서 자신과 결합한다. 수단은 추리의 매개이다.” “……수단은 형식적 추론의 형식적 매개(중간)이다. 객관적 목적이 수단에 대해 하나의 외적인 것처럼, 수단 역시 주관적 목적의 극단에 대해 하나의 외적인 것이다. 이것은 마치 형식적 추론에서, 어떤 것을 대입해도 상관없는 그런 특수성이 매개념일 수 있는 것과 같다.”
32) 강순전, 앞의 글, 13쪽과 비교.

예속되며, 목적은 그 객체의 "주체성"이요 "영혼"으로 자리 잡는다.[33] 이 때 수단은 합목적적 수단이 되고 객체는 합목적적 객체가 되며 주체는 합목적성 개념의 주인이 된다.[34] 여기서 인식적 의미의 이성의 꾀 개념이 주제화된다. 목적은 객체와 직접 관계함에서 그 객체를 수단화하고, 수단을 사용하여 그 객체가 자연적으로 가진 성질을 변형하여 주체에 맞는 객체로 만든다. 본시 수단이 아니었던 것을 수단화 하고, 본시 주체와 무관했던 객체를 주체에 예속되는 객체로 만드는 것은 주체의 강제력이지만, 이 강제력은 간접적으로는 목적의 위력이며 목적 실현을 위한 욕망의 위력이기도 하다. "목적이 객체와는 전혀 다른 본성을 지니는 것으로 나타나고 이 두 개의 객체가 각각 상호 자립적 총체성들인데도, 목적이 직접 객체와 관계 맺어 그것을 수단으로 만든다는 것은 목적이 수단을 통해 또 다른 객체를 규정하는 것과 마찬가지로 "폭력"으로 보일 수 있다. 그러나 목적이 객체와 간접적 관계로 들어가 스스로 자리 잡으면서 자기와 객체 사이에 또 다른 객체를 끼워 넣어 삽입하는 것은 이성의 꾀로 여겨질 수 있다. 이미 지적했듯이, 여기서 이성성은 목적이 전제와, 즉 객체의 외면성과 관계하는 그런 유한성의 측면을 지닌다. 목적은 객체와 직접적으로 관계하면서, 기계성이나 화학성으로 들어감으로써 즉자대자적 개념이어야 할 목적은 우연성으로, 또 그 몰락으로 던져지는 형국이다 그러나 목적은 하나의 객체를 수단으로 내세워 그 객체를 자기 대신 외적으로 일을 시킴으로써 그것이 소모 되도록 하여 목적은 이 객체의 배후에서 자신을 기계적 폭력에 대해 스스로를 보존한다."[35]

Ⅲ. 목적에 대한 수단의 우위성

오늘날 역사에 어떤 이성적 목적이 설정되어 있고 인류는 그 목적을 향해 세계사를 완성해가고 있다고 믿는 이는 흔하지 않다. 포퍼가 역사에 유토피아적 목적지를 설정하고 그 목적지만을 최고의 가치로 삼고

33) Logik II, 164.
34) 수단이 가해지기 이전의 객체는 자연의 기계적·화학적 인과율에 의해 변화하나, 수단과 더불어 주체의 의도와 목적에 따라 변형된다.
35) Logik II, 185f.. '폭력'=Gewalt. '기계성'=Mechanismus, '화학성'=Chemismus.

인간의 삶을 질서 짓게 하려던 것 자체를 전체주의 발상으로 낙인찍고 열린 사회의 적으로 규정한 지도 반세기를 훌쩍 지나고 있다.[36] 궁극 목적이 사라지면 궁극 수단도 사라지며, 수단이 사라지면 목적의 지혜도, 이성의 간사스러운 지혜도 꾀도 사라진다. 그러나 이상 사회를 설정하는 것이 역사의 막다른 골목을 상정하는 전체주의적 발상이라는 생각은 지나치게 어리석다. 그때그때 주어진 사안들의 해결과 그 축적 내용이 역사와 문화이며 또 무계획적으로 그냥 되는 대로 내버려두는 것이 바람직한 열린 사회이며 그 궤적이 진정한 역사라는 주장은 개인의 생과 사회에서 갈 길에 대한 이정표를 없애는 것이라 할 수 있다. 개인은 물론 사회에서도 지금의 상황보다 더 나은 가능성을 찾아내 그것을 지향하고 실현하기 위해 노력하는 것은 어느 민족이나 문화에서나 공통적이기 때문이다. 헤겔에서 역사 이념의 궁극 목적지는 '모든 사람이 자유롭다'는 명제를 실현하는 곳이다. 이 지점에 도달하기 위한 출발점은 '한 사람 만이 자유롭다'는 명제가 나타나는 곳이다.[37] 어디에서 왜 인류가 출현했건 상관없이 최초의 인류 상황은 이념적으로는 이념이 무(無)인 자연상태이고 이런 상태에서는 개인은 물론 그가 속한 집단의 생존이 불가능하기 때문에 인간은 자유와 그 실현이라는 이성적 이념을 설정한다. 그러나 이 이념이 단번에 실현되는 것은 아니다.

고대국가의 출현은 이 자유 이념의 시초이기는 하나 여기서는 그 국가 경영의 전적인 지배자인 황제 1인만이 자유로울 뿐이다. 이런 상태는 일 대 만인의 투쟁을 야기하나 승리자는 만인을 등에 업은 소수 엘리트 귀족들로 제한되며, 이들에 의한 국가와 정치체제는 '약간의 사람은 자유롭다'는 명제로 대표된다. 여기서 자유를 위한 약간의 사람 대 만인의 죽느냐 사느냐 쟁투가 시작되고 그 역사적 결과가 '모든 사람은 자유롭다'는 이념의 실현이다. 역사 이념의 실현은 역사의 궁극 목적이며 이

36) K. Popper, The Open Society and Its Enenemies, 2vols. London 1945와 The Poverty of Historicism, London, 1957을 참조.

37) 헤겔에서 세계사의 전제이자 출발은 최초의 국가 구성이며 그 대표적 전형이 동양의 전제군주제이다. Hegel, *Grundlinien der Philosophie des Rechts*, Theorie-Werkausgabe, Werke in 20Bde., neu ed., und Redaktion, E. Moldenhauer und K. M. Michel, Bd.7, Frankfurt/M., 1970, (=Rechtsphilosophie), §355.이에 대해서는, 이동희, 「헤겔 역사철학에 있어서 '동양적 전제군주'의 문제」, 『헤겔연구』, 28호, 용의숲, 2010, 59~82쪽 참조.

궁극 목적의 완성에서 이념적 역사는 끝난다. 이것이 헤겔의 유명한 역사의 목적론적 종말론이다. 역사 종말론의 핵심인 역사 이념의 완성이 역사 자체의 정지를 말하는 것은 아니다. 그 이념 완성 이후에 역사는 잡다한 사건들의 반복과 생기(生起)이므로 더 이상 철학적 이념사에 편입되지 않는다는 뜻이다.

헤겔에서 역사의 목적에 도달하는 과정과 그 과정에서 고유한 역할을 연기하고 사라져가는 영웅들은 물론 무수한 민초들이 목적 실현의 일회적 수단인가? 필자는 여기서 헤겔의 두 가지 주장을 소개하는 것으로 이 물음에 답하려 한다. 그 하나는 '수단은 유한한 목적보다 고귀하다'는 것과 다른 하나는 '목적의 활동은 과정의 진리이다'라는 것이다. 이 두 가지 주장은 이성의 꾀, 개념의 꾀가 목적 실현의 꾀로 압축되나, 이것은 그 실현의 수단과 과정에 의해서만 증거될 수 있다는 것, 따라서 수단과 과정은 역사와 인식뿐 아니라 생명성 자체의 본질이라는 것을 역설적으로 강조한다는 점을 보여준다.[38)]

1) 일상적 의미의 목적은 삶을 영위하기 위한 생물적·유기적 목적이라는 점에서 비이성적이고, 또 그 목적은 제한적 결핍과 충족의 끊임없는 순환운동 속에 갇혀 있다는 점에서 유한하다. "그러나 수단은 목적 완수인 추론(추리)의 외적 매개이다. 그러므로 목적 속에 있는 이성성 자체는 이 수단이라는 외적 타자 속에서, 그리고 바로 이 외면성 속에서 자신을 보존 유지한다는 것을 알려준다. 그런 한에서 수단은 외적 합목적성의 유한한 목적보다 더욱더 고귀하다. 밭갈이하는 쟁기는, 직접적으로 그 쟁기를 통해 마련되며 또 그 목적들인 향략보다 더욱더 존귀하다. 직접적 향락들이 과거로 흘러 망각으로 사라져가지만 도구는 지속된다. 인간은 자기가 목적하는 것에 의해 외적 자연에 예속되지만 자기의 도구들에서 외적 자연을 초월하는 권력을 소유한다."[39)]

---

38) 이것은 헤겔에서 역사와 이성과 개념 진화론의 원형이 생명성과 생의 이념 실현의 합목적적 관계라는 것을 의미한다. 이 관계의 실질적 위력은 구체적으로 행동하면서 살아가는 개인에게 있다. 그는 생 이념의 관점에서는 그 실현의 수단이요 과정이나, 반성적으로 보면, 바로 이런 개인들의 삶을 통해서만 생의 이념과 목적이 실현된다는 점에서 이 수단들은 그 이념과 목적의 원동력이다. 여기서 목적의 꾀는 수단의 꾀로 전도된다.

39) Logik II, 166쪽. 도구가 만나는 직접적·외적 세계는 도구에게 기계론과 화학론의 자연이다. '외적 자연을 초월하는 권력' = die Macht über die äußerliche Natur.

2) 목적의 활동성은 "과정의 진리"이며 부정적 통일이며 여기서 과정은 예외 없이 목적론적이다. 목적론적 이행에서는 개념이 그 자체 원인이면서 결과이다.[40)]

1)에서 제시된 인용문은 매개념과 수단에 대한 논리학과 사회철학의 해석학적 결합의 한 전형적 예이다. 매개념이 없으면 소위 이성적 추리라 일컬어지는 간접 추리는 불가능하다. 이 추리가 불가능한 곳에 이성도 그 이념도 있을 수 없다는 것은 당연하다. 이성이 없는 곳을 지배하는 것은 물리적 인과율과 그것을 범주로 하여 판단하는 오성이다. 추리는 경험지를 오성지화하고 오성지를 이성지로 고양시키는 이성의 최소 힘이다. 추리의 최소 목적은 결론이며 매개념은 그 목적 산출의 수단이다. 그러나 제한된 유한한 영역에서의 추리는 유한한 수단의 목적이지만, 이 목적은 그보다 높은 단계의 이성지를 추론하는 수단으로 전락하고 그 과정은 궁극 목적에 도달할 때까지 앞으로 진행한다. 이것은 생명체가 죽는 날까지 사는 것이 목적인 것과 같다. 그런데 이 과정 전체는 궁극 목적(마지막 목적)을 지향하는 추리의 매개이고 이 매개는 궁극 목적이라는 최종 결론을 찾아가는 능동적 힘이다. 이것은 매개가 추리의 외면적 이성성의 본질이라는 것을 나타내는 징표라는 뜻이다. 이와 같은 사정은 실천철학에서 더욱 분명하다. 매개는 실천적 삶의 영역에서 수단과 같은 뜻을 갖는다. 수단은 삶의 지속이라는 목적 실현을 위한 도구이다. 삶의 지속을 위해서는 삶이 필요로 하는 잡다한 것, 즉 먹고 마시고 쉬고 잠자는 등등의 향유물들이 요구된다. 이 향유물을 위해 삶은 노동할 것을 명령한다. 노동은 생산물을 산출하기 위한 수단이므로 생산물은 노동의 일차적(유한적) 목적이다. 그런데 생산물은 먹고살기 위한 향유의 수단이므로 생산물이 향락의 수단이 된다. 이 수단과 목적이 서로 자신의 역할을 바꾸어가며 진행하는 연쇄 운동의 고리를 장악하는 위력은 도구이며 수단이다. 처음에 목적의 노예였던 수단이 이제 욕망 충족의 유한적 전 체계의 실질적 주인으로 등극한다. 노동 생산품을 향유하는 주인을 먹여 살릴 뿐 아니라 좀 더 손쉽게 자연을 일구기 위해 자연과

40) 같은 책, 170쪽. 객체는 마모 속에서 목적이 충족된다. 객체의 객관성은 개념의 통일 속에서 지양된다. 집이나 시계는 만듦의 완성태로 목적이다. 그러나 그것들은 삶과 사용의 수단이다. "완수된 목적은 수단이며, 반대로 수단의 진리는 실재적 목적 자체이기도 하다." '과정의 진리' = die Wahrheit des Prozesses.

자신 사이에 도구를 끼워 넣은 것은, 실은 주인이 향유를 위해 자신과 세계 사이에 종을 끼워 넣은 것과 형식적으로나 내용적으로나 같다. 결국 주인은 자신의 이성성을 종에게 넘겨준 꼴이니 제 꾀에 제가 넘어간 셈이다. 게다가 주인의 수단이었던 노동하는 종은 이제 자연을 개조하는 노동에서 부여받은 이성으로 숙련과 기술을 집약하여 기계화와 그 발전을 능동적으로 주도하면서 역사와 문화를 형성해나간다. 주인의 향유는 그 충족과 더불어 사라지나 종의 노동의 숙련은 기술과 기계화로 후대에 전해지면서 역사를 주도한다. 종은 도구라는 노동 수단과 함께 비로소 자연을 자기 앞에 굴복시키는 권력자 주인으로 등극한다. 이것이 도구로서 수단이 유한한 목적보다 고귀한 실천적·역사적 이유이다. 앞에서 주인은 이성과 역사의 이념을, 종은 그 이념 실현의 현실적 담지자인 구체적으로 살고 있는 사회적·역사적 인간을 상징한다.[41] 이제 목적이 수단의 활동성에 의해 채워지는 그릇이라면, 그래서 그 채우는 활동이 그릇의 목적을 지배한다면, 목적은 과정의 진리 외에 아무것도 아니라는 2)의 명제가 정당화된다. 생의 과정은, 생이라는 하나의 목적 개념에 의해 놓인 궤도이기 때문에 언제나 목적론적이다. 여기서 생은 그 과정의 원인이면서 목적인 그런 개념이며, 이런 이해와 함께 헤겔은 개념과 생을 동의어로 사용한다.[42]

---

41) 이 상징의 내용은 이 외에도 여러 가지가 있다.

42) 때문에 생 앞의 물리적 자연 세계는 모두 다 생의 도구로서 수단에 의해 자연적 성질을 잃게 된다. 이 지점에 서 헤겔은 개념을 '생'과 동일시한다.

참고 문헌

1. 일차 문헌

헤겔, 『헤겔 예나시기 정신철학』, 서정혁 역, 이제이북스, 2006.

Hegel, *Grundlinien der Philosophie des Rechts*, Theorie-Werkausgabe, Werke in 20Bde., neu ed., und Redaktion, E. Moldenhauer und K. M. Michel, Bd.7, Frankfurt/M., 1970. (=Rechtsphilosophie)

_____, *Jenaer Systementwürfe* III, hrsg. von R.-P. Horstmann, in Verbindung mit der Deutschen Forschungsgemeinschaft, hrsg. von Rheinisch-Westfälischen Akademie der Wissenschaften, Bd.8, Hamburg, 1976. (=GW.8)

_____, *Phänomenologie des Geistes*, hrsg. von W. Bonsiepen und R. Heede, in Verbindung mit der Deutschen Forschungsgemeinschaft, hrsg. von Rheinisch-Westfälischen Akademie der Wissenschaften, Gesammelte Werke, Bd.9, Hamburg, 1980. (=PhG)

_____, *Vorlesungen über die Philosophie der Weltgeschichte*, Bd.I, Die Vernunft in der Geschichte, hrsg. von, J. Hoffmeister, Hamburg, 1955. (=VG)

_____, *Vorlesungen über die Philosophie der Geschichte*, Theorie-Werkausgabe, Werke in 20Bde., neu ed., und Redaktion, E. Moldenhauer und K. M. Michel, Bd.12, Frankfurt/M., 1970.

_____, *Wissenschaft der Logik, Zwieter Band, Die subjektive Logik*, (1816), hrsg. von F. Hogemann und W. Jaeschke, in Verbindung mit der Deutschen Forschungsgemeinschaft, hrsg. von Rheinisch-Westfälischen Akademie der Wissenschaften, Gesammelte Werke, Hamburg, 1981. (=Logik II)

Kant, *Kritik der reinen Vernunft*, hrsg. von J. Timmermann, Hamburg, 1998. (=KrV)

Kant, *Kritik der Urteilskraft*, hrsg. von K. Vorländer, Hamburg, 1968,(=KU), §62 ~66 W. O. Döring, Das Lebenswerk, Immanuel Kants, Hamburg, 1947.

2. 이차 문헌

강순전, 「정신현상학 이성 장에 나타난 헤겔의 유기체관」, 『헤겔연구』 26호, 용의숲, 2009.

남기호, 「헤겔의 욕망개념」, 『헤겔연구』 26호, 용의숲, 2009.

연효숙, 「헤겔의 자연철학에서 생명의 형이상학적 의미」, 『헤겔연구』 28호, 용의숲, 2010.

유헌식, 「역사에서 새로운 것의 출현에 대한 헤겔의 행위이론적인 이해」, 『헤겔연구』 28호, 용의숲, 2010.

이동희, 「헤겔 역사철학에 있어서 '동양적 전제군주'의 문제」, 『헤겔연구』 28호, 용의숲, 2010.

Popper K., *The Open Society and Its Enenemies*, 2vols. London 1945.

_____, *The Poverty of Historicism*, London, 1957.

Neue Interpretation zu Hegels Begriff 'List der Vernunft'

Yoon, Byoeng-Tae

Abstract

Der Terminus der 'List der Vernunft' ist als ein Zentralbegriff in Hegels Geschichtsphilosophie bekannt. Die Sonderheit des Begriffes der List der Vernunft in der Geschichte ist es, dass der Weltgeist oder die Geschichtsvernunft verdeckt das Inviduum opfert und in Streit und Konflikt verwickelt um sein eigenes ideologisches Ziel zu verwirklichen. Andersrum gesagt, glauben die Individuen dass sie frei von der Geschichte handeln und ein unabhängiges Leben führen. Die auf diesem Glauben beruhenden zwischenmenschlichen Beziehungen schaffen Ereignisse im gesellschatlichen Leben. Jedoch ist im Inneren die zweckmäßige Regel des Weltgeistes zu erkennen, wenn der geschichtliche Werdegang beleuchtet wird. Die Absicht dieser Arbeit ist es, aufzuzeigen dass die theoretische und logische Struktur und deren Wesen Begriff der List in der Vernunft in der Geschichte durch bewusstseitheoretische Phänomenologie und Logik errichtet und systematisiert wird. Dementsprechend werden die drei folgenden Aspekte behandelt. Im ersten Aspekt wird die Bedeutung des Begriffes 'List der Vernunft' in der Geschichte aufgezeigt. Als zweites folgt die theoretische Grundlage der Charakteristik der 'List des Begriffes' in der der Wissenschaft und Erkenntnis. Zuletzt wird die Struktur der 'List des Zwecks' in der Teleologie beleuchtet und zusammenfassend dargestellt dass Hegels eigentliche Absicht zur übergreifende Bedeutung der List der 'Vorrang des Mittels vor dem Zweck' ist.

Schlagwörter: List, Arbeit, Werkzeug, zweck, Teleologie, Mittel, Verstand, Vernunft, Antinomie, Kausalität, Erkennen, Herr und Knecht, Wissenschaft

• 투고일: 2011.05.11. 심사완료일: 2011.05.18. 게재확정일: 2011.05.18.

칸트의 인식론적 이원론에 대한 헤겔의 비판*

박 배 형

요약문

헤겔은 칸트의 철학을 이원론적 체계라고 지칭하면서 이것이 근본적 결함을 지닌다고 평가한다. 그에 따르면 칸트철학에서 이러한 근본적 결함은 통일이 불가능한 것으로 언명된 것을 하나로 통일시키는 비일관성을 통해서 드러나고 있다. 직관과 개념, 감성과 오성의 이원론으로부터 출발하는 칸트의 인식론은 전적으로 상이한 것으로 명시된 두 인식요소가 결합 또는 통일되어 인식을 산출한다는 것을 골자로 삼는 까닭에, 이렇듯 상이한 인식요소가 어떻게 결합될 수 있는지를 해명해야만 하는 과제를 떠안게 된다. 그런데 이러한 과제를 해결하는 칸트의 시도 속에서 우리는 헤겔이 말하는 근본적인 비일관성으로부터 파생된, 또 이와 결부된, 칸트의 비일관적인 설명들을 발견하게 된다. 이러한 문제는 칸트 인식론의 핵심적 내용을 형성하는 종합에 관한 이론과 도식론 그리고 인식능력들에 관한 이론 등 여러 대목에서 등장하고 있다. 따라서 우리는 이로부터 헤겔이 가하는 비판이 부당하지 않음을 확인할 수 있다. 그런데 칸트 인식론의 이러한 비일관적 측면들은 헤겔에 따르면 칸트의 이원론적 체계로부터 나타나는 불가피한 귀결들이며, 이것은 칸트의 체계 내

* 이 논문은 2010년 정부(교육과학기술부)의 재원으로 한국연구재단의 지원을 받아 수행된 연구임(NRF-2007-361-AL0016).

에서는 극복될 수 없다. 헤겔은 자신의 칸트 비판과 더불어 그 자신의 대안적 인식론을 제시하고 있다. 그의 인식론적 입장은 한편으로는 칸트의 그것을 전적으로 부정하는 것은 아니다. 즉 우리의 인식의 과정에서 감성적 요소가 사유와 결합되어 나타날 수 있다는 사실을 헤겔은 부정하지 않는다. 또한 그가 사유에 종합과 매개의 능력을 부여한다는 점은 부분적으로는 칸트의 주장과도 일치한다. 다른 한편, 헤겔은 칸트의 인식론이 범하게 되는 비일관성으로부터 벗어나 인식의 본성에 관한 보다 정합적이고 일관된 서술을 전개하고 있는데, 이로부터 우리는 그가 적어도 바로 이와 같은 점에서 칸트 인식론의 결함을 극복한 입장에 서 있다고 간주할 수 있다.

● 주요어 : 칸트, 헤겔, 인식론, 이원론, 감성, 오성, 상상력, 직관, 개념, 도식, 종합

Ⅰ. 들어가는 말

헤겔은 자신의 『철학대계』에서 칸트의 철학을 "이원론적 체계(dualistische[s] System)"라고 지칭하면서 그것의 특징을 다음과 같이 서술하고 있다.

> "모든 이원론적 체계에서는, 특히 칸트의 체계에서는 다음과 같은 비일관성을 통해 그것의 근본적 결함이 알려진다. 즉, 조금 전까지만 해도 독자적인 것으로, 따라서 **통일이 불가능한(unvereinbar)** 것으로 언명된 것을 **하나로 통일시키는** 비일관성 말이다."[1)]

이원론적 철학을, 특히 칸트의 철학을 이런 방식으로 서술하는 것은 여러 가지 함의를 지닐 수 있으나[2)] 본 논문에서 필자는 그것의 인식론

1) G.W.F. Hegel, *Enzyklopädie der philosophischen Wissenschaften im Grundrisse* 1830, (Erster Teil: Die Wissenschaft der Logik mit den mündlichen Zusätzen,), Bd. 8 (이하 Enz. I로 축약) der von E. Moldenhauer und K. M. Michel besorgten Theorie-Werkausgabe (이하 TWA로 축약), Frankfurt, a. M., 1969ff.,, § 60. 칸트의 철학을 "이원론(Dualismus)"으로 지칭하는 것은 이미 1802년에 발표된 헤겔의 한 에세이에서도 나타난다. G.W.F. Hegel, *Glauben und Wissen oder Reflexionsphilosophie der Subjektivität in der Vollständigkeit ihrer Formen als Kantische, Jacobische und Fichtesche Philosophie*, TWA, Bd. 2, pp. 314-5.

2) 칸트철학과 관련하여 이러한 함의에 속하는 것으로 우리는 현상과 물자체, 자연

적 측면에 집중할 것이다. 그런데 이 인용문에서 이 "이원론적"이라는 표현은 단지 칸트의 철학을 수식하는 데에 그치는 것이 아니라, 이에 대한 평가의 의미까지 지닌다. 즉 헤겔에 따르면 이러한 이원론은 "결함"을 지니는 것이며 따라서 극복되어야만 한다. 본 논문의 목적은 칸트철학에 대한 헤겔의 이러한 서술 및 여기에 담긴 비판적 평가가 정당한지를 검토하고, 헤겔 자신은 어떤 대안적 입장을 내세우고 있는지를 제시하는 것이다.

이러한 목적에 따라 필자는 제 2장과 3장에서 **우선** 이렇듯 "이원론적"이라고 지칭된 칸트철학을 그의 인식론을 통해 고찰함으로써 이것이 과연 어떤 의미에서 이원론적인지를 살펴 볼 것이다. **다음으로** 필자는 칸트 인식론의 이러한 이원론적 성격이 과연 헤겔이 표현하는 바와 같은 "비일관성"을 지니는지, 또는 심지어 자기 모순적 측면까지 지니는지를 검토하게 될 것이다. 그런데 이에 대한 최종적 판단을 내리기 전에 필자는 칸트 자신이 이러한 비일관성과 결부된 문제의 해결을 위해 어떤 시도를 행하고 있는지를 먼저 고찰한 후, 이러한 칸트의 시도가 성공적일 수 있는지에 대해 평가하면서, 헤겔이 행하는 비판의 정당성 여부를 가늠해 볼 것이다. 끝으로 제 4장에서 필자는 칸트를 비판하는 헤겔의 대안적 입장을 소개한 후, 이것이 어떤 점에서 칸트 인식론의 결함을 극복한 입장일 수 있는지를 제시할 것이다.

Ⅱ. 칸트의 인식론적 이원론: 인식의 두 원천

칸트에 따르면 우리의 인식이란 기본적으로 이질적이며 서로 독립적인 두 능력, 즉 감성과 오성이 함께 작용한 결과로서 산출된다. 칸트는 주관의 이러한 두 능력들을 인식의 "두 원천(zwei Grundquellen)"이라고 부른다.[3] 여기서 "원천"이라는 표현은 우리의 인식에 관한 한 더 이상의 근원적인 능력이란 존재하지 않음을 시사한다. 인식이 이렇듯 두 원

필연성과 자유 등을 들 수 있을 것이다.

3) I. Kant, *Kritik der reinen Vernunft,* hrsg. Raymund Schmidt, Hamburg, 1956, B 74; B 29 참조. 이하 KrV로 약칭하며, A는 초판을 B는 재판을 뜻한다.

천을 지닌다는 의미에서 우리는 칸트의 인식론을 무리 없이 이원론적이라고 부를 수 있을 것이다. 칸트에 따르면 이 원천 중의 하나인 감성은 표상들을 수용하는, 직관의 능력이고, 다른 하나인 오성은 주어진 표상들을 개념을 통해 통일하는, 사유의 능력이다.[4] 이 두 능력들은 이렇게 근본적으로 상이한 성격을 지니기 때문에, 양자는 서로의 역할을 결코 바꿀 수 없다.[5] 또한 그렇기 때문에 이 두 능력들 중 어느 하나가 더 우선시될 수도 없다.[6] 그런데 바로 언급한 바와 같은 상이성으로 인하여 이 두 능력들에 고유한 표상들, 즉 직관과 개념 역시 "전적으로 이질적"이다.[7] 칸트에 따르면 직관이란 "개별적"이고 "직접적"인 표상이며, 개념은 보편적이고 간접적인 표상이다. 표상들의 이러한 특성상 개념과 직관 양자는 단지 이질적인 것을 넘어 "대립적"이기까지 하다.[8] 그런데 칸트 인식론의 특징적이고 흥미로운 점은 이렇듯 대립적인 표상들의 결합을 통해서만, 또는 달리 말하면 이렇듯 전적으로 상이한 표상능력들의 통일을 통해서만 인식이 가능하다는 주장에 있다.[9] 이것은 칸트가 합리론적 전통 및 영국의 경험론적 전통 양자를 비판하면서 수립한, 그 자신

---

4) KrV B 74. 여기서 칸트는 감성을 "수용성(Rezeptivität)"의 능력으로, 오성을 "자발성(Spontaneität)"의 능력으로 특징짓는다.

5) "이 두 능력들은 또한 자신들의 기능을 바꿀 수 없다." KrV B 75.

6) KrV B 75.

7) KrV B 176. 칸트는 또 이렇듯 전적으로 이질적인 표상들인 직관과 개념을 가리켜 "모든 우리의 인식"을 구성하는 "요소들(Elemente)"이라고 말하며, 또한 다음과 같이 인식에서 양자가 담당하는 역할을 구분한다. "내용 없는 사유는 공허(leer)하고 개념 없는 직관은 맹목(blind)이다." KrV B 74-75.

8) KrV B 93-94, 377; I. Kant, *Über die von der König. Akademie der Wissenschaften zu Berlin für das Jahr 1791 ausgesetzte Preisfrage:Welches sind die wirklichen Fortschritte,die die Metaphysik seit Leibnitzens und Wolff's Zeiten in Deutschland gemacht hat?* in Bd. III: Werke in sechs Bänden(이하 WS로 축약), hrsg. von W. Weischedel, Darmstadt, 1958 (Nachdruck, 1983), p. 666; "개념은 직관에 대립되어 있다(Der Begriff ist der Anschauung entgegengesetzt)". I. Kant, *Immanuel Kants Logik*, hrsg. von G. B. Jäsche, Königsberg, 1800, WS, Bd., III, p. 521.

9) KrV B 75f.: "양자[오성과 감성]가 통일됨(sich vereinigen)으로써만 인식이 생겨난다." 이렇듯 상이한 표상원천들 또는 표상들의 결합을 칭하는 용어로 칸트는 여러 표현들을 사용하는데, 이를테면 "통일(vereinigen)" 외에도 "결합"으로 번역할 수 있는 "Verknüpfung"이나 "Verbindung"과 같은 용어를 사용한다. KrV B 314, 327. 따라서 본문에서도 칸트가 말하는 두 인식요소의 결합에 대하여 바로 이 "결합"이나 "통일"이라는 용어를 구별 없이 사용할 것이다.

만의 독자적인 인식 개념이라고 할 수 있다. 이러한 사정을 말해주듯 그는 『순수이성비판』의 한 대목에서 라이프니츠와 로크의 인식론에 대한 언급과 함께 이를 비판하고 있다. 그가 행하는 비판의 골자는 이 철학자들 모두가 근본적으로 상이한 두 가지 종류의 표상들 및 이것들의 원천을 구별하지 못한 오류를 범했다는 것인데, 그는 이러한 주장과 함께 자신의 견해를 다음과 같이 개진하고 있다.

> "요컨대 라이프니츠는 현상을 지성화했다(intellektuierte). 그와 마찬가지로 로크는 […] 오성개념들을 모두 감성화했다. 이 두 위대한 인물들은 오성과 감성이 두 가지의 전적으로 상이한 표상 원천(zwei ganz verschiedene Quellen von Vorstellungen)이며, 양자가 결합됨으로써만 사물에 관해 객관적으로 판단을 내릴 수 있다고 생각하는 대신에, 각각 두 가지의 표상 원천들 중 한가지에만 매달렸다. 그들의 견해에 따르면 이러한 원천들 중 한 가지가 직접 물 자체에 관여하며, 다른 하나의 원천은 전자의 표상들을 혼란케 하거나 아니면 정돈하는 일에 그치고 만다는 것이었다."[10]

여기서 나타나는 라이프니츠와 로크의 인식론에 대한 칸트의 해석이 얼마나 정확한지를 검토하는 것은 우리의 주된 관심사를 벗어나는 일이며,[11] 본 논문의 맥락에서 중요한 것은 칸트의 비판적 작업을 통해 등장한 새로운 인식 개념이, 즉 인식을 위한 두 가지 종류의 표상 원천을 주장한다는 점에서 이원론적이라고 불려도 좋을 인식 개념이 과연 앞서의 헤겔 인용문에 나오는 바와 같은 "비일관성"을 보여주고 있느냐 하는 것이다. 보다 구체적으로 말하자면, 칸트의 이원론적 인식론은 헤겔의 말처럼 어떤 "근본적 결함" 같은 것을 지니고 있어서, 이것이 "**통일이 불가능한(unvereinbar)** 것으로 언명된 것을 **하나로 통일시키는** 비일관성"을 통해 드러나고 있느냐 하는 것이다.

그런데 우리가 바로 앞의 인용문에 나오는 칸트의 표현을 음미해 보

---

10) KrV B 327.

11) 이러한 칸트의 해석과 관련된 논의에 대해서는 다음의 논문들을 참조하시오. G. H. R. Parkinson, "The Intellectualization of Appearances": Aspects of Leibniz's Theory of Sensation and Thought", in M. Hooker(ed.), *Leibniz: Critical and Interpretive Essays*, Minneapolis, 1982, pp. 3-20; Waxman, W., "Kant's Det to the British Empirists", in G. Bird(ed.), *A Companion to Kant*, Malden, MA, 2006, pp. 93-107.

면, 그는 상이한 표상들을 낳는 상이한 원천의 결합 또는 통일이 인식을, 즉 사물에 대한 객관적 판단을 낳는다는 점을 지적하고, 또 이러한 결합이라는 사상이야 말로 그가 말하는 저 "두 위대한 인물들"이 지니는 한계를 극복한 것임을 강조하는 듯 보일뿐, 전적으로 상이한 표상원천 또는 표상들의 결합이 도대체 어떻게 가능한 것이냐에 대해서는 전혀 의문시하고 있지 않는 듯 보인다. 헤겔은 두 가지의 전적으로 상이하고 독립적인 것으로 언명된 인식원천을 통일시키고 있는 것에서 비일관성의 문제를 보고 있는 반면, 칸트는 이러한 통일의 가능성을 당연시하는 듯이 보이며, 사실상 이러한 통일은 이미 언급한 바와 같이 그의 인식이론이 갖는 근본적 특성이기도 하다. 그런데 칸트가 이러한 결합 또는 통일의 가능성 자체에 의문을 제기하거나 여기에 어떤 "비일관성"이 놓여 있다고 스스로 판단하고 있는지는 불확실하지만, 우리가 눈여겨보아야 할 것은 적어도 그가 인식을 낳는 이러한 통일 또는 결합이라는 사태를 설명해야 할 필요성을 자각하고 실제로 이를 설명해내기 위한 시도를 행하고 있다는 점이다. 그는 "순수오성개념의 도식성"을 다룬 『순수이성비판』의 한 대목에서 다음과 같이 말한다.

> "어떤 대상을 한 개념 아래로 포섭(Subsumtion)할 때에 전자는 후자와 동질적이어야 한다 [···]. 그런데 오성의 순수한 개념들을 경험적 (아니 일반적으로는 감성적) 직관과 비교하여 본다면, 전자는 후자와 전적으로 이질적이며 전자는 직관 속에서는 전혀 발견될 수가 없는 것이다. 그러면 어떻게 후자가 전자에 포섭될 수가 있는가? 따라서 현상에 범주를 적용(Anwendung)하는 것이 어떻게 가능한가? 왜냐하면 범주 예컨대 인과성이 감성에 의해서 직관될 수 있다거나 현상 속에서 발견될 수 있다는 식으로 말할 사람은 없겠기 때문이다".[12)]

칸트는 여기서 통일이나 결합이라는 용어 대신에 "포섭" 또는 "적용"이라는 용어를 쓰고 있긴 하지만, 한편으로는 오성의 순수한 개념들을, 다른 한편으로는 직관 표상을 놓고 결국 이렇듯 이질적인 두 종류의 표

12) KrV B 327. 여기서 칸트는 범주의 적용과 관련하여 직관 외에도 "현상"이라는 용어를 함께 쓰고 있는데 이 때 현상이란 칸트가 『순수이성비판』의 한 대목에서 말한 대로 "경험적 직관의 규정되지 않은 대상"으로서, 규정되지 않은, 직관의 표상을 뜻할 것이다. KrV B 34, 164.

상들이 결합되어 인식을 낳는 것이 어떻게 가능한가라는 질문을 던지고 있는 것이다. 왜냐하면 이러한 포섭이나 "적용"을 통해서 산출되는 것이 바로 인식이기 때문이다.[13] 이와 함께 또 우리가 위의 인용문으로부터 간취할 수 있는 것은 두 가지의 표상, 즉 개념 표상과 직관 표상은 사실상 직접적으로는 결합되거나 통일을 이룰 수 없다는 것이다. 왜냐하면 칸트가 말하고 있듯이 양자는 동질적인 한에서만 한 쪽이 다른 쪽에 포섭되거나 적용될 수 있는 것이며, 또 그런 한에서만 양자는 결합될 수 있기 때문이다. 그렇다면 칸트의 인식론은 이렇게 직접적인 결합이 불가능한 것으로 언명된 두 종류의 표상들을 결합시키고 있는 셈인데, 도대체 이러한 결합 내지 통일은 어떻게 가능하단 말인가? 이 문제에 대한 칸트의 해결책은 다음과 같다.

> "이제 분명한 것은 한편으로는 범주와, 다른 한편으로는 현상과 동질적이어야만 하는, 그리하여 전자를 후자에 적용할 수 있게 하는 제 3자(das Dritte)가 있어야 한다는 것이다. 이 매개적인 표상은 순수하면서도 […] 한편으로는 지성적(intellektuell)이고, 다른 한편으로는 감성적(sinnlich)이어야만 한다. 그러한 것[매개적인 표상]이 초월론적 도식이다"[14]

그런데 이러한 매개적 표상으로서의 도식을 산출하는 것은 칸트에 따르자면 상상력이다.[15] 따라서 이 인용문에서 소개되는 칸트의 해결책은 다음과 같이 요약될 수 있을 것이다. 즉 오성의 표상과 감성의 표상은 전적으로 이질적이어서 서로 직접적으로는 통일될 수 없으므로 이를 매개시켜 주는 제 3의 표상이 요청되는데, 이것은 상상력의 표상으로서 동시에 지성적이고 감성적인 성격을 갖는다. 그리고 이 상상력의 표상을 일러 칸트는 초월론적 "도식"이라고 부르며,[16] 이 도식은 지성적이고 감

---

13) KrV B 147f.

14) KrV B 177.

15) KrV B 179: "도식은 항상 그 자체로 상상력의 산물인 것이다."

16) 여기서 "초월론적 도식"이라고 칸트가 부르는 것은 인식 가능성의 조건에 관한, 근본적 의미에서의 도식을 뜻하는 것인데, 그의 도식 일반에 관한 이론을 상술한 논문으로는 다음을 참조하시오. Seel, G., "Die Einleitung in die Analytik der Grundsätze, der Schematismus und die obersten Grundsätze, in G. Mohr und M. Willaschek (Hrsg.), *Immanuel Kant. Kritik der reinen Vernunft*, Berlin, 1998, pp. 217-246; Warnock, G. J., "Concepts and Schematism", *Analysis*, Vol. 9, 1949, pp.

성적인 성격을 동시에 갖기 때문에 개념과 직관 모두와 결합되어 인식을 낳게 한다. 칸트는 이렇듯 상상력이라는 제 3의 능력과 또 도식이라는 제 3의 표상을 가지고 이러한 결합 내지는 통일의 문제에 대한 해결책을 마련하고 있다.

그렇다면 이런 방식으로 해결책을 마련하여 제시하는 칸트의 시도에도 불구하고 몇 차례 언급된 바와 같은, "비일관성"과 관련한 헤겔의 비판적 평가는 여전히 유효할 것인가? 다음 장에서 우리는 과연 칸트의 인식론에 대한 헤겔의 이러한 비판적 평가가 어떤 의미에서 정당할 수 있는지를 보다 상세히 검토해 볼 것이다.

Ⅲ. 칸트 인식론의 문제와 헤겔의 비판이 갖는 정당성

앞 장에서 살펴본 것처럼 칸트는 인식의 두 원천을 상호 이질적이자 독립적인 것으로 상정했다. 또한 그는 이 원천들의 표상들 역시 이질적인 성격을 지닐 뿐 아니라 상호 "대립적"이라고까지 언급했다.[17] 게다가 그는 이러한 표상들은 그 이질성 때문에 그 자체로는 직접적으로는 결합될 수 없다고 주장했다. 그러나 그에 따르면 인식이란 이러한 이질적인 또는 대립적인 표상들의 결합 내지는 통일로서만 가능한 것이므로 그는 결국 결합 내지는 통일될 수 없는 것을 통일시키는 방식으로 인식이라는 것을 설명하고 있는 것이 된다. 따라서 이러한 관점에서 보면 "비일관성"이라는 표현을 사용한, 칸트에 대한 헤겔의 평가는 부당한 평가일 수 없다. 그러나 아직 헤겔의 평가에 대한 최종적 판단을 내리기에는 이른데, 그것은 우리가 이미 앞에서 본 바대로, 칸트는 자신의 인식론에 결부된 이러한 사태를 스스로 비일관적이라고 의식했는지 여부와 상관없이 이질적 표상들의 통일이라는 문제에 대한 해결책을 스스로 강구하여 제시하고 있기 때문이다. 따라서 헤겔의 평가에 대한 우리의 판단은 칸트가 내놓은 해결책이 논리적으로 정합적이어서, 더 이상의 어떤

77-82; M. Pedlebury, "Making Sense of Kant's Schematism", *Philosophy of Phenomenological Research*, Vol. 55, 1995, PP. 777-797.

17) 각주 8) 참조.

비일관성 문제를 야기하지 않는지가, 또 그런 의미에서 성공적인지가 드러날 때까지 유보되어야 할 것이다.

칸트가 제시한 해결책에 따르면 상상력의 표상으로서의 도식이 매개적 표상일 수 있는 것은 그것이 동시에 지성적이고 감성적이기 때문이며, 이러한 표상의 산출은 그 자체 감성적이기도 하고 동시에 지성적이기도 한 능력인 상상력의 활동을 통해서만 가능하다. 또 칸트에 따르면 감성적 표상은 개별적이고, 지성적 표상으로서의 개념은 보편적이기에 상상력의 매개적 표상, 즉 도식은 동시에 개별적이고 보편적이기도 한다. 이렇듯 칸트의 해결책은 제 3의 능력인 상상력과 제 3의 표상인 도식에 특별한 지위를 부여함으로써 마련되고 있다. 그렇다면 과연 칸트에게 있어 상상력의 지위와 역할은 어떻게 규정될 수 있는 것인가? 지금까지 살펴본 바에 의하면 상상력은 지성적 차원과 감성적 차원을 아우르는, 그런 의미에서 오성과 감성의 근저에 있는 보다 근원적이고 통일적인 능력처럼 보이기도 한다.[18] 그러나 상상력의 지위와 역할에 대한, 또 상상력과 오성 그리고 감성의 관계에 대한 칸트의 입장이 정확히 무

18) 바로 이 대목과 관련하여 우리는 하이데거의 칸트 해석을 상기해 볼 수 있겠다. 그는 1929년 초판이 나온 『칸트와 형이상학의 문제』라는 책에서 이 상상력이야말로 "제 3의 근본능력"으로서 오성과 감성을 통일시키는 보다 본원적인 능력임을 명시적으로 주장한 바 있다. 그는 주로 『순수이성비판』의 제 1판에 나오는 여러 대목들을 자신의 주장을 뒷받침하는 근거로 들면서, 아울러 <서론>의 한 구절을 여러 번 인용하고 있다. 이 구절에서(KrV B 29) 칸트는 우리가 이미 보았던 인식의 "원천(Grundquellen)"이란 표현이 아닌, 인식의 "두 줄기(zwei Stämme)"라는 표현을 사용하면서 "이것들은 아마도(vielleicht) 하나의 공통적인, 그러나 우리에게는 알려지지 않은 뿌리에서 발생할 것"이라고 말하는데, 하이데거의 주장에 따르면 이 "뿌리"가 바로 (초월론적) 상상력이며 오성과 감성은 이 본원적 능력으로 "환원"된다는 것이다. 또 그에 따르면 칸트는 『순수이성비판』 제 1판에서 바로 이러한 통찰에 이르기는 했으나 이 생각을 끝까지 밀고 나가지 못했고, 제 2판에서는 이런 통찰로부터 다시 뒤로 물러서고 말았다는 것이다. 개정판인 제 2판이 아니라 제 1판을 근거로 하이데거가 자신의 주장을 펼치는 것이 과연 어느 정도로 설득력이 있을 것인가 하는 문제는 차치하고라도, 칸트는 『순수이성비판』 어디에서도 이 "뿌리"가 상상력임을 명시적으로 말한 바가 없다. 또한 앞으로 본문의 논의에서 밝혀지겠지만 『순수이성비판』의 제 1판과 2판을 막론하고 칸트는 하이데거의 해석과는 다른, 오히려 그것에 반하는 해석의 여지를 충분히 제공하는 언명들도 하고 있기 때문에, 오성과 감성이 상상력으로 환원된다는 식의 하이데거의 주장을 그대로 인정하기는 어렵다. Heidegger, M., *Kant und das Problem der Metaphysik*, in Gesammtausgabe, I. Abt. Bd. 3, Frankfurt a. Main: V. Klostermann, 1991, pp. 36-7, 134-8, 160-5 참조.

엇인지는 결코 쉽사리 단정할 수 있는 일이 아니다. 이제 우리의 관심사인 칸트의 해결책을 염두에 두면서 이러한 칸트의 주장을 보다 상세히 살펴보기로 한다.[19)]

칸트는 상상력의 역할에 대해 여러 방식으로 언급하고 있지만, 우리의 관심사와 관련하여 중요한 것은 그가 상상력의 고유한 활동을 "종합(Synthesis)"이라고 칭한다는 점이다.[20)] 그런데 그는 종합이라는 활동을 다음과 같이 설명한다.

> "그런데 우리의 사유가 갖는 자발성은 이러한 다양한 표상들(dieses Mannigfaltige)을 인식으로 만들기 위해, 이 다양한 표상들이 우선 특정한 방식으로 통관(通觀)되고(durchgegangen), 수용되며 결합되기를 요구한다. 이러한 활동을 나는 종합(Synthesis)이라고 칭한다. […] 종합이란 것은 본래 인식을 위한 요소들을 모아서 이를 어떤 하나의 내용으로 통일시키는 그러한 것이다."[21)]

여기서 언급되는 "이러한 다양한 표상들(dieses Mannigfaltige)"이란 직관에 의해 제공되는 것이며, 이러한 "재료"를 인식으로 만들기 위해서는 상상력을 통한 종합이 요청된다.[22)] 칸트는 상상력에 고유한 활동으로서 종합을 말하고 있긴 하지만, 이 인용문에서 우리는 그가 인식과 관련하여 오성의 역할에 대해 암시하는 것을 발견하게 된다. 즉 그는 사유의 "자발성"을 언급하는데 이것은 곧 오성을 지칭함에 다름 아니며,[23)] 오성은 이러한 종합이 이루어지도록 "요구"한다. 여기서 중요한 것은 종합작용이라는 측면에서 본 상상력과 오성의 관계에 놓여 있다. 왜냐하면 도식작용이건 아니면 여기서처럼 종합작용이 문제가 되건,[24)] 칸트에 따르

---

19) 여기서 우리는 상상력의 역할 및 지위와 관련하여 우리의 관심사인 칸트의 해결책이 과연 성공적일 수 있으며 이와 관련된 그의 논의가 일관적인지를 검토하는 것을 목적으로 삼기 때문에 상상력에 대한 칸트의 이론 자체를 구체적으로 다루지는 않을 것이며, 우리의 논의는 상상력과 오성의 관계를 중심으로 전개될 것이다.

20) KrV B 103.

21) KrV B 102-3.

22) KrV B 102.

23) 각주 4) 참조.

24) 도식작용과 종합 그리고 이들의 관계에 대한 논의는 별도의 논문을 요구할 정도로 복잡성과 중요성을 지니기 때문에, 필자는 이에 대한 상세한 고찰을 본 논

면 직관표상은 오성의 범주들과 그 자체로는 직접적으로 결합될 수 없는 것이며, 그런 까닭에 도식이라는 매개적 표상을 낳는 상상력의 활동이 요청되는 것인데, 오성이 인식을 위해 이런 종합을 "요구"하는 것이라면 상상력은 오성에 대해 독립적으로 활동하는 제 3의 능력으로 불리기는 어려울 것이기 때문이다. 그런데 칸트는 인식의 산출 및 종합과 관련하여 또 다음과 같이 말한다.

> "표상들의 다양은 직관에서 주어질 수 있으며, 직관은 감성적일 뿐이다 [···]. 그러나 다양의 결합 일반은 결코 감성을 통해 우리에게 주어질 수 없으며, 따라서 감성적 직관의 순수 형식 속에 동시에 포함되어 있을 수도 없다. 왜냐하면 결합이라는 것은 표상능력의 자발성의 작용이기 때문이다. 우리가 이 자발성을 감성과 구분하여 오성이라고 불러야만 하기에, 모든 결합은 우리가 이러한 결합을 의식하건 안하건, 다양한 직관의 결합이건, 각종 개념들의 결합이건 간에 [···] 오성의 작용인 것이다. 이런 오성의 작용에 대해 우리는 종합(Synthesis)이라는 일반적 명칭을 부여한다."[25]

종합을 상상력의 고유한 활동으로 규정했던 칸트가 이를 다시 오성의 작용이라고 말하는 이 사태를 우리는 어떻게 이해해야 할 것인가? 이것을 칸트철학의 비일관성 탓이라고 쉽게 비난하기에 앞서 우리는 이 사태를 다른 방식으로 이해할 가능성을 생각해 볼 수 있다. 즉 종합이 상상력의 활동인지 아니면 오성의 활동인지에 대한 양자택일적 결정을 내릴 것이 아니라, 칸트가 결과적으로 상상력과 오성 모두에 종합이라는 활동을 귀속시킨다면, 우리는 이 두 가지의 능력 모두가 함께 종합에 관여할 가능성을 생각해볼 수 있다. 이 가능성이 그럴듯해 보이는 이유는 칸트가 한 곳에서 상상력을 "필수불가결 하기는 하지만 맹목적인(blinden) 영혼의 기능"이라고 지칭한다는 사실에 있다.[26] 종합은 인식의 산출을 위

문의 과제로 삼지 않고 상상력의 역할과 관련하여 필요에 따라 종합에 관하여 또 도식작용에 관하여 다루는 데에 만족하고자 한다. 그런데 우리의 논의에서 중요한 것은 칸트에 따를 때 도식작용과 종합 양자는 다음과 같은 공통점을 지닌다는 사실이다. 첫째, 칸트는 양자를 기본적으로 상상력의 작용인 것으로 설명한다는 것이다. 둘째, 양자는 모두 인식에 필수적이라는 것이다. 셋째, 양자는 직관과 개념 모두와 관계한다는 것이다.

25) KrV B 129f.

26) KrV B 103.

해 요청되고 있는데 상상력이 맹목적으로 활동한다면 이로부터 진정한 인식에 이를 수는 없을 것이다. 만약 상상력과 오성 양자가 모두 종합에 관여한다고 한다면, 여기서 오성은 상상력이 맹목적으로 활동하지 않고 진정한 인식을 낳도록 인도하는 역할을 해야 할 것이다. 이것은 칸트가 오성을 "규칙의 능력"이라고 부른다는 사실과도 잘 들어맞는다. 그는 감성을 오성과 대비시키면서, 규칙을 제공하는 것은 오성이며 규칙으로 사용되는 것은 개념이라고 말한다.[27] 이를 우리의 맥락에 적용하면 상상력은 인식에 있어 오성이 제공하는 규칙에 따라 종합작용을 행하는 것이 되는데, 이와 관련하여 칸트는 다음과 같이 말하고 있다.

> "모든 대상의 선험적 인식을 위해 첫째로 주어져야만 하는 것은 순수한 직관의 다양(das Mannigfaltige)이고; 두 번째로는 상상력을 통해 이 다양의 종합이 이루어져야 하는데, 이것은 아직 어떤 인식도 산출하지 못한다. 이러한 순수한 종합에 통일성(Einheit)을 부여하고 바로 이러한 필연적인 종합적 통일성의 표상을 자신의 본질로 갖는 개념들이 어떤 현존하는 대상의 인식을 위한 세 번째 요소가 되는 것이며, 이 개념들은 오성에 근거하는 것이다."[28]

여기서 칸트는 세 가지의 요소가 모두 갖추어질 때에만 인식이 가능하다고 말하는 것인데, 여기서 세 번째 요소로 거명되고 있는 "종합적 통일성의 표상을 자신의 본질로 갖는 개념들"이란 바로 순수 오성개념으로서의 "범주들"을 뜻하는 것이다. 이러한 사실은 칸트가 "모든 종합(alle Synthesis)"이 "범주들(Kategorien)에 따라" 이루어진다고 말한다는 점으로부터 분명히 드러나고 있다.[29] 요약하자면 상상력은 오성의 활동 속에서 제공되는 규칙인 범주들에 따라 종합을 행함으로써 인식에 기여하고, 이

---

27) "우리는 위에서 오성을 여러 가지 방식으로 설명해왔다: (감성의 수용성과는 대조적으로) 인식의 자발성이라는 말로, 또는 사유의 능력으로, 또는 개념의 능력으로, 또는 판단의 능력으로도 [...]. 이제 우리는 오성을 규칙의 능력(das Vermögen der Regel)으로 특징지을 수 있다. [...] 감성은 우리에게 (직관의) 형식을, 오성은 규칙을 제공한다." KrV A 126.

28) KrV B 104.

29) KrV B 161. 칸트는 도식과 관련해서도 종합과 유사한 설명을 하고 있는데, 그에 따르면 도식작용 또한 궁극적으로는 상상력 단독의 작용이 아니라 오성과의 공동작용이다. 그렇기에 칸트는 한편으로는 도식이 상상력의 소산이라고 말하면서도, 다른 한편으로는 도식작용을 오성에 귀속시키기도 한다. KrV B 179-181.

런 방식으로 상상력과 오성 양자는 모두 종합에 관여하는 것이다.

그렇다면 이상의 서술을 통해서 우리는 칸트가 헤겔의 비판을 비껴갈 가능성, 즉 헤겔이 "비일관성"이라는 말로 표현하는 비판을 비껴갈 가능성을 찾을 수 있을 것인가? 헤겔이 지적하는 문제는 처음부터 "**통일이 불가능한(unvereinbar)** 것으로 언명된 것을 **하나로 통일시키는** 비일관성"의 문제였다. 우리는 이를 인식론적 차원에서 검토하였고, 한편으로 이제 3장의 서두에서 헤겔의 비판이 부당하지 않음을 잠정적으로 지적하였다. 그러나 다른 한편, 우리는 이러한 통일의 가능성을 자신의 이원론적 입장에 기반하여 설명하는 칸트의 시도가 일관적이고 성공적인지를 검토할 때까지 최종적인 판단을 유보하기로 결정하였다. 그리고 이러한 검토의 과정에서 우리는 칸트의 인식론에 고유하고도 핵심적인 이론, 즉 도식과 종합의 이론을 고찰하였다. 그런데 헤겔의 비판을 염두에 둔다면, 우리는 지금껏 고찰한 이러한 도식과 종합의 이론에서도 역시 헤겔이 지칭하는 "비일관성"과 결부된 여러 문제점들과 더불어 칸트의 비일관적인 설명들을 발견하게 된다.

우선 **첫 번째로** 지적할 수 있는 것은 상상력의 지위 및 이것의 오성과의 관계에 관한 문제이다. 칸트는 특히 도식과 관련하여 직관표상과 개념을 결합하는 매개적 표상을 산출하는 역할을 상상력에 부여하였다. 이 매개적 표상은 감성의 표상과 오성의 표상, 즉 개념과 직관이 그것들의 이질성으로 말미암아 그 자체로는 결합될 수 없다는 사실로부터 요청된 것이었다. 이것은 곧 오성과 감성 양자가 모두 그 자체로는 이러한 매개적 역할을 할 수 없다는 것으로 해석되어야 한다. 물론 그렇기에 제 3의 표상과 제 3의 능력이 요청되는 것이며, 이 능력의 독자적 활동이 요청되는 것이기도 하다. 그런데 도식에 대한 또는 종합에 대한 칸트의 설명에 따르면, 우리가 본 것처럼, 인식에 관한 한 상상력은 결코 독자적 역할을 수행하지 못한다. 상상력은 오성이 없으면 맹목이며, 오성이 제공하는 규칙이 없으면 종합이나 도식작용은 완성될 수 없다. 이러한 사실로부터 초래하는 결과는 이제 오성 자신이 이러한 매개적 역할에 참여하는 것으로 인정된다는 것인데, 이것은 오성이 감성과 마찬가지로 매개역할을 수행하지 못하기에 다른 능력이 요청된다는 앞서의 서술과는 양립될 수 없다. 이러한 비일관적 서술은 다른 칸트의 언명 때문에 더욱 심각한 문제로 드러나는데, 즉 칸트는 심지어 상상력이 오성의 기능에 속하는 것처럼 말하기도 한다는 점이다. 『순수이성비판』의 한 대목에서 칸트는 "하나의 동일한 자발성"의 능력이 "상상력의 이름으로 직관의 다양에 결합(Verbindung)을 집어넣는다(hineinbringt)"고 말하고 있는데,[30] 이 자발성의 능력이란 본래 오성을 뜻하는 것이고, 그렇다면 오성이 상상력의 역할을 수행하기도 한다는 것이 된다. 이로부터 우리는 적어도 칸트가 상상력의 매개적 역할을 오성에 부여하고 있다는 결론을 이끌어낼 수 있고, 그런 한에서 우리는 칸트가 "비일관성" 혐의를 결코 피해갈 수 없다는 귀결에 이르게 된다.

두 번째로 지적되어야 하는 것은 감성과 오성의 지위에 관한 문제이다. 앞에서 살펴본 바와 같이, 칸트는 인식의 "두 원천(zwei Grundquellen)"을 내세우고 이 원천들 및 그 표상들의 "전적인 이질성"을 주장함으로써 감성과 오성의 상호 독립적이고도 동등한 지위를 강조한 바 있다. 그러나 인식에 관한 칸트의 서술을 보다 상세히 고찰한 지금, 이러한 칸트의 입장이 그대로 견지되기는 어려워 보인다. 왜냐하면 첫 번째 문제에서 제시된 것처럼, 오성 자체에 매개적 역할이 부여됨으로써 감성은 오성과 비교하여 더 이상 독립적인 지위를 또는 적어도 동등한 지위를 갖기 어려울 것으로 보이기 때문이다. 예컨대 상상력의 표상으로서의 도식과 관련하여 칸트는 이것이 동시에 감성적이고 지성적이라고 말한 바 있다.[31] 이러한 도식의 산출을 통해서 그리고 종합의 활동을 통해서 상상력은 매개적 역할을 수행하는 것으로 칸트는 기술하고 있는데, 다른 한편 오성 자체가 적어도 상상력과 공동으로 아니면 상상력의 이름으로 매개적 역할을 수행함으로써 오성이 감성에 직접 관여하게 되는 가능성이 인정되기에 이른다. 그리고 이를 통해 감성의 독립성은 훼손되는 것이며 두 능력의 "전적인 이질성" 주장도 약화되기에 이른다. 게다가 칸트는 『순수이성비판』 여러 곳에서 종합활동과 관련하여 오성이 감성을 "규정한다"고 말하고 있다.[32] 이러한 "규정한다"의 의미를 여러 방식으로 해석할 수 있겠으나, 두 능력이 상호 독립적이라면 한 쪽이 다른 쪽을 일방적으로 규정할 수는 없을 것이다. 또한 칸트는 상상력의 종합을 언급하

30) KrV B 162 각주.
31) 각주 14) 참조.
32) KrV B 160f. 각주; KrV B 153 참조.

면서, 이러한 매개적 기능이 없이 감성만을 통해서는 잡다한 표상으로서의 현상이 주어지기는 하겠으나 결코 "경험적 인식의 대상"이 주어질 수 없으며 어떤 "경험"도 있을 수 없다고 주장함으로써 인식의 대상이라는 것이 종합의 작용을 통해서만 가능함을 분명히 하고 있다.[33] 우리가 만약 앞선 논의와의 연장선상에서 종합작용을 오성 없이는 불가능한 것으로 본다면, 칸트는 여기서도 오성의 개입을 통해서만 도대체 인식의 대상이라는 것도 가능한 것임을 주장하는 것이 된다. 이와 같은 칸트의 언명들을 토대로 우리는 그에게서 사실상 감성과 오성 양자의 독립성 및 동등한 지위가 부정되고 있다는 판단을 내리게 되며, 이것은 칸트의 이원론적 출발점과 양립하기 어렵다는 것을 발견하게 된다.

이상에서 우리는 칸트의 인식론적 이원론에는 실제로 헤겔이 말하는 "비일관성" 문제가 내재하고 있음을 제시하였다. 그것은 헤겔이 지적하고 있듯이 기본적으로는 원리적으로 이질적이라고 전제된 두 가지 요소를 통일시키는 칸트 인식론의 특성에 기인한다고 볼 수 있다. 이제 우리는 이러한 칸트 철학의 이원론적 성격을 비판하는 헤겔이 과연 어떤 대안적 입장을 내세우고 있는지를 고찰하고자 한다. 누차 언급된 바와 같이, 헤겔은 그가 말하는 "비일관성"을 통해서 칸트의 이원론이 갖는 "근본적 결함"이 드러난다고 하기에, 헤겔이 자신의 비판을 통해서 제시하는 대안적 입장은 이러한 결함을 극복한, 그리하여 더 이상 "비일관성"의 문제를 발생시키지 않는 방식으로 서술되어야 할 것이다.

Ⅳ. 인식에 관한 헤겔의 대안적 입장: 사유와 감성의 관계

헤겔은 우선 칸트가 오성으로 지칭하는 사유의 능력[34]과 감성과의 관

33) KrV A 124.

34) 칸트가 오성을 정의하는 전형적인 방식 중의 하나는 이를 "사유의 능력"으로 규정하는 것이다. (KrV A126; B 104; B 145 참조). 헤겔에서는 물론 같은 사유의 능력을 말하더라도 오성의 차원과 그가 "사유의 최고 단계"라고 칭하는 이성의 차원이 뚜렷이 구분된다. 그러나 본 논문에서는 헤겔이 오성과 이성을 어떻게 구분하는가에 초점을 맞추고 있지 않기에 보다 일반적 의미에서 사유의 능력과 감성의 관계를 중심으로 논의를 진행할 것이다. 오성적 차원과 이성적 차원의 구분에 대해서는 다음을 참조하시오. Enz. I, §§ 80-82; G.W.F. Hegel,

계를 칸트와는 다른 방식으로 설정한다. 그는 인간의 정신을 구성하는 능력들 중에 사유의 능력도 존재하고 감성이란 능력도 존재한다는 식으로 이들을 일단 병치시킨 후, 이것이 어떻게 인식에 기여하는가라는 관점에서 출발하지 않는다. 또한 인식에 있어 칸트처럼 감성에 사유와 동등한 권한을 부여한다거나 감성과 사유능력을 두 개의 원리적으로 분리된, 전적으로 이질적인 능력으로 보는 견해에 반대한다. 즉 그의 입장은 이를테면 다음과 같다.

> "[…] 인간적인 모든 것은 그것이 사유를 통해서 야기된다는 것을 통해서 그리고 오직 그것을 통해서만 인간적이다. 그런데 철학이란 사유의 한 독특한 방식으로서 이 방식을 통해서 사유는 인식 또 개념적 인식이 되는 것이며, 그렇기에 철학의 사유라는 것은 모든 인간적인 것 속에서 작용하는 […] 사유와는 또한 어떤 **상이성**을 지니게 된다. 아무리 그것[철학의 사유]이 후자의 사유와 동일성을 지니고, **즉자적으로는 하나**의 사유라도 말이다. 이러한 차이는 다음과 같은 사실과 연관되어 있다. 즉 사유를 통해서 근거 지워진, 의식의 인간적인 내용은 우선은 **사유의 형식 속에서** 나타나지 않고 감정, 직관, 표상으로 나타나는데－이것들은 **형식들**로서 형식으로서의 사유와는 구분되어져야 한다."[35]

여기서 눈여겨보아야 할 것은 **첫째**, 헤겔은 궁극적으로는 보편적 의미에서 "하나의 동일한" 사유 내용이 감정이나 직관 또는 표상의 형식으로 나타난다고 말하는 것인데, 이를테면 "하나의 동일한" 사유 내용이 사유의 형식 속에서 나타나기도 하고 위에서 언급한 다른 형식들 속에서도 나타난다는 것이다.[36] 그렇다면 사유와 직관과의 차이란 그 형식적 측면에 존재하는 것이며, 양자는 전적으로 이질적일 수는 없다. 그런데 이것은 사유의 내용이라는 점에만 국한되는 것이 아니라, 사유의 작용이나 능력의 측면에도 해당되는 것이다. 즉 헤겔에게 있어 사유작용

Wissenschaft der Logik II, TWA, Bd. 6, p. 261.

35) Enz. I, § 2. 여기서 헤겔은 "표상(Vorstellung)"이란 용어를 쓰고 있는데, 그 용법이 칸트의 그것과 다르기 때문에 이를 설명할 필요가 있을 것이다. 칸트는 표상이란 용어를 더욱 일반적으로 사용하는 까닭에 그에게서는 직관도 개념도 모두 표상의 일종으로 간주된다. 그러나 헤겔에 있어서 표상이란 것은 그가 말하는 의식의 형식들 중에서 사유보다는 덜 보편적이지만 개별적 심상을 특징으로 하는 직관보다는 보편적인, 일종의 중간단계에 해당한다.

36) Enz. I, § 3.

역시 상이한 것으로 간주되는 모든 정신적 활동의 근저에서 보편적으로 작용하는 것이다.[37] 그렇기에 헤겔의 이러한 포괄적이고도 보편적인 사유 개념[38]에 따르면 칸트에서와는 달리 감성의 작용 속에서도 사유는 작동하고 있는 것이 된다. 이것은 곧 사유와 직관이 또는 사유능력과 감성이 통일적으로 작용할 수 있으며 이미 실제로 그러하다는 점을 함축하는 것이다.

그 다음으로, 이 인용문에서 헤겔은 자신의 인식 개념에 대해 언급하고 있다. 말하자면 진정한 인식으로서의 철학적 인식이란 사유의 한 특수한 방식이며, 이것은 곧 사유의 형식 속에 존재하는 사유가 될 것이다. 그런데 이것이 궁극적으로 도달해야 할 인식의 단계라고 한다면 헤겔은 다른 형식으로 존재하는 사유, 즉 직관이나 표상의 형식으로 존재하는 사유를 인식이라는 관점에서 단지 도외시하고 있는가? 그렇지는 않다. 그는 사실상 다른 형식으로 존재하는 사유를 우리가 궁극적 인식으로 가기 위해 거쳐야 할 단계로 보고 있다. 예컨대 그는 감성적 직관에 대해서 이것이 철학적 인식에 이르기 위한 전 단계이자 조건이라고 주장하고 있으며[39] 표상에 대해서는 다음과 같이 말하고 있다.

> "[…] 의식은 시간상으로 보아 대상들의 **개념**보다 **표상**을 먼저 만드는 것이며, **사유하는** 정신은 심지어 오직 표상을 **통해서**만 그리고 표상**을** 거쳐서만 사유하는 인식과 개념적 파악에 이른다".[40]

---

37) 이와 관련된 헤겔의 견해를 이해하기 위해 우리는 다음의 내용을 참조할 필요가 있을 것이다. "인간의 모든 직관작용(Anschauen) 속에는 사유작용(Denken)이 존재한다; 이와 같이 사유라는 것은 모든 표상들, 기억들 그리고 모든 정신적 활동 일반, 즉 모든 욕구, 모든 기대 등등에 존재하는 보편적인 것이다. 여기 열거한 이 모든 것들은 단지 사유작용의 특수한 양태들인 것이다. 우리가 사유를 이런 식으로 파악하면 사유는 우리가 다음과 같이 말할 때와는 다른－즉 우리가 여타의 능력들, 말하자면 직관, 표상, 욕구 등등의 능력들과 더불어 그리고 이것들 외에 사유능력을 가지고 있다는 식으로 말할 때와는 다른 연관성 속에서 나타난다. 우리가 사유를 모든 자연적이고 정신적인 것들에 존재하는 진정한 보편자(das wahrhaft Allgemeine)로 고찰한다면, 사유는 이 모든 것들을 포괄하는 것이자 이 모든 것들의 토대(die Grundlage)이다". Enz. I, § 24, Zus. 1.

38) 슈내델바흐(H. Schnädelbach)는 헤겔의 사유 개념을 지칭하기 위해 "포괄적 사유 개념"이란 표현을 사용한다. Drüe, H. … [et al.], *Hegels "Enzyklopädie der philosophischen Wissenschaften" (1830) : ein Kommentar zum Systemgrundriss*, Frankfurt a. M., 2000. pp. 27-8 참조.

39) WdL II, 259-260.

이뿐만 아니라 헤겔은 감성 또는 직관이 지닐 수 있는 특수성에 대해서도 고려하고 있다. 우리가 이러한 감성적 요소를 사유와 분리시켜 감성적인 것 그 자체로서만 고찰해 보기로 한다면, 이 때 우리는 물론 그것이 갖는 사유와의 차이점을 밝혀볼 수 있다. 헤겔에 따르면 사유와 구분되는 감성적 요소가 갖는 특수한 규정은 개별성(Einzelheit)과 상호외재성(Außereinander)이다.[41] 즉 감성의 표상들이란 개별적이며 또 서로 외적으로 무관하게 동떨어져 존재한다. 우리는 여기서 칸트 또한 감성의 표상으로서의 직관을 개별적 표상으로 지칭했음을 상기해볼 수 있다.[42] 그런데 이러한 개별적 표상은 그 자체로는 결코 인식이 될 수 없는 것이며, 이것은 헤겔에서뿐 아니라 칸트에게서도 마찬가지이다. 즉 칸트에 따르면 인식이란 언제나 "비교되고 결합된 표상들의 한 전체"인 것이며,[43] 개별적인 것 그 자체나 결합을 포함하지 않고 존재하는 그 어떤 표상도 인식이 될 수 없다. 헤겔에 있어서도 역시 인식은 언제나 종합과 매개를 필요로 하는 것이며 이것을 가능하게 하는 것은 바로 사유이다. 이와 같이 헤겔은 감성적 요소의 특수성을 인정하고 있긴 하지만, 칸트처럼 감성에 인식의 독자적인 한 원천이라는 지위를 결코 부여하지 않으며 이를 포괄적인 사유 개념 속에서의 한 계기로 파악하고 있다.

헤겔의 이러한 인식론적 입장을 염두에 두고 볼 때, 우리의 주제와 관련하여 중요한 것은[44] 과연 그의 이러한 입장이 우리가 칸트에게서 본 바와 같은 결함을 극복한 것이 될 수 있는가 하는 점이다. 이러한 문제의식 하에서 **첫째로** 지적할 수 있는 것은, 우선 헤겔의 입장은 적어도 칸트처럼 "통일이 불가능한 것으로 언명된 것을 하나로 통일시키는 비일관성"에 빠지지 않는다는 것이다. 헤겔에게서 사유능력은－칸트 자신이 적어도 부분적으로 인정한 바와 같이－보편적인 것으로서 스스로 감성을 매개하고 직관을 규정하는 역할을 하기 때문에, 이미 사유능력은 통일의 능력으로서 작용하고 있는 것이 되며 따라서 헤겔은 지금 언급

40) Enz. I, § 1.
41) Enz. I, § 20.
42) 각주 8) 참조.
43) KrV A 97.
44) 칸트와는 뚜렷이 구분되는 이러한 헤겔의 인식론적 입장이 그 자체로 어떻게 정당화될 수 있는가를 논증하는 것은 본 논문이 설정한 과제가 아닌 까닭에, 이에 대한 더 이상의 논의는 다음 기회로 미룬다.

한 칸트의 문제로부터 자유롭다는 것이다. 또한 이를 다른 각도에서 보아 부연한다면, 헤겔의 입장은 칸트처럼 전적으로 이질적인 표상들을 매개하기 위해 제 3의 표상과 제 3의 능력을 도입한 후, 이 제 3의 능력과 오성의 관계를 재설정하는 과정에서 또다시 비일관적인 설명을 하게 되는 문제에 봉착하지 않는다는 것이다.

둘째로, 칸트는 인식에 있어 내용은 직관이 제공하는 것이고 그 형식을 이루는 것이 사유 또는 개념이라고 주장함으로써,[45] 오성과 감성, 사유와 직관의 이원적 입장을 뚜렷이 밝힌 바 있다. 이러한 칸트의 주장에 따르면 인식의 모든 내용은 사유의 외부로부터 오게 되며 이런 방식으로 인식에 있어 사유는 직관에 의해 제약된다. 따라서 사유는 인식의 내용에 아무런 기여도 하지 못하게 된다. 그러나 헤겔은 위에서 언급한 바처럼 실제로 직관 속에서도 사유가 작동하고 있으며 또한 직관 속에도 사유의 내용이 존재함을 말함으로써 칸트 식의 이분법에 반대하고 사유가 직관에 의해 제약되지 않음을 분명히 한다.

그런데 여기서 우리는 다음과 같은 물음을 던져볼 수 있다. 만약 칸트의 주장대로 인식의 모든 내용이 직관으로부터 온다면 개념들 간의 내용적 차이는 어디서 오는 것인가? 도대체 개념들 간에는 아무런 내용적 차이도 존재하지 않는 것인가? 물론 우리는 경험적 개념이 순수하지 않으므로 여기에는 직관적 내용이 결합되어 있고, 이러한 직관내용이 경험적 개념들의 차이를 만드는 것이라는 대답을 구할 수 있을 것이다. 만약 이 대답을 수용한다면 순수 오성개념으로서의 범주들 간의 구분과 차이는 또 어떻게 가능한 것인가? 이러한 차이는 내용적 차이가 아닌가? 이러한 질문에 대하여 우리는 또 한 번 칸트를 변호하여 그가 본래적 의미에서의 내용, 즉 직관에서 오는 내용과 '개념적 내용'을 구분한다는 답변을 시도해볼 수 있을 것이다. 즉 본래 내용이란 것은 직관으로부터 주어지지만, 특수하고도 한정된 의미에서 개념적 내용이라는 것도 존재하며, 개념들끼리는 그런 개념적 내용에 있어 상이할 수 있으나 이러한 내용은 인식에 별다른 기여를 하지 못한다고 말이다. 그렇다면 우리는 또 이러한 답변과 칸트의 주장, 즉 직관적 내용이 없는 "사유는 공허(leer)"하다는,[46] 즉 어떤 의미로든 아무런 내용이 없다는 주장이 도대

45) KrV B 75, B 288.

체 양립 가능할 수 있는지에 대한 문제에 부딪칠 수밖에 없게 된다. 게다가 칸트는 네 가지 항목으로 구성된 그의 범주표를 설명하면서 각 항목에는 세 가지의 범주가 속하는데 "첫째 범주와 둘째 범주의 결합(Verbindung)으로부터" 셋째 범주가 발생한다고 주장하고 있다.[47] 그렇다면 세세한 논의는 차치하고라도 여기서 첫째 범주와 둘째 범주는 이 셋째 범주의 내용을 이루고 있는 것이 아닌가? 만약 여기서 범주의 내용이 인정된다면 이것은 개념이 공허하다는 주장과는 양립이 불가능할 것이다. 여기서 우리는 다시 한 번 칸트의 인식론적 입장에서 나타나는 비일관적인 측면을 목도하게 된다. 헤겔은 이런 비일관성과 관련된 문제로부터 자유로우며 또 그런 의미에서 칸트보다 우월한 입장에 서 있다고 할 수 있는데, 그것은 첫째로 그에 따르면 사유가 그리고 사유규정이 공허한 형식이 아니라 내용을 지니고 있기 때문이다. 둘째로 헤겔에게서 직관이란 사유와 전적으로 분리되어 사유 바깥에 존재하는 것이 아니며, 인식과 관련하여 모든 직관 속에는 언제나 사유가 존재하기 때문이다.[48]

---

46) 각주 7) 참조.

47) KrV B 110-111.

48) 우리의 주제와 관련하여 분석철학적 전통에 서 있는 한 철학자가 칸트의 인식론적 이원론은 더 이상 견지될 수 없는 것이며, 실상은 칸트 자신도 인식에 있어 감성적 표상, 즉 직관 속에 이미 "개념적 매개"가 들어 있음을 주장했다는, 상당히 비정통적이라 할 수 있는 입장을 표명한 바 있다. 직관 속에 이미 "개념적 매개"가 들어 있다는 주장은 오히려 매우 헤겔적으로 들리는데, 이러한 입장의 주인공은 최근 영미권의 칸트 및 헤겔 논의에서 중심적인 역할을 하고 있는 철학자 중의 하나이며 국내에도 비교적 잘 알려져 있는 맥도웰이다. 그의 독특한 칸트 해석에 따르면, 직관 자체가 이미 "논리적 구조"를 지니고 있으며, 따라서 인식론적으로 보아 직관 또는 감성이 사유능력에 대하여 독립적인 성격을 지닐 수 없음을 칸트 자신이 이미 시사하고 있다는 것이다. 물론 그의 해석 속에서 나타나는, 이른바 칸트의 주장이란 것이 헤겔의 인식론적 입장과 동일한 것인지는 논란의 여지가 있지만, 맥도웰 자신은 이미 그의 이러한 해석이 헤겔적으로 들린다는 것을 인정하고 있을 뿐 아니라, 자신의 해석 속에서 칸트와 헤겔 간의 이론적 연속성이 드러나기를 기대하고 있다. 이러한 맥도웰의 해석을 보다 상세히 고찰하는 것은 본 논문이 설정한 틀을 벗어나므로 더 이상의 논의를 펼칠 수는 없으나 맥도웰의 예는 헤겔 사상이 현대적 논의 속에서도 여전히 그 생명력을 발휘하고 있음을 잘 드러내고 있는 경우가 될 것이다. McDowell, J., "Hegel and the Myth of the Given", in W. Welsch u. K. Vieweg(Hrsg.), *Das Interesse des Denkens: Hegel aus heutiger Sicht*, München, 2003(2007 printing), pp. 76-82 참조; "Selbstbestimmende Subjektivität und externer Zwang", in Ch. Halbig, M. Quante und L. Siep(Hrsg.), *Hegels Erbe*, Suhrkamp, 2004, pp. 192-200 참조; *Mind and world*, Cambridge, Mass., 1994, pp. 9-10, 39 참조.

V. 맺는 말

이상에서 우리는 헤겔이 이원론적 체계라고 부르며 비판을 가하고 있는 칸트 철학에서 주로 인식론적 측면에 초점을 맞추어 그 비판의 내용과 정당성에 대하여 고찰하였다. 또한 우리는 헤겔이 자신의 비판과 더불어 어떤 대안적 입장을 내세우고 있으며, 이것은 어떤 의미에서 칸트 인식론의 결함을 극복한 것이 될 수 있는가를 살펴보았다.

직관과 개념, 감성과 오성의 이원론으로부터 출발하는 칸트의 인식론은 전적으로 상이한 것으로 명시된 두 인식요소가 결합 또는 통일되어 인식을 산출한다는 것을 골자로 삼는 까닭에, 이렇듯 상이한 인식요소가 어떻게 결합될 수 있는지를 해명해야만 하는 과제를 떠안게 된다. 그런데 이러한 과제를 해결하는 칸트의 시도 속에서 우리는 헤겔이 말하는 근본적인 비일관성, 즉 "**통일이 불가능한(unvereinbar)** 것으로 언명된 것을 **하나로 통일시키는** 비일관성"으로부터 파생된, 또 이와 결부된, 칸트의 비일관적인 설명들을 발견할 수 있었다. 이러한 문제는 칸트 인식론의 핵심적 내용을 형성하는 종합에 관한 이론과 도식론 그리고 인식능력들에 관한 이론 등 여러 대목에서 등장하고 있다. 따라서 우리는 이로부터 헤겔이 가하는 비판의 정당성을 확인할 수 있다. 그런데 우리가 발견한 이러한 비일관적 측면들은 헤겔에 따르면 칸트의 이원론적 체계로부터 나타나는 불가피한 귀결들이며, 이것은 칸트의 체계 내에서는 극복될 수 없다.

헤겔은 자신의 칸트 비판과 더불어 그 자신의 대안적 인식론을 제시하고 있다. 그의 인식론적 입장은 한편으로는 칸트의 그것을 전적으로 부정하는 것은 아니다. 즉 우리의 인식의 과정에서 감성적 요소가 사유와 결합되어 나타날 수 있다는 사실을 헤겔은 부정하지 않는다. 또한 그가 사유에 종합과 매개의 능력을 부여한다는 점은 부분적으로는 칸트의 주장과도 일치한다. 다른 한편, 헤겔은 칸트의 인식론이 범하게 되는 비일관성으로부터 벗어나 인식의 본성에 관한 보다 정합적이고 일관된 서술을 전개하고 있는데, 이로부터 우리는 그가 적어도 바로 이러한 점에서 칸트 인식론의 결함을 극복한 입장에 서 있다고 간주할 수 있다.

참고 문헌

1. 1차문헌

Kant, I, *Kritik der reinen Vernunft*(= KrV), hrsg. Raymund Schmidt, Hamburg, 1956.

_____, Werke in sechs Bänden(=WS), hrsg. von W. Weischedel, Darmstadt, 1956-64 (Nachdruck, 1983).

_____, *Immanuel kants Logik*, hrsg. von G. B. Jäsche, Königsberg, 1800, WS, Bd. III.-, *Über die von der König. Akademie der Wissenschaften zu Berlin für das Jahr 791 ausgesetzte Preisfrage:Welches sind die wirklichen Fortschritte, die die Metaphysik seit Leibnitzens und Wolff's Zeiten in Deutschland gemacht hat? (= Fortschritte der Metaphysik),* WS, Bd. III.

Hegel, G. W. F., *Werke* in 20 Bänden. Theorie-Werkausgabe(=TWA), hrsg. von E. Moldenhauer und K. M. Michel, Frankfurt a. M., 1969ff.

_____, *Glauben und Wissen oder Reflexionsphilosophie der Subjektivität in der Vollständigkeit ihrer Formen als Kantische, Jacobische und Fichtesche Philosophie*, TWA, Bd. 2.

_____, *Wissenschaft der Logik II*, TWA, Bd. 6.

_____, *Enzyklopädie der philosophischen Wissenschaften im Grundrisse* 1830, (Erster Teil: Die Wissenschaft der Logik mit den mündlichen Zusätzen), (=Enz. I), TWA, Bd. 8.

2. 2차문헌

Ameriks, K., "Hegel's Critique of Kant's Theoretical Philosophy", *Philosophy and phenomeological Research*, Vol. 46, No. 1, 1985, pp. 1-35.

Bird, G., "Hegel's Account of Kant's Epistemology in the Lectures on the History of Philosophy and on Aesthetics," in *Hegel's Critique of Kant*, ed. S. Priest, Oxford, 1987, pp. 65-76.

Drüe, H. ··· [et al.], *Hegels 'Enzyklopädie der philosophischen Wissenschaften' (1830) : ein Kommentar zum Systemgrundriss*, Frankfurt a. M., 2000.

Guyer, P., "Thought and being: Hegel's Critique of Kant's Theoretical Philosophy", in F. C. Beiser(ed.), *The Cambridge Companion to Hegel,* Cambridge/New York, 1993, pp. 170-210.

_____, "Absolute Idealism and the rejection of kantian dualism", in K. Ameriks(ed.), *The Cambridge Companion to German Idealism*, Cambridge/New York, 2000, pp. 37-56.

Halbig, Ch., "Das <Erkennen solches>", in Ch. Halbig, M. Quante, und L. Siep (Hrsg.), *Hegels Erbe*, Frankfurt a. M., 2004, pp. 138-163.

Heidegger, M., *Kant und das Problem der Metaphysik*, in Gesammtausgabe, I. Abt. Bd. 3, Frankfurt a. Main: V. Klostermann, 1991.

Longuenesse, B., *Kant and the Capacity to Judge*, trans. by C. T. Wolfe, Princeton, New Jersey, 1998.

McDowell, J., *Mind and world*, Cambridge, Mass. : Harvard University Press, 1994.

_____, "Selbstbestimmende Subjektivität und externer Zwang", in Ch. Halbig, M. Quante, und L. Siep(Hrsg.), *Hegels Erbe*, Frankfurt a. M., 2004, pp. 184-208.

_____, "Hegel and the Myth of the Given", in W. Welsch u. K. Vieweg(Hrsg.), *Das Interesse des Denkens: Hegel aus heutiger Sicht*, München, 2003 (2007 printing), pp. 75-88.

Parkinson, G. H. R., "The Intellectualization of Appearances": Aspects of Leibniz's Theory of Sensation and Thought", in M. Hooker(ed.), *Leibniz: Critical and Interpretive Essays*, Minneapolis, 1982, pp. 3-20.

Pedlebury, M., "Making Sense of Kant's Schematism", *Philosophy of Phenomenological Research*, Vol. 55, 1995, pp. 777-797.

Scherer, I., "The Problem of the A Priori in Sensibility: Revisiting Kant's and Hegel's Theories of the Senses", *The Review of Metaphysics*, vol. 52, 1998, pp. 341-367.

Sedgwick, S. "Hegel's Critique of Kant: An Overview", in G. Bird(ed.), *A Commpanion to Kant,* Malden, Mass, 2006, pp. 473-485.

Seel, G., "Die Einleitung in die Analytik der Grundsätze, der Schematismus und die obersten Grundsätze, in G. Mohr und M. Willaschek (Hrsg.),

Immanuel Kant. Kritik der reinen Vernunft, Berlin, 1998, pp. 217-246.

Waxman, W., "Kant's Det to the British Empirists, in G. Bird(ed.), *A Companion to Kant,* Malden, MA, 2006, pp. 93-107.

Warnock, G. J., "Concepts and Schematism", *Analysis*, Vol. 9, 1949, pp. 77-82.

권대중, 「헤겔의 <이론 정신 철학>에서의 "사유"」, 『헤겔과 정신』(『헤겔연구』 12집), 2002, 310-339쪽.

소병일, 「헤겔 철학에서 나타난 감성의 운동 구조」, 『헤겔연구』 18집, 2005, 147-179쪽.

Hegels Kritik am erkenntnistheoretischen Dualismus von Kant

Park, Bai Hyoung

Zusammenfassung

Hegel bezeichnet Kants philosophisches System als dualistisch. Aus erkenntnistheoretischer Sicht besteht Kants Dualismus in seiner Unterscheidung zwischen Verstand und Sinnlichket, zwischen Begriff und Anschauung. Diese zwei Arten von Vorstellungen sind nach Kant ganz ungleichartig, aber stellen zwei Elemente der Erkenntnis dar. Und die zwei Erkenntnisvermögen werden von Kant zwei Grudquellen genannt, aus denen unsere Erkenntnis entspringen soll. Weil er die zwei Elemente eben als ganz ungleichartig und selbständig ansieht, muss er das Problem lösen, wie sich solche Elemente miteinander verknüpfen und dadurch zur Erkenntnis werden.

Hegel sieht in Kantischem Dualismus einen Grundmangel, der nach ihm sich durch die Inkonsequenz zeigen soll, "das zu vereinen, was einen Augenblick vorher als unvereinbar erklärt worden ist". Diese Inkonsequenz ist nach Hegels Ansicht innerhalb Kantischen Dualismus unlösbar. Die Frage ist nun, ob Hegels Kant-Kritik und seine Einschätzung des Kantischen Systems bezüglich des genannten Inkonsequenzproblems zu rechtfertigen ist.

Kants Versuch, dieses Problem zu lösen, ist nicht erfolgreich, indem sein Begriff des Schemas, das von der Einbildungskraft produziert wird und das zwischen Anschauung und Begriff vemitteln soll, und seine Lehre der Synthesis weitere Inkonsequenzprobleme hervorbringen. Daraus ergibt sich, dass Hegels Kritik und seine Einschätzung gültig sind.

Hegel sieht nicht nur Probleme in Kantischem Dualismus, sondern liefert auch seine eigene Theorie, welche ein neues Verhältnis der Anschauung zum Denken beinhaltet und welche die immaneten Probleme in Kants Position überwinden soll.

Diese Theorie, die nicht dualistisch ist aber Kants Position nicht völlig verwirft, kann in dem Sinne als eine bessere angesehen werden, dass sie zumindest von den Problemen befreit ist, die Kants Erkenntnistheorie in sich enthält.

Key Words : Kant, Hegel, Erkenntnistheorie, Dualismus, Sinnlichkeit, Verstand, Einbildungskraft, Begriff, Anschauung, Schema, Synthesis

• 투고일: 2011.05.01. 심사완료일: 2011.05.09. 게재확정일: 2011.05.10.

박배형 선생님의 '칸트의 인식론적 이원론에 대한 헤겔의 비판'에 대한 논평

조 종 화

박배형 선생님(이하 필자)은 이 글에서 칸트의 '이원론'과 이에 대한 헤겔의 '이원론적 평가 및 비판' 그리고 이 '평가와 비판의 정당성'과 '헤겔의 대안'을 '인식론적 측면을 중심으로' 추적한다.(1장) 우선적으로 칸트의 인식론과 관련해서 칸트의 라이프니츠와 로크 철학의 비판을 필자는 칸트의 관점에서 각각 '현상의 지성화'와 '오성개념들의 감성화'로 파악한다. 그리고 이에 대한 칸트의 새로운 대안을 필자는 인식의 두 원천, 즉 감성과 오성 또는 직관과 개념 그리고 이 양자의 통일, 칸트의 용어로 말하자면 결합 또는 종합에서 찾는다. 여기에서 필자는 칸트 인식론의 특징을 1) 인식의 두 원천은 감성과 오성, 직관과 개념이고 2) 이들은 서로 '독립적'이며 '동등한 지위'를 가지며 3) 또한 서로 '상이'하고 '이질적'이며 '대립적'이라는 점 그리고 4) 인식은 이 두 원천의 결합, 통일을 통해서 이루어진다는 점에서 파악한다.(2장)

이것을 필자는 칸트의 관점에 따라 '인식의 두 원천', 이 양자의 종합을 위한 '요청'으로서 '제 3자로서의 상상력', 이 상상력의 활동의 결과로서 '도식' 그리고 '상상력과 오성의 관계' 또는 '도식과 종합의 관계'를 순차적으로 논의 전개한다. 이 논의전개에서 필자는 한편으로 칸트 철학에서 '극복될 수 없는 비일관적인 측면'을 제시하는 것과 다른 한편으로 '헤겔이 가하는 비판의 정당성을 확인'하고 그리고 헤겔철학이 '칸트의 인식론이 범하게 되는 비일관성으로부터 벗어나 인식의 본성에 관한 보다 정합적이고 일관된 서술을 전개'(5장)한다는 측면을 보이는 것을 주요 목표로 삼는다. 그리고 마지막으로 필자는 헤겔의 대안은 감성을 사유와 '전적으로 이질적인 능력으로 보는 견해에 반대'하며 그리고

사유를 감성 속에서도 작용하는 '포괄적이고도 보편적인 사유 개념'으로 파악한다고 주장한다.(4장)

논의를 활성화하고 이해를 심화시키기 위한 질문:

필자는 우선적으로 칸트의 인식론적 이원론이 감성과 오성이라는 인식의 두 원천을 상정한다는 점에서 본다. 이것들은 칸트의 철학에서는 완전히 서로 '독립적'이며 '동등한 지위'를 가지면 전적으로 '상이한' '이질적인' 것으로 간주되며, 인식은 이 양자의 결합 또는 종합을 통해서 이루어진다. 이 때문에 헤겔은 칸트의 인식론적인 이원론이 '근본적 결함'을 가지고 있는데, 왜냐하면 이 이원론은 '통일이 불가능한 것으로 언명된 것을 하나로 통일시키는 비일관성'을 포함하기 때문이다.(1장) 그래서 필자는 헤겔이 감성과 사유(오성)의 관계를 칸트보다 더 '정합적이고 일관된' 방식에서 '포괄적이고도 보편적인 사유 개념'을 가지고 파악한다고 주장한다. 그런데 이 인식의 원천들 그리고 이 원천들의 상호관계와 관련해서 칸트철학과 헤겔철학을 '보다 더 정합적이고 일관된 방식'이라는 기준을 가지고 비교하는 것이 어느 정도 타당성이 있는지? 더 나아가 일반적으로 칸트철학과 헤겔철학의 관계에 대해서 필자의 관점을 듣고 싶다.

일반적으로 감성과 오성의 결합 또는 통일의 문제는 칸트철학에서 근본적으로 '선험적 종합판단의 가능성 물음'과 '선험적(초월적) 연역'의 문제와 밀접히 관련되어있다. 그런데 필자는 저 물음을 '순수오성개념의 도식성'과 관련해서 대답을 찾는다. 서로 동등한 위상을 갖는 이질적인 두 종류의 인식 원천들이 어떻게 결합되어 인식을 낳는 것이 가능한가, 다시 말해 범주의 현상에 적용가능성 물음은 '상상력'과 '제 3자로서의 초월적 도식'을 요청한다. 그래서 필자는 다음과 같이 요약한다. '오성의 표상과 감성의 표상은 전적으로 이질적이어서 서로 직접적으로는 통일될 수 없으므로 이를 매개시켜 주는 제 3의 표상이 요청되는데, 이것은 상상력의 표상으로서 동시에 지성적이고 감성적인 성격을 갖는다. 그리고 이 상상력의 표상을 일러 칸트는 초월적 도식"이라 부른다.(2장) 이와 연관해서 필자는 어떠한 이유에서 선험적 연역의 문제를 도외시하고 선험적 도식론을 자신의 논변으로 사용하는지? 또한 선험적 연역과 선험적 도식론의 관계 또는 ≪순수이성비판≫에서 선험적 도식론의 위상에 대해서 필자의 견해는?

필자는 칸트철학에게서 '상상력의 고유한 활동'이 '종합'이라는 측면과 그리고 오성도 직관의 다양을 종합하는 '사유의 자발성'이라는 측면을 부각시키면서 상상력과 오성의 관계를 추구한다. 그리고 이 관계와 관련해서 필자는 우선적으로 각주에서 하이데거적인 감성과 오성의 상상력에로의 '환원'을 비판적으로 서술하고 다음과 같이 주장한다. 칸트철학은 '상상력의 지위와 역할에 대한, 또 상상력과 오성 그리고 감성의 관계에 대한 칸트의 입장이 정확히 무엇인지는 결코 쉽사리 단정할 수 있는 일이 아니다'라는 유보적이지만 '비일관적인 측면'을 갖는다고. 이와 같이 비일관적인 측면을 갖는다고 하더라도 필자는 칸트철학에서 상상력과 오성의 관계를 다음과 같이 정리한다. '상상력은 인식에 있어 오성이 제공하는 규칙에 따라 종합작용을 행하는 것'이고, '요약하자면 상상력은 오성의 활동 속에서 제공되는 규칙인 범주들에 따라 종합을 행함으로써 인식에 기여하고, 이런 방식으로 상상력과 오성 양자는 모두 종합에 관여하는 것이다.'(3장) 그렇다면 '오성이 제공하는 규칙에 따라 주어진 직관의 다양을 종합하는 상상력'은 일반적으로 칸트철학에서 사용되는 '재생적 상상력'과 어떠한 관련이 있는지? 더 나아가 필자에 의해 오성과 상상력의 관계에서 정의된 상상력은 또 다른 상상력, 즉 '생산적 상상력'과 어떠한 관계에 있는지? 이 물음은 전반적으로 칸트철학 전반과 관련해서 많은 논쟁을 일으키는 '상상력의 위상 물음'과 밀접히 관련되어 있다.

이와 같은 비일관성은 오성과 감성의 관계에서도 나타난다고 필자는 생각한다. 즉 한편으로 양자는 서로 독립적이고 동등한 위상을 가지며, 서로 이질적이나, 다른 한편으로 칸트는 오성의 우위성, 다시 말해 오성을 통한 감성의 규정가능성을 주장한다.(3장) 논평자가 보기에 칸트철학에서 다음과 같은 관점, '인식론적인 의미'에서 오성과 감성의 이원성, 다시 말해 양자의 독립성과 동등한 지위와 그리고 오성의 우위성, 다시 말해 오성을 통한 감성의 규정가능성과 그리고 '(존재론적－)인간학적인 의미'(유한한 인간의 운명!)에서 오성과 감성의 철저한 이원론적 관점은 구별되어야 한다고 본다. 논평자가 보기에 칸트는 후자의 관점을 근본으로 해서 전자의 관점을 근거 지운다고 생각한다.(이것은 칸트의 피히테와의 관계에서도 잘 나타남) 그리고 이것은 필자가 파악하는 헤겔의 대안과도 또한 전적으로 다른 관점을 제시한다. 필자가 파악한 헤겔의 대안은 1) 헤겔이 사유를 '포괄적이고도 보편적인 사유 개념'으로 파악한다는 점, 이에 따르자면 감성과 사유의 차이는 단지 형식적인 차이이며, 내용적으로는 이질적이지 않고, 양자는 '하나의 동일한' 내용을 가진다. 이 때문에 '헤겔은 … 칸트처럼 감성에 인식의 독자적인 한 원천이라는 지위를 결코 부여하지 않으며 이를 포괄적인 사유 개념 속에서의 한 계기로 파악하고 있다.' 2) 이 관점으로부터 필연적으로 귀결되는 바, 헤겔은 '철학적 인식이란 사유의 한 특수한 방식이며, … 인식이 도달해야 하는 궁극적인 단계'이고, 그 밖의 다른 형식들, 말하자면 직관과 표상 형식에 의한 인식은 '우리가 궁극적 인식으로 가기 위해 거쳐야 할 단계'로 간주한다.(4장) 그렇다면 필자는 논평자가 위에서 제시한 두 관점, 즉 '인식론적인 관점'과 '(존재론적－)인간학적인 관점'을 구분하는 것과 후자의 관점에 근거한 전자의 관점의 근거지움의 관계에 대해서 어떻게 생각하는지?

마지막으로 간단한 질문: 칸트의 인식론적 이원론에 대한 헤겔의 비판에서 필자는 헤겔의 관점을 지지하기 위해 단지 '감성과 사유(오성)의 관계에 대한 재설정'만을 논변으로 제시하는 것 같다. 혹시 이 논변 이외에 헤겔이 칸트의 인식론적 이원론을 비판하기 위해 사용할 수 있는 다른 논변들이 있는지?

헤겔에서 언어의 사변적 본성

하 광 언

요약문

헤겔 언어철학의 핵심은 "언어는 정신의 현존재이다"라는 명제에 함축적으로 집약돼 있다. 헤겔 사변 철학의 입장에서 볼 때 언어는 주관적 정신이 직관과 표상을 통해 자기 자신을 대타 존재의 형식으로 외화한 것이다.

헤겔 언어철학의 특성은 그가 체계로서 주관적 정신의 전개를 기술하면서 여기에 언어를 병치시키거나 속성화하지 않고 직관−표상−사유라는 이론적 정신의 계기들을 언어 생성 과정과 동일성의 차원에서 일치시키고 있다는 점이다.

헤겔에게서 지성적 직관은 객체를 가지며, 그 객체는 심상이다. 심상은 이론적 정신의 즉자적 형태이며 즉자적 의식의 대상에 대응하는 정신의 소재이다. 헤겔의 직관은 다양한 규정을 자신 안에 함유한 단순한 직접성으로서 하나의 규정에서 시작해서 다른 규정으로 진전해 가는 그리고 다시 처음 규정으로 복귀하는 지성의 활동성이다.

이 직관적 소재는 이론적 정신의 직관, 표상, 사유의 발전 단계에서 사물로서 실현되고 언어로 현존하게 된다. 여기서 대상의 현존은 직관에 의해 존재 또는 순수존재로 포착되며 그 내용을 사상하고 정신에 직접 정립된다. 표상은 내화된 직관으로서 지성의 '직접적인 자기규정－존립(unmittelbares Bestimmt-sich-Finden)'인 직관과 스스로 자유 가운데 있는 지성 즉 사유 사이에서 매개로 작용한다. 이제 직관은 표상을 매개로 자기 고유의 심상을 자의적으로 기호의 형태로 바꿈으로써 자기를 외화하고 사유 즉 자유로운 정신으로 고양될 수 있게 된 것이다.

헤겔에게서 기호는 소리 혹은 음성이다. 헤겔에 따르면 음성은 감각이나 직관, 표상 등 다른 직접적인 계기들보다 더 고차적인 지성의 현존 형식이 된다. 표상 단계의 상상력에서 자기 직관이 곧 기호로 규정되고 있다.

지성은 기억(Gedächtnis)으로서, 처음의 직접적인 직관에 대해 상기(Erinnerung)로서 투과한 것과 같은 '내화'의 몇 가지 활동을 기호로서의 직관에 대해서도 실행한다. 상기 때의 결합은 기호이지만, 기억으로서 지성은 이 기호를 자기의 것으로 삼으면서 그 기호가 지닌 개별적인 결합을 이름과 의미가 객관적으로 결합된 보편적 결합 즉 '지속되는 결합(bleibende Verknüpfung)'으로 높인다. 이것이 '이름을 유지하는 기억(das Namen behaltende Gedächtnis)'으로서 개념적 사유 활동의 장을 열어나가는 결정적 계기가 되는 것이다.

헤겔에 따르면 기억의 산물 곧 사상(Gedanke)은 사태이며 주관적인 것과 객관적인 것의 단순한 동일성이다. 또한 헤겔은 지성은 사유된 것(만)이 존재한다는 것 즉 존재하는 것은 그것이 사상인 한에서만 존재한다는 것을 알고 있다고 말한다. 이것은 지성이 스스로 사유와 존재, 주관적인 것과 객관적인 것의 통일, 존재하는 모든 것의 의식내 존재를 언표하는 것이며, 따라서 사유 자체의 운동은 사유 혹은 존재가 그 스스로를 안다는 것과 같은 의미라는 사실을 말하는 것이다.

다시 말하면 사상 즉 언어에서 지성은 자기를 지성으로 자각하며 스스로가 즉자적으로 정신이라는 것을 아는 것이다. 이것을 언표하는 것이 사변적 명제이며 언어가 정신의 현존재라는 것도 이 명제에서 비로소 현실적인 것이 된다.

● 주요어 : 언어, 사변, 직관, 표상, 사유, 상상력, 기억

Ⅰ. 서론: 언어철학에서 헤겔의 위치

“언어는 직접적인 자아로서 정신의 현존재이다(Die Sprache ist das Dasein des Geis-tes als unmittelbaren Selbsts)”[1]－이 명제는 헤겔이 말하는 언어의 사변적 성질과 변증법적 특성을 가장 함축적으로 나타내고 있을 뿐만 아니라 플라톤 이후 지금까지 언어(철)학의 지속적인 관심 대상이 되어온 언어의 기원 문제와도 본질적인 관계에 있다. 이 글의 일차적인 목적이 언어철학에 있어서 헤겔과 그 전후 사상가들 간의 방법론적 차이점을 밝히는데 있음에도 이 영역에서 아직 “수수께끼”로 남아 있는[2] 언어의 기원 문제를 본 논의에 포함시키고자 하는 필자의 의도도 바로 여기에 있다.

르네상스 발흥기인 14세기 초에 유럽에서 언어인본주의(Sprachhumanismus)가 싹튼 후[3] 언어는 신적 로고스에서 해방돼 인간 정신 세계에서 인문적

---

1) G. W. F. Hegel, *Phänomenologie des Geistes,* in: *Werke in zwanzig Bänden (Theorie Werkausgabe)*, Redaktion von E. Moldenhauer & K. M. Michel, Frankfurt/M., 1970 (이하 TW로 약호), Bd 3. 490쪽.

2) 현재 전 세계적으로 5,000∼6,000개의 언어가 말해지고 있고, 인도유럽어 유형의 어족(Sprachstamm) 수도 수백 개로 추정되고 있으나, 사실상 20세기에 들어와서야 현재 수준의 문법 체계가 확립됐을 정도여서, 언어의 기원이나 본질 논의에는 한계가 있었다고 할 수밖에 없다. 어족 중심의 어원학(Etymologie)이나 형태론(Morphologie), 통사론(Syntax) 혹은 음운론(Phonologie) 등의 연구를 주도해온 계통발생학적 방법도 언어의 기원 문제나 본질 연구에는 제약 요인으로 작용했을 것이다. 사실상 언어학자들은 사어(Tote Sprach)에서 파생된 현재의 언어들로부터 원시 언어(Ursprache)를 재구성하는 방법으로 본질 규명 문제를 해결하려고 했을 것이다. 그러나 지금까지의 결과는 문자언어(음성언어가 아니다)의 역사가 6,000∼8,000년 이상을 거슬러 올라갈 수 없다는 것을 밝힌 데 지나지 않는다. 언어 연구의 방법에 관해서는 다음을 참조. P. Picq 외, 이효숙 옮김, 『언어의 기원』,알마, 2009, 43쪽, 83쪽 이하, 149쪽 이하. G. Yule, 이철수 옮김, 『언어의 연구』, 새문사, 1999, 221쪽 이하.

3) 아펠은 단테(1265∼1321)의 논문 『통속어 수사법』(*De vulgari eloquentia,*1304)을 신학 기반의 역사－발생적(historisch-genetisch) 언어학과 문자언어 형성 이론의 시작으로 간주하고 있다. 또 아펠이 단테를 언어인본주의의 선구자로 보는 것은 그가 고전 라틴어가 아닌 통속어(Vulgärsprache) 즉 모국어(Muttersprache)로 「신곡」을 썼을 뿐만 아니라, 이러한 활동을 통해 민중어를 ‘이론적으로 발견(theoretische Entdeckung)’함으로써 중세 정신이 지배하는 유럽 사회에 민족어에 대한 자각을 일깨웠기 때문이다. K. O. Apel, *Die Idee der Sprache-In der Tradition des Humanismus von Dante bis Vico*, Bouvier Verlag, Bonn, 1963. 104쪽 이하 참조.

소산을 풍요롭게 하는 통속적 지위를 획득하게 된다. 이 인본주의적 전통은 근대 합리주의와 경험론, 계몽사상기를 거쳐 계승되었으며, 독일관념론과 낭만주의 시기에 와서 언어는 정신적 실체의 내면성이 강조되는 가운데 그 본질 문제와 함께 중요한 철학적 사유의 주제가 되었다.

다음에 밝혀지겠지만 헤겔 사변철학의 입장에서 볼 때 언어는 주관적 정신이 직관과 표상을 통해 스스로에게 대상 형식을 부여함으로써 자기 자신을 '대타존재'의 형태로 외화한 것이며, 논리적인 측면에서는 인륜적 객관을 거쳐 절대지에 이르는 실천적 생(Leben)으로서 개념의 변증법적 운동이나 다름없는 것이다. 언어가 '체계'의 한 계기로서 정신의 현존재 형식으로 일반화되는 헤겔 언어철학의 특성 때문에 헤겔 당시의 관념론이나 낭만주의, 그 이후 현대 분석철학에 이르기까지 대부분의 관련 분야에서 적어도 언어의 본질이나 기원 문제와 관련해 헤겔의 방법과 원리가 공유되고 논의되는 공간을 찾기는 쉽지 않다. 헤겔과 동시대 사상가들과의 차이는 헤겔의 "야코비 서평"(TW, Bd.4, 434-439쪽 참조)에서 집중적으로 다뤄지는 매개(Vermittlung) 개념에도 단적으로 나타나 있다. 헤겔은 야코비의 신 인식(Erkenntnis Gottes) 즉 직접지에서 정신의 본질적 부정성, 절대적 실체로서 부정성인 자기매개가 결여되고 있는 점을 비판한다. 헤겔에게서 매개는 정신의 본질적 계기이며 직관과 사유를 결합하는 매개적 표상으로서 언어에 직접적으로 관계한다. (II, III장 참조)

헤겔에게 영향을 미친 신앙철학자 하만(J. G. Hamann)이 언어에 근거해 이성과 감각 경험의 분리 불가능성을 주장했다고 해도 위와 같은 차이가 극복되는 것은 아니다. 그에 의하면 세계는 '신의 언어' 즉 창조를 통해 피조물에게 하는 신의 말이다. 다시 말하면 창조행위 자체가 (동시에 그 결과물이) 언어인 것이다.[4] 하만은 이렇게 말한다.

> 같은 말(Wort)이나 다름없는 말을 세 번 반복해야 할 것 같다. 이성은 언어, 로고스이다 (Vernunft ist Sprache, λόγος).[5]

4) P. Edwards, (ed.), *The Encyclopedia of Philosophy*, The Macmillan Company & The Free Press, New york, 1967. Vol.3. 406쪽 이하 참조.

5) 하만에게 이성, 언어, 로고스는 동의적이다. W. H. Schmitt, "*Die logische Spannweite von Hamanns Satz: Vernunft ist Sprache*", in *Dimensionen der Sprache in der Philosophie des Deutschen Idealismus,* hrsg. von B. Scheer u. G. Wohlfart, Koenigshause, Würzburg, 1982, 188쪽에서 재인용.

하만은 독일낭만주의와 '로고스신비설(Logosmystik)'의 중심에서-그의 사상이 아니면 헤르더(J. G. Herder)나 훔볼트(W. Humboldt) 등의 언어학도 사유할 수 없다고 할 정도로-여러 사상가들에게 영향을 미쳤다.[6] 그러나 하만의 명제에서 언어철학의 내면적 계기가 강하게 표출되고 대부분의 낭만주의 사상가들에게서처럼 언어가 신적 현전임과 동시에 그 안에 역사적, 체험적 현실로서 심층적인 정신의 층이 나타난다고 해도 그것은 헤겔의 학적 체계의 통일성이나 현실성과는 구별되는 것이다. 본론에서 밝혀지겠지만 여기서 우리는 직접지로서 선험적인 직관과 절대적 부정성으로서 표상인 언어사이의 차이를 확인할 수 있다.

헤겔의 헤르더 평가 역시 헤르더가 베를린 아카데미에 제출한 현상논문「언어의 기원에 관하여」(1770)에서 "인간은 언어를 구사하도록 태어났다"고 주장했기 때문은 아닐 것이다. 이 논문에서 헤르더는 이렇게 주장한다.

> 양의 울음 소리를 듣고 어떤 사람이 그 소리를 양으로 식별했다면, 이 규정에 의해서 (즉 "양이다"라고 확정했으므로-필자 주) 그 소리는 양의 이름이 된다. 그 사람은 울음 소리로 양을 인식했다. 그 소리는 어떤 생각을 떠올리게 해준 확실한 기호였다. 그것이 곧 말(Wort)이다. 그리고 인간의 언어는 그러한 말들의 집적이다.[7]

사실상 여기서 헤르더가 말하고 있는 '소리'는 인공적인 음성 기호와는 무관한 '자연적 상징(Natürliche Symbolik)'에 속하는 것으로서 인간의 분별을 위해 환경으로부터 추상된 자연음을 언어의 본질적 의미에서의 말로 인정한 것과 같다.[8] 더구나 양의 울음 소리를 언어로 규정한다면 그

6) 라이프니츠나 칸트의 계몽사상, 이를테면 합리적 형이상학에 비판적인 입장에 있었던 독일 사상가로서 언어 문제에 천착한 사람들로는 하만 이외에 헤르더(J. G. Herder)와 훔볼트(K. W. Humboldt)가 있다. 이 가운데 언어가 철학의 중요한 분야로 자각되기 시작한 18,19세기에 독일 언어철학의 중심 인물은 훔볼트였다. 그의 언어철학적 사고가 이성과 감성의 통합 작용으로서 언어에 있었던 반면에, 칸트에게는 분절 언어에 의해 매개되는 세계 이해는 범주적 종합과 병립될 수 없는 것이며, 따라서 현상계의 선천적 종합은 언어 체계의 문제로 구체화되지 않는다. (칸트의 언어와 관련해서는 Apel, 같은 책, 19쪽 참조).

7) Apel, 같은 책, 362쪽에서 재인용.

8) 같은 곳.

것은 언어의 기원이 아니라 하나의 전제된 언어를 말하고 있는 것이나 다름없다. 니체는 헤르더가 언어의 모태를 감탄사라고 말한 것을 두고 그것은 엄밀히 말해서 언어를 부정하는 것이라고 비판한다.[9)] 오히려 헤겔은 헤르더가 여러 민족의 민요를 비교해서 개인과 민족의 표상, 감정이 분리되지 않은 통일된 민족 특성을 발견한 점을 평가하고 있다.[10)] 헤르더에게 있어 각 민족은 전 세계의 전체적 조화 속의 한 개별적 목소리(민족어－필자 주)일 뿐이다.[11)] 민족정신은 언어로 나타나고 민요에서 창조적으로 나타난다. 따라서 그에게는 다양한 문화와 역사적 환경에서의 언어의 역할과 기능이 기원 규명에 우선하는 주제이며 이 점은 훔볼트에게도 마찬가지이다. 다만 헤겔에게 민족어로서 언어의 개별성은 정신이 현존하는 구체적인 방식인 한에서 중요한 개념이며, 헤겔은 이에 관해 『엔치클로패디』의 "이론적 정신"과 『철학사 강의』에서 잠시 언급하고 있다.[12)]

헤겔이 헤르더와 마찬가지로 훔볼트를 언급하는 것도 훔볼트가 역사적, 인류학적인 비교 연구 방법을 통해 밝혀낸 다음과 같은 사실 때문이다. 즉 원시 상태로 남아 있는 언어들이 비교적 개화된 민족들의 언어에서는 사라지고 없는 '구별들'을 표현하고 있으며 매우 발달된 문법을 갖고 있다는 것이다.[13)] 한 민족의 언어가 그 민족이 덜 개화했던 시기에 보다 더 기원적인 문법을 가지고 있다는 결론은 훔볼트 자신의 다음 말과도 관계가 있을 것이다.

> 언어는 개별 인간의 자유로운 산출물이 아니라, 민족 전체에 속하는 것이다.[14)]

---

9) F. W. Nietzsche, 김기선 옮김, "언어의 기원에 관하여", 『니체전집』1, 책세상, 2003, 20쪽.

10) G. W. F. Hegel, *Vorlesungen über die Ästhetik III*, in: TW. Bd. 15, 1970, 432쪽 참조.

11) E. Cassirer, 최명관 옮김, 『국가의 신화』, 서광사, 1988, 229쪽 참조.

12) G. W. F. Hegel, *Vorlesungen über die Geschichte der Philosophie III*, in: TW. Bd. 20, 1971, 16쪽, 53쪽, 259쪽 참조.

13) G. W. F. Hegel, *Enzyklopädie der philosophischen Wissenschaften III*, in: TW, Bd.10, Frankfurt/M., 1970, 459절 참조. 헤겔은 훔볼트의 *Über den Dualis*(「이수론」, 1828)에서 이 내용을 인용하고 있다.

14) W. v. Humboldt, *Über das vergleichende Sprachstudium in Beziehung auf die verschiedenen Epochen der Sprachentwicklung,* in: *Gesammelte Werke,* Walter de Gruyter & co., Berlin, 1988, Bd.3, 260쪽.

언어를 민족의 산물로 보는 것은, 언어를 전적으로 대상의 모사(Abbild)로 생각하는 '자연기원론(Physis-Ursprung)'이나 전적으로 공동체의 자의적(혹은 합의의) 산물 즉 명목상의 기호로 보는 '정립적 기원론(Thesis-Ursprung)'에서, 그 두 개념의 연관성과 역사성을 이론화한 훔볼트 자신의 입장을 보여주는 것이기도 하다.[15] 언어를 음성적 언어로 파악하는 점에서는 헤겔과 훔볼트가 일치하고 있으나 훔볼트는 나아가 "(사고를 위한) 상기를 낱말 즉 언어에서 찾는 것을 통해서만 언어를 언어로 규정한다"는 점에서 헤겔과 다르다.[16] 다시 말하면 훔볼트는 언어를 상기를 위해 동원되는 '수단' 즉 사고가 전제된 언어로 규정한 것이다. 반면 헤겔에서는 음성언어(Tonsprache)가 곧 기호이자 사고(사상)이며 문자는 기호의 기호(III장 참조)일 뿐이다.

근세에 이르러 언어철학이 전 세계의 매우 다양한 언어에까지 시야를 넓히고 언어의 기원과 본질 문제에 관해 새로운 해답을 제시하고자 노력해 온 것은 사실이다. 그러나 칸트 지평에서 계통발생학적 연구의 출발점을 이루었던 훔볼트가 언어의 기원 문제에 대한 질문에 변환을 가져옴으로써[17] 이성과 감성의 선험적 통합에서 문제의 해답을 찾고자 한 그의 방법 즉 내적 형식과 구조론은 결국 반성철학에 머물 수밖에 없었다. 그 이후의 언어(철)학은 잘 알려진 대로 여러 분과 학의 대상으로 분산되는 양상을 보이다가 소쉬르(F. d. Sau-ssure) 이후의 구조주의와 분석철학 등으로 과제가 넘어가 있다고 할 수 있다. 최근의 언어철학에서는 비트겐슈타인(L. Wittgenstein)의 영향권에 있는 논리실증주의와 촘스키(Chom-sky)의 생성문법, 이들과 결부된 카츠(J. J. Katz) 등의 구조적 의미론이 주목되나 이 유파들과 관련한 부연은 본 논의의 범위를 벗어

---

15) 아펠은 훔볼트가 플라톤의 대화편 *Cratylus*를 근거로 언어 기원론의 두 개념 축을 '모사(Abbild)'와 '기호(Zeichen)'로 구분해 말한 것에 대해 언급하고 있다. 전자는 언어를 대상의 자연적 성질의 모사로 본 플라톤의 입장(자연적 도구론)이며, 후자는 언어를 명목상의 기호로 생각한 아리스토텔레스의 이론(합의된 도구론)을 대변하는 것이다. 둘 다 언어의 발생 계기를 '도구'로 간주한 점은 본론의 중요한 관심 대상이 된다. Apel, 같은 책, 367-368쪽. Aristoteles, 김진성 옮김, 『범주론 · 명제론』, 이제이북스, 2005, 129쪽 이하 참조.

16) J. Trabant, 안정오 옮김, 『훔볼트의 상상력과 언어』, 인간사랑, 1998, 279쪽.

17) 같은 책, 135쪽. 여기서 트라반트는 다음과 같은 슈타인탈(Steinthal, 1851)의 말을 인용하고 있다. 즉 "훔볼트는 기원을 본질과 동일시하였고, (기원이) 어디서 왔는가를 (기원이란) 무엇인가로 바꾸었다."

나는 것이기에 생략하기로 한다. 다만 헤르더나 훔볼트의 유산이 워프(B. L. Whorf)[18]에서 발견되듯 비트겐슈타인 전기의 '그림(Bild)이론'이나 후기의 '게임이론', 언어 구조의 심층을 흐르는 촘스키의 '정신적 실재' 등이 비록 실체성의 의미에서 차이가 있는 것은 사실이지만 그리스 전통이나 헤겔 사상과 전적으로 단절된 개념은 아니라는 사실을 확인할 수는 있을 것이다.

지금까지 살펴본 대로 헤겔은 당대와 그 이후의 경험적 연구 경향 속에서 또 언어 요소와 체계가 분리되지 않는 그 자신의 방법상의 차이로 인해 적어도 언어철학이라는 독립된 학으로서 주제화된 저술이 없는 것이 사실이다. 그러나 18세기, 19세기 이래 지금까지도 언어의 본질이나 기원의 문제가 일반적인 연구 범위에서 배제되거나 미완성의 부분으로 남아 있는 것이 현실임을 감안할 때 헤겔 언어변증법의 조명은 언어학의 새로운 관심 영역으로서 과제를 던져 줄 수 있을 것이다. 본론은 언어의 본질과 기원 문제를 체계적 관점에서 파악한 헤겔의 언어철학에서 특히 그 사변적 본성과 변증법이 갖는 의미를 논의하고자 한다. 이를 위해 II장에서는 예나 시기 '체계구상'에서 의식의 한 계기로 나타나는 언어의 체계 내 위상과 의미를 짚어보고 III장에서 대상의식이 자유로운 정신으로 고양되는 과정을 통해 언어 발생의 경로를 추적한다. 마지막으로 IV, V장에서는 헤겔의 언어이론이 갖는 사변성과 변증법적 함의와 함께 현대 언어학에서 노정될 수 있는 헤겔 언어철학의 한계에는 어떤 것이 있는지 살펴본다.

Ⅱ. 헤겔의 예나시기 체계구상에서 언어의 의미

헤겔이 『정신현상학』의 「의식장」에서 의식일반의 '감성적 확신'과 함께[19] 언어 문제를 언급하고 있는 것은 본 논의 과정을 통해 점차 드러

18) 언어가 사고를 결정하며, 인간은 이렇게 결정되는 사고의 틀을 따라 세계를 다르게 인식한다는 '언어상대성' 이론을 전개했다. 훔볼트와 유사한 민속인류학적 방법을 사용했다. B. L. Whorf, 신현정 옮김, 『언어, 사고, 실재』, 나남, 2010. 375쪽 이하 참조.

19) G. W. F. Hegel, *Phänomenologie des Geistes,* in: TW Bd.3, Frankfurt/M., 1970,

나겠지만 헤겔이 왜 언어철학을 독립 주제로 다루지 않았는가 하는 의문에 대한 해답이 될 수 있을 것이다.

우리는 일반적으로 절대적 개체성의 어떤 '감각 대상(das sinnliche Diese)'을 말할 때 그것이 '지금' '여기'에 '있다'고 확신하고 또 표현하지만 그러나 이때 우리는 개별 사물 자체의 진상이 아니라 '보편적인 것'을 말하고 있는 것이라고 헤겔은 주장한다.

> 이 종이 한 장을 염두에 두고 말하려고 해도, (…), 그것은 불가능하다. 왜냐하면 우리가 생각하고 있는 감각적인 이것은 의식 즉 즉자적 보편성의 특성을 갖는 언어에 도달할[20]수 없기 때문이다.[21]
>
> (Wenn sie wirklich dieses Stück Papier, das sie meinen, *sagen* wollten, (…), so ist dies unmöglich, weil das sinnliche Diese, das gemeint wird, der Sprache, die dem Bewusstsein, dem an sich Allgemeinen angehört, *unerreichbar* ist.)

여기서 헤겔은 사물의 절대적 확실성과 진리는 그것이 언어(사유)에 '주어지는' 방식으로는 파악될 수 없다는 점(unerreichbar)과 언어는 대상을 단순히 염두에 두는(meinen) 마음의 작용같은 것이 아니라 의식(정신)을 본질로 한다는 점을 밝히고 있다. 그는 의식은 항상 '감성적인 이것'(das sinnliche Diese)의 의식이라는 대상의식의 보편성(…dem Bewusstsein, dem an sich Allgemeinen…)을 드러냄으로써 언어와 의식의 일체성과 함께 본래의 자기 즉 대상의 진리로 복귀하는 언어의 변증법, 사변적 본성을 함축적으로 예시하고 있는 것이다.

감성적 의식의 보편성은 헤겔의 뉘른베르크 저작집에서도 설명되고 있다.[22] 의식은 그 최초 단계에서 즉 외적 객체를 대상으로 가질 때 '감

82-83쪽 참조. 여기서 헤겔은 사상(Sache)에 대한 존재확신은 단지 그것이 '있기 때문(weil sie *ist*)'이며, '(어떤) 사물이 있다'는 그 자체가 감성적 지(Wissen)에서는 본질적인 것이라고 말한다. 순수존재 혹은 단순한 직접성이 감성적 확신의 진리를 이룬다는 것이다.

20) '…언어에 도달…'은 대상이 인식을 향한다는 의미로 쓰인 것이다. 헤겔은 여기서 그 역으로서 사물로 복귀하는 언어의 주체적 인식작용을 예정하고 있는 것이다.

21) 같은 책, 91-92쪽.

22) G. W. F. Hegel, *Bewusstseinslehre für die Mittelklasse, in Nürnberger und*

성적 이것'에 대한 직접적 확신으로서 '지금', '여기'를 말하지만 '있음'과 동시에 '없음'이라는 부단한 변증법적 운동인 시간과 공간의 특성으로 인해서 의식은 구체적 보편성인 의식일반 또는 보편적 의식(자아)으로 남게 된다. 이때에 '나'(das Ich)에 대립하는 외적 대상은 '나'(의식) '밖의' 자립적 존재가 아니며 자아와 동일성의 관계에 놓여있는 객체로서 대상이다. 의식과 대상의 정립 조건에 따라 앞에 지적된 바와 같이 보편적 의식이 개별 대상을 언급하는 방식은 '지금', '여기', '이것'이라는 보편적인 직관 형식이 될 수 있을 뿐이다.

의식이 감성 단계에서 외적인 대상, 좀 더 정확히 말해서 절대적인 개별체, 상호유사성이 전혀 없는 개별자들의 절대적 확실성과 진리를 말할 수 없다면 언어는 어떻게 대상의 보편적 진리에 다시 도달할 수 있는가? 이 물음은 언어의 본질 문제에 직결돼 있으며 그 해답을 얻기 위해서는 헤겔의 체계기획에 나타난 언어와 의식의 관계부터 살펴봐야 할 것이다.

헤겔은 그의 『예나 체계기획 I』[23]의 "정신철학"(단편 16-22)부분에서 언어 문제를 다루고 있다.[24] 즉 단편 20의 첫 번째 포텐츠(I. Potenz)에서 헤겔은 정신과 언어의 관계를 다음과 같이 말하고 있다.

> 첫 번째 것은 어떻게 이성의 산물인 정신이 이성의 개념으로서, 의식으로서 매개인가, 그리고 그 매개에서 혹은 기억과 언어로서 자신을 실현하는가 하는 점이다; 그 매개로부터 정신은 오성과 형식적 이성을 통해 실천적 대립을 산출하고, 이것을 노동에서 지양한다.[25]

여기에 나타나 있는 것은 절대적 매개로서의 정신 혹은 의식이 언어로 실재화하는 것과 대립을 산출하고 지양하는 의식경험의 언어 연관성이다. 단편 19에서 헤겔은 특히 정신의 첫 번째 실존 형식을 의식일반으로 규정한 다음, 의식은 기억과 그 기억의 산물인 언어를 첫 실존형식

Heidelberger Schriften, in: TW Bd. 4, Frankfurt/M., 1970, 113-114쪽 참조.

23) G. W. F. Hegel, *Jenaer Systementwürfe I,* in: *Gesammelte Werke* in Verbindung mit der Deutschen Forschungsgemeinschaft, hrsg. von der Rheinisch-Westfälischen Akademie der Wissenschaften, Hamburg 1975(=GW), Bd. 6, 273쪽 이하 참조.

24) 같은 책, 268쪽 이하 참조. 단편 20에서 22까지는 "Potenz"라는 개념이 부제로 붙어 있다. 낭만주의 자연철학의 영향을 받아, 헤겔은 이 개념을 감각과 의식을 매개하는, 유기체에 내재하는 자연적인 힘으로 보았다.

25) 같은 책, 282쪽.

으로 삼는다고 말한다. 이에 앞서 단편 18에서는 매개로서 의식에 결부된 존재로 언어와 도구(Werkzeug), 자산(Gut)을 구분하고 그 각각의 동일존재(Einssein)로서 기억, 노동, 가족을 대응시키고 있다. 그렇다면 이 기억-언어, 노동-도구, 가족-자산의 세 조합과 그 순위는 단순한 의식의 실존 형태에 그치는 것인가?

"사변철학의 체계"라는 부제가 붙은 『체계기획 I』에서 헤겔은 자연철학과 정신철학을 유기체를 매개로 체계화하고 있으며, 따라서 정신철학 전반부에서 의식의 실존 형태로 논의되는 세 가지 형식은 예나 시기에 『엔치클로패디』의 정신철학적 계기들을 이미 갖추고 있었다는 사실을 말해준다. 실제로 기억-언어는 『엔치클로패디』3부 「정신철학」에서 "주관적 정신"의 세 단계 즉 이론적 정신, 실천적 정신, 자유로운 정신 중 이론적 정신의 자기직관 즉 표상의 매개를 거쳐 사유로 나아간다. 여기서 노동-도구, 가족-자산을 실천과 자유 혹은 인륜적인 것에 대비하게 되면 예나 정신철학의 세 가지 의식의 실존적 계기들이 후기 『엔치클로패디』체계에서 차지하는 역할과 의미를 예견할 수 있게 된다.

Ⅲ. 언어 생성의 변증법

1. 직관과 심상(Bild)

의식이 의식대상의 다양에 따라 세 단계 즉 ①의식(대상=자아대립적 대상), ②자기의식(대상=의식, 자아), ③이성(대상=자아의 특성인 사고)으로 현상하는 것처럼[26] 직관 역시 다음의 세 형태로 구분할 수 있다. 즉 ①직관(대상=대립적 심상) ②자기직관(대상=직관, 자아) ③직관된 상태(①②의 통일, 사유)가 그것이다.[27] 직관이 배태하는 지성의 이같은 가능성들은 직관-표상-사유의 변증법적 활동으로 전개된다.[28] 지성의 직관이 자기를 외화함으로써 언어로 객관화되는 것은 ②자기직관으로서의

26) W. G. F. Hegel, *Bewusstseinslehre für die Mittelklasse*, 같은 책, 113쪽.
27) 이 구분은 아직은 직관 자체의 구분일 뿐이며, 지성의 변증법적 단계(Stufe)로 실행돼야 한다.
28) 직관에서 사유에 이르는 언어 생성 과정을 도식화하면 다음과 같다.

직관의 표상 활동 단계이다.

헤겔은 특히 쉘링의 지적 직관을 비판하는 데에서 그의 이론적 정신의 직관을 구별하고 있다. 쉘링 철학이 단서로 하고 있는 지적 직관은 절대적인 것을 이해하는 능력으로서 예술에서의 미적 직관처럼 절대적인 것을 직접적으로 직관하는 초월론적인 직관이다. 쉘링은 이렇게 말한다.

> 나는 또한 지적 직관은 사람들이 그것을 감성적 직관과 유사하게 생각하는 한, 전적으로 파악 불가능해 진다는 것과 지적 직관은 절대적 자유와 마찬가지로 의식 안에 나타날 수 없다는 것을 알고 있다. 왜냐하면 의식은 객체를 전제하는 데 반해, 지적 직관은 그것이 아무런 객체도 가지지 않는다는 것에 의해서만 비로소 가능한 것이기 때문이다.[29]

헤겔에게서 직관은 객체를 가지며 그 객체는 심상(Bild)이다.[30] 심상은 이론적 정신의 즉자적 형태이며 즉자적 의식의 대상에 대응하는 정신의 '소재(Stoffe)'이다. 따라서 이 심상의 뿌리는 감성적 직관에 닿아 있다. 쉘링의 직관 능력은 예술의 천재들만이 가질 수 있는 특수한 것에 불과하다고 헤겔은 말한다. 철학은 그 본성에서 보편적인 것일 수 있으며,[31] 이런 의미에서 지적 직관은 매개와 증명을 행하는 외적 반성을 거부하기보다는 다양한 규정을 자신 안에 함유한 단순한 직접성으로서 하나의 규정에서 시작해서 다른 규정으로 진전해가는 그리고 다시 처음의 규정으로 복귀하는 매개하는 운동이어야 한다.[32] 헤겔이 그의 체계를 통해 일관되게 비판하고 있는 것도 바로 독일관념론이 절대적 부정

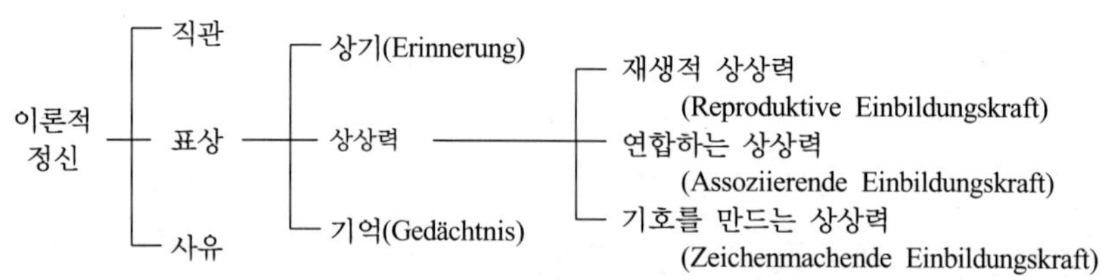

29) F. W. J. Schelling, 한자경 옮김, 『철학의 원리로서의 자아』, 서광사, 1999, 55쪽.

30) 구체적인 사물의 상, 또는 형상 등과 구별하기 위해 '심상'으로 번역하는 통념에 따른 것이다.

31) G. W. F. Hegel, *Vorlesungen über die Geschichte der Philosophie,* in: TW, Bd. 20, Frankfurt/M., 1971, 428쪽.

32) G. W. F. Hegel, *Wissenschaft der Logik,* in: TW, Bd. 5, Frankfurt/M., 1969, 78쪽.

성으로서의 매개를 결하고 있다는 점이다. 헤겔의 매개 개념은 이론적 정신의 직관, 표상, 사유의 발전 단계에서 실현되고 언어로 현존하게 된다. 그러한 직관의 대상이 심상이며, 심상의 연원은 감성적 의식일반의 심층이다.

의식의 대상이 대상일반 즉 사물인데 반해, 심상은 위의 단계 구분을 따른다면 직관으로서 직관 즉 '정신적 소재'이다. 이에 관해서는 아래에서 좀 더 상세한 논의가 필요하다. 여기서 직관의 의미는 지성이 표상 작용을 통해 언어와 개념, 사유로 전개되면서 정신이 자기자신을 정신으로서 직관하는 언어 변증법의 첫 장을 형성한다는 점이다. 헤겔 언어철학의 특성은 그가 체계로서 주관적 정신의 전개를 기술하면서 여기에 언어를 병치시키거나 속성화하지 않고 직관-표상-사유라는 이론적 정신의 계기를 언어 생성 과정과 동일성의 차원에서 일치시키고 있다는 점이다.

『엔치클로패디』에서 영혼Seele)과 의식의 통일로서 정신이 주제가 되는 「심리학」은 "이론적 정신"의 직관으로부터 출발한다. 물론 헤겔이 여기서 말하는 지성의 즉자적 형태로서 직관은 쉘링의 초월론적 지적 직관이나 칸트의 선험적 직관 형식으로서 직관과는 구별된다. 헤겔은 사물은 존재에 의해서, 존재 속에서 '있는' 것이 아니라 사물의 있음 자체가 존재이며 존재자를 아는 것(Wissen eines Seienden)이 진정한 직관의 본질이라고 규정한다.[33] 다시 말하면 지성적 직관은 주관과 객관, 사유와 존재가 일치된 지성의 단계이며 자기의 직접성을 지양해서 매개로 나아가는 지적 활동이다.[34]

지금까지 살펴본 대로 직관은 직접적인 존재의 앎, 직접적인 형식이자 내용이며, 그 내용을 이루고 있는 것은 심상이다. 심상은 의식 경험을 통해 축적돼온 정신적 자료들의 총체로서 아직은 직관의 형태로 있는 정신이다. 일종의 배아(Keim)로서 지성으로 내재화돼 있을 때의 심상을 헤겔은 무의식적으로 보존돼 있는 "어둠의 수직 갱(nächtlicher Schacht)"이라

33) W. G. F. Hegel, *Jenaer Systementwürfe III*, in GW Bd. 8, Düsseldorf, 1976, 185쪽.
34) 헤겔은 "지성적 직관에서는 '직관된 것'이 자아 안에 있다"고 말한다. 존재하는 것으로 지양된 대상 즉 심상이 정신 내적 재료이기 때문이다. 표상에서 정신은 주·객 일치의 직관에서 자기(주관)를 구별하고 직관을 직관(자기직관)하게 된다. 감성적 직관이 직관 대상을 의식 외면에 두는 것과 대조된다. 같은 책, 186쪽.

고도 표현한다.[35] 지성은 의식이며 현존재일 뿐 아니라 주체이자 자기규정의 즉자체(das Ansich ihrer Bestimmungen)이다. 이러한 지성이 무수히 많은 심상과 표상의 세계를 자기 안에 보존하고 있으면서도 그것을 무의식의 어두운 심연으로 파악하는 것은 한편으로는 지성이 보편적인 요구, 마치 배아 속의 모든 규정성들이 나무가 자라면서 모두 실존으로 나타나듯, 개념을 (모든 규정성들을 가능성으로 함유하고 있는) '구체적인 것'으로 파악하는 보편적인 요구이기 때문이라는 것이다.

이제 대상의 현존은 직관에 의해 존재 또는 순수존재로 포착되고, 대상은 존재로서 그 내용을 사상하고 형식으로 정신에 직접 정립된다. 다시 말하면 심상은 대상의 내용에 관계없이 현존재로 직관된다. 이것이 정신의 일차적 특성이며 직관에서 정신은 심상이다.[36] 직관 자체가 대상과 그 내화(Erinnerung-in-sich)의 통일이므로 지성은 더 이상 직접성이라든가 내용 발견(Finden)을 필요로 하지 않으며,[37] 직관이 직접성이자 내용이다.[38]

직관으로서 정신은 더 이상 감성적 대상을 갖고 있지 않지만 자신의 앎에서 규정성을 갖고 있기 때문에 아직은 유한한 것이라고 말해진다.[39] 다만 구체적인 가능성을 지닌 개념으로서 지성은 규정하는 힘이자 가능성을 실현하는 보편적인 요구이므로, 추상적인 상태로 보존된 자의적이고 우연적인 심상은 자기직관의 반성 즉 표상으로 자기를 실현하면서 자유로운 정신을 지향한다. 정신의 현존재로서 언어가 생성되는 지점이 이 과정에 포함된다.

2. 표상, 기억, 상상력의 문제

표상은 내화(상기)된 직관(die erinnerte Anschauung)으로서 지성의 '직접적인 자기규정－존립(unmittelbares Bestimmt-sich-Finden)'인 직관과 스

35) G. W. F. Hegel, *Enzyklopädie der philosophischen Wissenschaften III,* in TW Bd.10, Frankfurt/M., 1970, 259-260쪽 참조.

36) G. W. F. Hegel, *Jenaer Systementwürfe III,* 같은 책, 186쪽.

37) G. W. F. Hegel, *Enzyklopädie der philosophischen Wissenschaften III*, 같은 책, 450절.

38) 같은 곳.

39) 같은 책, 441절.

스로 자유 가운데 있는 지성 즉 사유 사이의 매개이다.[40] 다시 말하면 표상은 심상과 직관의 분리를 말하며, 대자화된 직관은 내화(상기)–상상력–기억의 단계를 거치면서 언어 즉 사유의 단계로 나아간다. 즉 표상은 내면화된 직관으로서 지성이 객관의 개별성(우연적 심상들)에 관계하는 직관의 단계에서 벗어나 자기를 자기 안에 회복하여 객관을 보편에 관계시키게 되는 단계로서 논의된다.[41]

상기(Erinnerung)에 의해 내면화된 직관(심상)은 상상력에서 재생되고 보편화된 후 상징으로 표현되거나 언어기호로 외화되는데, 헤겔의 언어철학에서 몇 가지 논쟁의 여지를 남겨놓고 있는 부분이 상징, 혹은 기호를 만드는 상상력일 것이다.[42]

헤겔은 "연합하는 상상력"이 개별적인 표상들을 주관적으로 연합한 후 이것을 상징이나 기호로 언어화하는 능력을 "기호를 만드는 상상력" 혹은 "판타지(Phantasie)"라고 명명한다. 헤겔에 따르면 지성은 상기와 상상력 혹은 판타지에서 자기 직관(Selbstanschauung)으로 이행하며, 이것은 지성 스스로에게서 나온 보편화된 (개념적) 내용이 구상적인 실존(bildliche Existenz)을 획득하게 됐음을 의미하는 것이다.[43] 헤겔은 이 자기 직관을 이미 기호(Zeichen)로 규정하고 있다.[44] 이제 이 직관은 자기 고유의 심상을 자의적으로 기호의 형태로 바꿈으로써 자기를 외화하고 사유 즉 자유로운 정신으로 고양될 수 있게 된 것이다.

기호의 문제를 더 검토하기 전에 여기서 잠시 짚고 넘어가야 할 것은 '공상'으로도 번역되고 사용되는 상상력 혹은 판타지의 문제이다. 정신이 그 스스로를 어떤 전혀 다른 외형으로 전환하는 과정이 공상과 같은 상상력의 작용에 의해서인가 하는 것이다. 헤겔이 지성의 표상하는 힘을

---

40) 같은 책, 451절. 표상의 세 단계에서 첫 번째 'Erinnerung'과 세 번째 'Gedächtnis'는 일상적 용법에서는 동의적으로 쓰이며, 모두 기억 혹은 상기로 번역돼 혼용되고 있다. 국내에서는 표상의 첫 단계를 '상기'로, 세 번째를 '기억'으로 구분해서 쓰는 것이 일반화 돼 있으나, 원문의 맥락에서 볼 때 Erinnerung은 분절(Er-innerung)의 의미를 최대치로 끌어올려 '내화'로 읽는 것이 적합할 것이다. 지성에 잠재된 우연적이고 잠정적인 심상을 지성의 소유로 현재화한다는 뜻이 강하기 때문이다.

41) 같은 책, 445절.

42) 같은 책, 457절.

43) 같은 곳.

44) 같은 책, 458절.

'경이' 또는 '위력'으로 표현하고 있는 데서[45] 그와 같은 작용에 있는 상상력이나 판타지에 초월적인 능력을 부여하는 것처럼 보이는 것은 사실이다. 그러나 여기서 상상력은 외부로부터 가해지는 위력이 아니라 표상 즉 자기 직관 자체의 부정적인 힘에 붙여진 이름임을 알 수 있다. 그렇더라도 여기엔 좀 더 해명이 필요할 것이다. 헤겔 역시 이 문제를 의식한 것 같으며 (언어론이 포함된) 『엔치클로패디』 "이론적 정신"의 서두에서 인식의 구조 문제를 다시 거론하고 있다.

> 이론적 정신으로서 지성의 활동이 인식이다. 그러나 그것은 지성이 한편으로 인식활동을 하고, 다른 방법으로 직관하고 표상하며, 기억하거나 상상한다는 의미에서가 아니다. (…) 이때 지성의 현실태(상상력 등－필자 주)는 인식 그 자체이다. (…) 그러나 진정한 만족은…오직 오성과 정신으로 관철된 직관, 이성적 표상, 이성으로 관철되고 이념을 나타내는 산물 곧 상상의 산물에서 온다. 즉 인식하는 직관, 표상 등을 말한다. 진실된 것은 직관과 표상 등이 고립되지 않고, 총체성의 계기, 인식 자신(지성－필자 주)의 계기로서만 현존한다는 데에 있다.[46]

이 대목은 형식과 내용, 인식과 상상력이 분리되지 않는 헤겔의 기본적인 통찰을 보여주고 있다. 상상력은 인식하는 능력이며 지성의 지평에서 스스로 규정하고 가능성을 실현하는 보편적 욕구로서, 직관을 기호로 만드는 위력을 행사하는 인식의 계기로서 기술된다.

헤겔에게서 기호는 소리 혹은 음성(Ton)이다. 헤겔에 따르면 음성은 감각이나 직관, 표상 등 다른 직접적인 계기들보다도 더 고차적인 지성의 현존 형식이 된다. 표상 단계의 상상력에서 자기 직관은 기호로 전개된다. 헤겔은 이렇게 말한다.

> 직관은…그것이 기호로 사용되는 한, 오직 지양된 것으로만 존재한다는 본질 규정을 갖게 된다. 지성은 이러한 직관의 부정성이다. 그리하여 기호인 직관의 더욱 진실된 형태는 시간내의 현존재－존재하면서 소멸하는 현존재, 외적 심리적 규정에 따라 지성 자신의 인간학적 자연성에서 유래한,

---

45) G. W. F. Hegel, *Phenomenologie des Geistes,* 같은 책, 36쪽.

46) G. W. F. Hegel, *Enzyklopädie der philosophischen Wissenschaften III,* 같은 책, 445절.

> 지성에 의해 정립된 존재－이며, 이 현존재가 소리이다. 소리는 자기를 알리는 내면성의 충실한 표현이다.[47)]

기호로서 직관은 지양된 직관(자기직관)일 뿐이며 지성은 내적인 것의 외화를 위해 '더 고차적인' (음성)기호를 산출하고 일반화한 것이다. 이 소리는 규정된 여러 가지 표상을 위해 한층 더 분절화되고 명확히 발음되는 소리 즉 말(Rede)과 이 말의 체계인 언어(Ton-sprache)로 진행한다.

소리로 표출된 기호는 매우 독특한 성질을 갖게 된다. 무엇보다도 기호는 그 의미를 주관과의 관계 속에서만 가지며 그 자체로는 절대적 의미를 갖지 않는다. 왜냐하면 의식 혹은 주관이 기호 속에 지양되어 있지 않기 때문이다. 다시 말하면 개념이 되기 전의 기호는 어떤 직접적인 직관인데 이 직관은 본래의 자기 자신이 지니는 내용과는 전혀 다른 내용을 표상한다. 헤겔은 이것을 마치 낯선 영혼이 옮겨져 보존되는 피라밑에 비유한다. 기호가 상징과 다른 것은 상징 역시 직관이지만 상징은 본질적으로 그 자체의 규정성이 상징으로서 나타내고자 하는 내용과 어느 정도 일치한다.[48)] 따라서 주관은 단지 그 자신과 '다른 것'이 라는 당위만으로 기호를 만드는 것이 된다. 기호의 이러한 성격 때문에 기호는 의미 부여자(주관)와 의미하는 것(객관, 대상)에 대립해서 독자적으로 그 자체 '사물'로서 존립해야 한다. 기호에서 사물은 그것의 실존 형태 그대로의 존재가 아니라고 말해지는 이유도 여기에 있다. 기호 혹은 언어에서 지성은 사물로, 개념으로 존재하게 된다.

3. 기억에서 사유로

심상으로서의 직관에 관여하는 상기(Erinnerung)와 달리 표상에서 사유로의 매개 작용을 하는 기억(Gedächtnis)은 기호로서의 직관에 상기에서와 같은 '내화' 작용을 통해 관여함으로써 지금까지 기호 즉 음성언어로서 이름이 가지고 있던 주관적 의미 혹은 표상의 영역을 지양하고 개념적 사유로 나아간다. 즉 기억은 이제 독립적인 표상의 의미를 회복하

---

47) 같은 책, 459절.

48) 같은 책, 458절. 상징은 예를 들면 독수리 같은 것. 독수리가 상징하는 '힘'과 독수리 사이에 본질적 유사성이 있다.

고 개념으로 되며 대상인 자기로서 사유의 주체가 된다. 기호는 이 단계에서 자기 이외의 어떤 것을 지시함으로써가 아니라, 스스로 자기를 직관함으로써 독자적인 의미를 지니고 있지 않던 기호에서 의미의 담지자, 개념으로서 언어가 된 것이다. 이것은 정신현상학에서 개념적 사유와 표상적 사유를 비교해서 말할 때도 선명하게 드러난다.

> 개념이 곧 대상 자체이며, 그 자체성이 스스로의 생성임을 나타내는 까닭에, 그것은 정체된 주체가 아니라,스스로 운동하면서 자기의 규정을 자기의 내면으로 환원시키는 개념인 것이다.[49]

자기의 대상 내에서 스스로를 대상으로 소유하고 있는 개념인 기억은 자기 복귀 즉 표상적 의미(Bild)를 회복(기억)함에 의해 사변적 사유 운동의 본질을 획득하게 된 것이다. 애초에 지성은 자체적으로는 의미를 갖지 않는 기호로 자기를 외화함으로써 즉 심상 의존에서 해방됨으로 인하여 (소재 없는) 객체성을 획득했다. 그러나 이제 정신의 진행은 언어의 자의성-기호의 처음 단계에서 기호 자체의 의미 무관성과 관련 있는-을 벗어나 소재 없는 업무(Stofflose Beschäftigung)를 지양함으로써, 스스로를 사물로 만들어 외적 객체성과 의미(주체성)의 통일을 이룬 것이다.[50] 기억에 의해 개념화된 언어는 이제 표상과의 결합에서 해방되고 최종적으로는 말의 표상적 의미를 폐기함으로써 개념을 의미 내용으로 하는 사유를 준비하는 것으로 된다.

그런데 헤겔은 여기서 기억의 위치와 의미를 파악하고 사유와 기억의 유기적 연관을 파악하는 것은 정신론에 있어서 일찍이 주목된 일이 없었으며 또 실제로 가장 곤란한 점의 하나라고 실토한다.[51] 헤겔에 따르면 기억 그 자체는 사유의 현존의 단순한 외면적 양식 내지 일면적 계기에 불과하다. 다시 강조하면 지성은 기억으로서 처음의 직접적인 직관에 대해 상기로서 투과한 것과 같은 내화(Erinnerung)의 몇 가지 활동을 언어의 직관에 대해서도 관철한다.[52] 상기 때의 결합은 기호이지만 기

49) G. W. F. *Hegel, Phenomenologie des Geistes*, 같은 책, 57쪽.

50) G. W. F. Hegel, J*enaer Systementwürfe III,* 같은 책, 193-194쪽.

51) G. W. F. Hegel, *Enzyklopädie der philosophischen Wissenschaften III,* 같은 책, 464절.

52) 같은 책, 461절.

억으로서 지성은 이 기호를 자기의 것으로 삼으면서 그 기호가 지닌 개별적인 결합을 이름과 의미가 객관적으로 결합된 보편적인 결합 즉 '지속되는 결합(bleibende Verknüpfng)'으로 높인다. 이것이 "이름을 유지하는 기억(das Namen behaltende Gedächtnis)"으로서 개념적 사유활동의 장을 열어나가는 결정적 계기가 되는 것이다.[53]

이제 이름은 '표상의 왕국(im Reiche der Vorstellung)'에 현존하며 타당성을 갖는 사태(Sache)이다.[54] 이름으로서 기억은 직관이나 심성이 없어도 이름에 있어서 사태를 또 사태와 함께 이름을 인식한다.[55] 예를 들어 사자라는 이름을 부를 때 우리는 그 동물의 직관이나 심상이 필요한 것이 아니며, 이해되고 있을 때에는 이름은 심상 없는 단순한 표상이다. 이름에서 (우리는) 사유한다고 말해지는 것이다(Es ist in Namen, dass wir denken).[56] 이 명제가 말해주고 있는 것은 우리는 언어를 가지고 또는 언어에 의해서 사유하는 것이 아니라 언어가 사유의 현존재라는 사실이다.

Ⅳ. 언어의 사변적 본성

헤겔에 따르면 기억(지성)의 산물 곧 사상(Gedanke)은 사태이며 주관적인 것과 객관적인 것의 단순한 동일성이다.[57] 또한 헤겔은 지성(정신)은 사유된 것이 존재한다는 것 즉 존재하는 것은 그것이 사상인 한에서만 존재한다는 것을 알고 있다고 말한다.[58] 이것은 지성이 스스로 사유와 존재, 주관적인 것과 객관적인 것의 통일, 모든 것의 정신내 존재를 언표하는 것이 되며, 따라서 사유자체의 운동은 사유 혹은 존재가 그 스스로를 안다는 것과 같은 의미라는 사실을 말하는 것이다.

헤겔이 존재하는 것은 사유된 것이며 사유된 것만이 존재하는 것이라

---

53) 같은 곳.
54) 같은 책, 462절.
55) 같은 곳.
56) 같은 곳.
57) 같은 책, 465절.
58) 같은 곳.

고 말할 때 그 사유는 이미 현실적인 것을 내포하는 것이며, 반성적 판단이 증명할 수 없는 것과 같은 것은 명제 자체의 변증법적 운동에서는 배제된다. 다시 말하면 언어에서 지성(정신)은 자기를 지성으로 자각하며 스스로가 즉자적으로 정신이라는 것을 아는 것이다 (So ist die Intelli-genz *fur sich an ihr selbst* erkennend).[59] 이것을 언표하는 것이 사변적 명제이며[60] 앞에서 지적한 대로 언어가 정신의 현존재라는 것도 이 명제에서 비로소 현실적인 것이 된다. 즉 주어와 술어의 구별을 내포하는 판단이나 명제가 증명하려고 하는 것을 그 자체 변증법적 운동에 의해 언표하는 것이 사변적 명제이다.[61]

『예나 실재철학』(1805/6)에서 헤겔은 언어 변증법을 사물의 이름과 관련해서 적절하게 설명하고 있다. 예를 들면 인간(정신)은 사물에 대해 (그것이) 자기의 것이라고 말하면서 정신적인 자연, 자신의 세계에 살며 이것은 또한 대상의 존재라는 것이다.[62]

> 정신은 당나귀에게 이렇게 말한다: 너는 내면적인 것이며, 그 내면적인 것은 나(Ich)이다. 그리고 네 존재는 내가 자의적으로 고안해 낸 하나의 소리(Ton)이다. - 당나귀는 감각적인 당나귀 자체와는 전혀 다른 하나의 소리이다. 우리가 (감각적인) 당나귀를 보거나 만지거나 들을 때에는 우리는(정신은) 그 당나귀와 직접적으로 일체(하나)가 되며, 이름으로 돌아온 당나귀는 정신적인 것, 전적으로 다른 것(나의 것)이 된다.[63]

여기에는 언어와 사물, 자연과 정신간의 변증법적 관계가 함축돼 있다. 왜냐하면 언어에 의한 대립하는 것들의 통일이 이 안에 있기 때문이다. 당나귀라는 이름(언어)은 단지 소리일 뿐인 것이 아니라 'Sache'이며, 사물과 즉자적으로 하나였던 정신은 이름이 되어 사물로 돌아와서 그 사물을 자기의 것으로 바꾸어 놓았다. 의식이 닿을 수 없었던 사물의 본질에 다가가 그것을 규정하고 지배하게 된 것은 전적으로 정신의 현존재로서 언어의 위력인 것이다.

---

59) 같은 곳.
60) G. W. F. Hegel, *Phenomenologie des Geistes,* 같은 책, 61쪽.
61) 같은 곳.
62) G. W. F. *Hegel, Jenenser Realphilosophie II,* 같은 책, 183쪽.
63) 같은 책, 184쪽.

V. 결론

이상의 논의에서 도출할 수 있는 것은 우선 헤겔의 언어철학에서는 언어의 본질과 기원규명의 문제가 헤겔의 정신현상학과 분리돼서 성립할 수 없다는 점이다. 또 하나는 언어의 사변적 특성 역시 직관, 표상, 사유의 인식 과정에 드러나 있는 대로 언어 생성의 변증법과 불가분의 관계라는 점이다. 왜냐하면 앞에서 논의된 사변적 명제와 변증법적 운동의 관계가 보여주듯 사변적 특성 자체가 대립을 매개하는 통일과 이행인 데서 긍정적인 것이며, 언어의 발생과 자기구성적 전개 과정이 사변적이기 때문이다.

언어의 기원문제는 오히려 헤겔의 입장에서는, 논쟁의 여지는 있지만, 의식의 기원과 같은 위치에 있다는 점에서 난제는 아닐 것이다. 물론 헤겔에게서 의식의 '기원'은 주제가 될 수 없다 해도 적어도 '감성적 확신' 단계에서 대두되는 대상과 의식과의 관계를 생각해 볼 때, 언어의 발생적 기원과 의식경험 과정이 통일된 주제로서 논의될 수는 있기 때문이다.

비록 헤겔이 주관적 정신의 인식 틀에서 정신의 현존 형태로 언어를 일반화하고 있으나, 체계상의 현위치가 반드시 언어 발생의 기점인가 하는 것은 또 다른 문제가 될 것이다. 헤겔에 따르면 언어의 현존 형태는 의식의 계기마다 그것에 가장 적합한 방식으로 나타나는 것으로 이해될 수 있기 때문이다. 예를 들어 감성적 확신 단계에서의 *meinen*을 기호 이전의 언어 형태로도 볼 수 있을 것이다. 본론에서도 논의된 것이지만 헤겔은 지성적 직관의 심상을 이미 음성기호 이전의 언어로 간주하고 있다. 따라서 정신의 현존재로서 언어는 전체 체계를 하나의 계기로 통찰했을 때 가장 선명하게 드러날 것이다.

또 『정신현상학』 「의식장」의 1절이 대상에 대한 언표(Sprechen) 문제를 주요 주제로 삼고 있는 것은 언어로서 정신의 변증법적 복귀를 예견케 하는 계기가 될 수 있을 것이다.

언어의 사변성은 그 자체로 언어가 정신의 현존재라는 명제를 확인시켜 주고 있다. 왜냐하면 언어와 정신의 관계에서 그 어느 것도 선행의 위치에 있지 않기 때문이다. 정신적 존재가 있고 그 요구에 따라 언어가 도구적 기능을 수행하는 것이 아니라, 정신은 언어에서 비로소 자기가 정신임을 자각하게 되는 것이다.

헤겔이 언어를 말할 때는 스스로 사변적인 사유 체계를 구성하는 개념화된 언어를 말하는 것이며 "언어는 정신의 현존재"라는 기본 명제를 체계와의 연관에서 기술하고 있는 것이다. 따라서 체계를 수용하지 않으면 헤겔의 언어철학은 받아들이기 어려운 부분들이 있는 것이 사실이다.

참고 문헌

1. 1차 문헌

Hegel, G. W. F., *Gesammelte Werke*, in Verbindung mit der DeutschenForschungsgemeinschaft, hrsg. von der Rheinische-Westfälischen Akademie derWissen-schaften, Hamburg, 1975.(=GW).

_____, *Jenaer Systementwürfe I*, in GW6, 1975.

_____, *Jenaer Systementwürfe III*, in GW8, 1975.

_____, *Theorie Werkausgabe in zwanzig Bänden*, Redaktion von E. Moldenhauer & K.M. Michel, Frankfurt am Main, 1970ff.(=TW)

_____, *Phenomenologie des Geistes*, in TW3, 1970.

_____, *Vorlesungen über die Ästhetik III*, in TW15, 1970.

_____, *Vorlesungen über die Geschichte der Philosophie III*, in TW20, 1971.

_____, *Enzyklopädie der philosophischen Wissenschaften III*, in TW10, 1970.

_____, *Wissenschaft der Logik* in TW5, 1969.

_____, *Jenenser Realphilosophie II* (1805/06), hrsg. J. Hoffmeister, Felix Meiner/ Leipzig, 1931.

_____, *Bewusstseinslehre für die Mittelklasse, in Nürnberger und Heidelberger Schriften*, in TW4, Frankfurt/M., 1970.

Apel, K.O., *Die Idee der Sprache-In der Tradition des Humanismus von Dante bis Vico*, Bouvier Verlag, Bonn, 1963.

Aristoteles, 김진성 옮김, 『범주론 · 명제론』, 이제이북스, 2005.

Humboldt, W. v., *Über das vergleichende Sprachstudium in Beziehung auf die verschiedenen Epochen der Sprachentwicklung*, in Gesammelte Werke, Walter de Gruyter & Co., Berlin, 1988.

Scheer, B. und Wohlfart, G., (hrsg.), *Dimensionen der Sprache in der Philosophie des Deutschen Idealismus,* Königshause, Würzburg, 1982.

2. 2차문헌

Cassirer, E., 최명관 옮김, 『국가의 신화』, 서광사, 1988.
Nietzsche, F. W., 김기선 옮김, “언어의 기원에 관하여”, 『니체전집』 I, 책세상, 2003.
Picq, P., 외, 이효숙 옮김, 『언어의 기원』, 알마, 2009.
Schelling, F. W.J., 한자경 옮김, 『철학의 원리로서의 자아』, 서광사, 1999.
Trabant, J., 안정오 옮김, 훔볼트의 『상상력과 언어』, 인간사랑, 1998.
Whorf, B. L., 신현정 옮김, 『언어, 사고, 실재』, 나남, 2010.
Yule, G., 이철수 옮김, 『언어의 연구』, 세문사, 1999.

Das spekulative Wesen der Sprache bei Hegel

Ha, Kwang-Un

Zusammenfassung

Hegels Satz; "Die Sprache ist das Dasein des Geistes als unmittelbaren Selbsts", es umfasst beinahe alles, was in Hegels Absicht liegt, das Sein in seinem System mit dem Denken zu vereinigen. Hegel versucht in der Stufe des theoretischen Geistes in 『Enzyklopädie』die Ursprung und Entwicklungweise der Sprache darzu-stellen. Hier wird erklärt, wie die Sprache sich in der Stufe der Anschauung und Vorstellung in der Intelligenz bildet und ihr spekulatives Wesen in ihrem Werdegange durch den Namen und Begriffe verwirklicht.

Die Erfahrung des Bewusstseins und das Werden der Sprache sind im Gang des sich entwickelnden Begriffs als Einheit verstanden worden zu sein, denn das Bild, Zeichen, der Name, usw., als die Äusserungen der Sprache und die Anschauung, Erinnerung, das Denken, usw., als die Formen des Bewusstseins zeigen sich als die Einheit des Subjektiven und Objektiven.

Der Ton ist die erste Form des Sprachzeichens, das also als die wahrhaftige erste Entfremdung des Geistes im Gang zu dem Denken ist. Und die Tonsprache geht zum Namen und so zum Begriffe endlich fort, dass er zur Sache zurückkehrt.

Selbst der Satz; "Die Sprache ist das Dasein des Geistes', er nur führt für das spekulative Wesen der Sprache den Beweis; das Spekulative der Sprache findet sich darin, dass der Geist in der Sprache für sich an ihm selbst erkennend ist.

Key Words : Sprache, Spekulatives, Anschauung, Vorstellung, Denken, Erinnerung, Ei-nbildungskraft

• 투고일: 2011. 05. 09. 심사완료일: 2011. 05. 13. 게재확정일: 2011. 05. 16.

제2부

일반 논문

라이프니츠의 '무구별자 동일성의 원리'에 대한 칸트와 헤겔의 대응*

조 종 화

요약문

라이프니츠의 '모나드론'의 근간을 형성하는 원리들 중의 하나가 '무구별자 동일성의 원리principium identitatis indiscernibilium'이다. 이 원리에 따르자면 모나드-실체들은 서로 어떠한 관계도 갖지 않는 자립적이고 자기 완결적인 실체들이며, 신에 의해 그것들에게 부여된 목적에 따라 최선의 방식에서 상호 모순 없이 공존하며 조화롭게 존재하고, 지성적인 우주의 체계를 구축한다.

칸트는 라이프니츠의 이 원리를 논리적-분석적으로 이해하고, 이 원리를 물자체와 현상의 선험적인 구별로서의 선험적인 반성을 통해서 감성의 대상들이 아니라 단지 오성의 대상들에만 적용 가능한 원리들로 간주하며, 그것들의 절대적인 타당성 요구를 상대화시킨다. 왜냐하면 감성의 대상들에서는 오성의 대상들에서와는 전적으로 다른 사물들의 존재조건으로서 감성적 직

* 이 논문은 2009년 정부(교육과학기술부)의 재원으로 한국연구재단의 지원을 받아 수행된 연구임.[NRF-2009-353-A00109]

관의 순수 형식인 시간과 공간이 또한 논리적인 모순과는 구별되는 실재적인 모순이 인정되어야 하기 때문이다.

헤겔은 한편으론 칸트의 라이프니츠 비판을 재평가하고 다른 한편으론 라이프니츠의 '모나드의 충동 또는 애씀'을 '자기관계하는 부정성' 또는 '자기 자신의 타자'라는 개념을 통해 대체하고 이를 구조화된다. 이 존재론적이고 방법론적인 개념을 통해 그는 칸트와 라이프니츠 사유에 내재하는 외적인 반성의 원리와 상이성의 원리에 대한 내재적인 비판을 가한다. 그리고 이를 통해 동일성과 상이성의 관계가 고찰되며, 그 결과 '자기 자신과 자신의 타자의 부정적인 통일' 또는 '동일성과 상이성의 부정적인 통일'이라는 사상이 제시된다.

● 주요어 : 모나드론, 무구별자 동일성의 원리, 선험적 반성, 동일성, 상이성, 자기관계하는 부정성(Monadenlehre, Grundsatz des Nichtzuunterscheidenden, Transzendentale Reflexion, Identität, Verschiedenheit, Selbstbezügliche Negativität)

● 주제분류 : 형이상학, 독일 관념론, 변증법 (Metaphysik, Deutscher Idealismus, Dialektik)

1. 머리말

철학은 항시 그것이 성립한 시대와의 대화이며, 그 시대에 대한 반성의 결과일 것이다. 시대는 철학적인 반성을 요구하고, 철학은 시대의 실천을 필요로 한다. 현대사회의 다원화와 전문화, 이질적인 문화들의 상호공존 그리고 개별화 또는 개인화의 심화는 이에 대한 철학적인 반성을 요구한다. 이와 함께 타자성, 상이성, 차이 등의 개념은 현대철학에서 주된 화두로 등장했으며, 이것은 현대사회의 다양성과 전문화에 대한 이론적이고 철학적인 반성의 한 제안이며, 한 모색이라 생각된다. 이와 같은 관점을 피력하는 논자들의 주된 관심사는 아마도 상이성, 타자성, 차이 등의 개념과 양립 불가능한 것으로 간주되는 동일성 개념에 대한 비판과 이 동일성 개념에 의해서 정초되는 (근대적인) 주체 개념, 더 나아가 전통형이상학에 대한 비판으로 향해져 있다. 이 비판이 이러한 형이상학의 근본적인 패러다임에 대한 비판이란 성격을 띠고 있다고 하더라도, 상이성, 타자성, 차이 등의 개념에 대한 일면적인 논의는 자칫 잘못하면 현 사회를 더욱 더 파편적이고 개인적인 사회로 만들 수 있는 이론적인 토대를 제공할 수 있다. 왜냐하면 모든 존재자들 각각은 단지 자기 자신과 관계하며, 그러나 서로에 대해서는 단지 타자이고 전적으로 다른 것과 상이하며, 그래서 이 상이한 것들 사이에는 어떠한 내재적인 동일적인 관계도 성립할 수 없다고 생각될 수 있기 때문이다.

라이프니츠도 자신의 시대를 "신의 입장에서의 선험철학"[1]이라 불리는 자신의 철학 속으로 반성한다. 그는 "신의 사랑, 인간의 행복의 증진 그리고 이성을 완성시키는 것 사이에는 견고한 유대 관계"가 있다고 확신하고, 인간의 행복이 "신과 신의 본성을 잘 앎으로서 얻을 수 있고, 이러한 앎은 확실한 방법으로 증명할 수 있는 능력"에 달려 있다고 믿는다. 이에 근거해서 그는 "보편 학문의 토대를 놓는 것과 존재의 보편적인 조화를 해명하고 옹호하는 것"을 자신의 철학의 과제로 삼는다.[2] 이 철학, 특히 그의 '모나드론'의 근간을 형성하는 원리들 중의 하나가 '무구별자 동일성의 원리principium identitatis indiscernibilium'이다. 라이프니츠는 이 원리를 통해서 한편으론 각각의 모나드로 대표되는 근대의 주체적인 개인을 이론적으로 정초하려고 하며, 다른 한편으론 모나드들로 구성된 '비메카니즘적이고 형이상학적인 우주의 체계'를 기획한다. 이하에서 필자는 라이프니츠의 이 형이상학적 사유에 대한 칸트와 헤겔의 대응을 '무구별자 동일성의 원리'와 관련해서 고찰할 것이다. 이 고찰을 통해 필자는 동일성과 상이성 그리고 이 개념들의 관계에 대한 라이프니츠의 형이상학적인 사유의 의미와 한계를 칸트와 헤겔의 응답을 통해서 제시할 것이다. 여기에서 중심문제는 라이프니츠의 이 원리에 따르는 모나드들 사이에서 어떻게 내재적인 구별이 가능한가이다. 이를 위해 우선적으로 모나드론과 관련해서 이 원리가 가지는 의미(2장)와 모나드들 상호간의 공존가능성과 예정조화설(3장)이 고찰될 것이다.

그런 다음 라이프니츠의 이 형이상학에 대한 칸트와 헤겔의 대응이 고찰될 것이다. 칸트는 라이프니츠의 합리적인 형이상학이 그 권위를 잃어갈 때, 오히려 '형이상학의 전면적인 혁명을 꾀함으로서' 형이상학을

1) 빌헬름 라이프니츠, 『형이상학 논고』, 윤선구 옮김, 아카넷, 2010, 380쪽.
2) J. 콜린스, 『합리론: 데카르트, 스피노자, 라이프니츠』, 이성환, 박은옥 옮김, 백의, 1999, 194쪽 이하.

‘학문의 확실한 길에로 가져오는’ 것을 자신의 과제로 삼고 독단적인 형이상학을 비판하면서 형이상학적인 요구와 학문적인 요구의 조화 통일을 꾀하고, 비판적인 학문에 견디어 낼 수 있는 새로운 형이상학을 추구한다. 이런 기획 하에서 그는 라이프니츠 형이상학의 논리주의를 물자체와 현상의 선험적인 구별로서의 선험적인 반성(4장)과 감성적 직관의 순수 형식인 시간과 공간 및 실재적인 모순을 내용으로 하는 현상론(5장)에 근거해서 비판한다. 헤겔의 대응은 칸트와는 전혀 다른 방식에서 이루어진다. 헤겔은 현실에서 일어나는 분열과 대립, 모순을 적극적으로 받아들이면서 이 ‘대립된 것들의 부정적인 통일’을 추구한다. 이를 통해 그는 이성의 합리성과 이 합리성의 원리들을 근본적으로 재구성하고 ‘이성과 현실의 총체적인 관계’ 및 ‘양자의 통일’을 구축하는 것을 자신의 철학의 과제로 삼는다. 이런 의도 하에서 그는 한편으론 칸트의 라이프니츠 비판을 재평가하고 다른 한편으론 라이프니츠의 형이상학적인 사유 자체에 내재하는 외적인 반성의 원리와 상이성의 원리에 대한 내재적인 비판을 가하고, 그 결과로서 내재적인 반성이 무엇을 의미하는지를 제시한다.(6장) 이 내재적인 반성은 헤겔의 존재론적이고 방법론적인 핵심개념이면서 라이프니츠의 ‘모나드의 충동 또는 욕구’를 대체하는 ‘자기관계하는 부정성’ 또는 ‘자기 자신의 타자’라는 개념을 통해 구조화된다. 그리고 이 개념을 통해 동일성과 상이성의 관계가 고찰될 것이며, 그 결과 ‘자기 자신과 자신의 타자의 부정적인 통일’ 또는 ‘동일성과 상이성의 부정적인 통일’이라는 사상이 제시될 것이다.(7장)

2. 무구별자 동일성의 원리

라이프니츠의 무구별자 동일성의 원리는 그의 ‘모나드론’과 관련해서 다음과 같이 이해된다. ‘각각의 모나드는 모든 다른 모나드들과 구별된다. 왜냐하면 자연에는 결코 서로 완전히 동일한 그런 두 개의 사물들은 존재할 수 없기 때문이고, 그리고 이 사물들 사이에서 내재적인 구별 또는 내적인 규정denominatio intrinseca에 의존하는 구별을 발견하는 것은 불가능하기 때문이다.’[3] 이 무구별자 동일성의 원리는 라이프니츠에 따르자면 '절대적이고 보편적으로 타당한' 원리로서 단순히 '논리적인 의미'만을 지니는 것이 아니라, 더 나아가 '형이상학적 내지는 존재론적 의미'를 지닌다. 다시 말해 이 원리는 단지 '사고의 규칙'만을 뜻하는 것만이 아니라 동시에 '실재하는 것에 관련된 원리'이다.[4] 이 때문에 이 원리는 라이프니츠 철학에 있어서 '두 나뭇잎' 또는 '두 물방울'을 단순히 비교하는 경험적인 반성의 '비교의 원리'로서만 이해될 수 없다. 더 나아가 이 원리는 '형이상학적이고 존재론적인 원리'로 해석되어야 한다.

물론 여기서 라이프니츠의 무구별자 동일성의 원리가 논리적인 원리인지 아니면 존재론적인 원리인지 하는 물음이 제시될 수 있다. 예를 들면 무구별자 동일성의 원리가 창조 이전의 모든 가능한 세계들에서 '완전개체 개념들의 동일성/차이의 원리'로서 논리적인 원리인지 아니면 단지 창조된 세계에서 존재하는 '개체들(모나드들)의 동일성/차이의 원리'로서 존재론적인 원리인지라는 물음이 제시될 수 있다. 그리고 이에 대해 무구별자 동일성의 원리는 '논리적인 원리'로서 창조된 세계의 개체들에 대해서는 단지 '간접적인 원리'로서만 작용한다고 생각될 수 있다.[5] 라이프니츠의 무구별자 동일성의 원리는 물론 이 두 가지 모두로 해석될 수 있으며, 그러나 양자는 구별되어야 한다. 말하자면 한편으로 라이프니츠 철학에서 무구별자 동일성의 원리는 '논리적인 원리'이며, 그래서 '필연의 원리'로서 모순율/동일률에 근거한다. 이에 따르자면 이 원리는 논리적으

3) G. W. Leibniz, "Monadologie" in *Gottfried Wilhelm Leibniz Philosophische Schriften*, Bd. I, herg. u. ins Deutsch übers. von Hans Heinz Holz, Wissenschaftliche Buchgesellschaft Darmstadt, 1985, § 9, S. 443. 이하에서 라이프니츠 원전 인용은 이 독일어 번역판 '라이프니츠 철학 선집'(Bd. I-V)을 기본으로 사용함.

4) 박배형, 「헤겔과 '상이성 명제'－라이프니츠의 '구별 불가능한 것의 동일성 원리'에 대한 헤겔의 해석」, 『헤겔연구』24, 한국헤겔학회, 2008, 156쪽 참조.

5) 박제철, 「라이프니츠 철학 체계 내에서의 식별 불가능자 동일성의 원리와 우연 속성의 개체성의 원리」, 『철학』95집, 한국철학회, 2008, 76쪽 이하 참조. 또한 다음을 비교: "라이프니츠가 식별 불가능자 동일성의 원리에 대해 말할 때 그가 말하고자 하는 것은, 보편적 속성들의 서로 다른 조합이 개체들의 수적 차이를 만든다는 것이 아니다. 오히려 라이프니츠가 이 원리에 대해 말할 때 그가 염두에 두고 있는 것은 신의 인식 능력에 관한 것이다."(같은 책, 84쪽 이하) 이 원리는 "신의 인식 능력과 관계되는, 더 정확히 말해 식별이라고 하는 신의 인식 능력과 관계되는 그러한 원리이다. 그리고 신의 인식은 창조의 모델이 되므로, 결국 식별 불가능자 동일성의 원리는 '간접적으로' 창조된 실체들에게 적용되는 그러한 원리가 된다."(같은 책, 85쪽)

로 또는 개념적으로 본질이 동일하고 수적으로만 서로 상이한 그런 실체들은 존재하지 않으며, 이 때문에 모든 실체들은 서로 상이하다는 것을 의미한다. 다른 한편 이 원리는 '존재론적인 원리'이며, 그래서 '우연의 원리' 또는 '사물의 존재 원리'로서 충족이유율에 근거한다. 라이프니츠는 다음과 같이 말한다. "나는 무엇보다도 충족이유율의 귀결로서 서로 구별되지 않는 두 절대적인 존재자들이 존재할 수 없다는 것을 추론했습니다. 왜냐하면 만약 서로 구별되지 않는 절대적인 존재자들이 둘 이상 존재한다면, 신과 자연은 아무 이유 없이 그것들의 질서에서 다른 어떤 존재자와도 다르지 않은 존재자를 만들어 냈을 것이기 때문입니다."[6] 이에 따르자면 신은 동일한 우주에 동일한 두 개의 실체를 창조하지 않았으며, 이에 대해서는 결코 어떠한 충분한 이유도 발견될 수 없고, 오히려 그것은 신의 완전성과 합리성에 위배된다는 것이다. "신의 완전성은 모든 행위가 그의 지혜와 일치할 것을 요구합니다."[7]

라이프니츠에게 있어 모나드[8]는 비연장적이며 일종의 영혼적인 실체이고, 합성된 것도 아니며 더 이상 분할될 수 없는 단순한 실체로서, 거기에서 다양한 작용과 변화가 역동적으로 생겨나는 그런 활동적인 힘(의 중심 또는 통일)을 의미한다. 이러한 모나드들 각각은 "창이 없는"[9] 자립적이고 자족적인 실체, 즉 외부에 있는 어떠한 것과도 관계하지 않으며 또한 그것들 사이에 어떠한 영향도 주고받지 않는 단지 자기동일적인 개체이고, 자신 안에서 '지각'하고 '욕구'하는 '근원적인 힘'을 지닌 자기 완결적인 실체이다. 이러한 자기완결적인 모나드들 각각은 그것에 "고유한 성질들"을 소유하고 있으며, 그렇지 않다면 그것은 "존재"할 수 없을 것이다.[10] 또한 그것들 각각은 단지 서로 상이한 것일 뿐이고, 이 때문에 그것들 사이에는 어떠한 '내재적인 구별'도 존재하지 않는다.

---

6) G. W. Leibniz, "Briefwechsel zwischen G. W. Leibniz und S. Clarke", Bd. V/2, 5. 편지, § 21(1716, 8. 18.).

7) 같은 책, 5. 편지, § 19(1716, 8. 18.).

8) 모나드Monade는 라이프니츠가 자연 및 우주의 형이상학적 원리를 설명하기 위해서 고안해낸 개념으로서 그리스어 '하나'를 의미하는 monas에서 왔으며, 또한 unite와 마찬가지로 '통일성', '단일성', '단위', '일자' 등을 의미한다. 이 모나드 개념은 라이프니츠 철학의 사상전개 과정에서 신의 절대적 속성으로서의 '단순개념', '완전개념' 그리고 '개체적 실체' 개념을 자신의 전사로 갖는다.

9) G. W. Leibniz, "Monadologie", § 7.

10) 같은 책, § 8.

만약 그것들이 서로 완전히 동일하고 구별이 불가능하다면, 그것들은 수적으로 단지 하나인 것이다. 다시 말해 모나드들 각각은 자신만의 고유한 성질들을 가지지만, 그것들 사이의 구별은 내재적인 구별이 아니라 단지 '외적인 구별'만이 있을 뿐이다.

이 무구별자 동일성의 원리와 관련해서 우선적으로 다음의 세 가지 문제가 제시될 수 있다. 첫째는 어떻게 개별적인 모나드들 각각이 그것에 고유한 성질들 또는 규정들을 가지며, 둘째는 이러한 모나드들이 어떻게 서로 구별될 수 있는가, 이 구별은 모나드에 내재적인 구별인가 아니면 외적인 구별인가이다. 이것은 구별을 보증하는 관계규정들이 또한 개별적인 모나드의 내적인 규정인가 아니면 단지 외적인 비교규정인가 하는 물음과 밀접히 관계되어 있다. 셋째는 개별적인 모나드들 각각에서 (자기)동일성과 구별 또는 상이성은 서로 어떻게 관계하는가이다. 이것은 우선적으로 구별 또는 상이성 개념이 개별적인 모나드 자체에 내재화될 것을 필연적으로 요구한다. 이 문제들에서 요점은 어떻게 개별적인 모나드들 각각이 그것에 고유한 규정들을 통해서 한편으론 자기 동일성을 확보하고 동시에 다른 한편으론 다른 모나드들과 내재적으로 구별될 수 있는가이다. 무구별자 동일성의 원리는 라이프니츠 철학에서 '개체화의 원리' 또는 '구별의 원리'이기에 우선적으로 모나드들 상호간의 구별 또는 상이성의 문제부터 살펴보자.

그러면 위의 인용문에서 내재적인 구별은 정말로 불가능한가? 만약 가능하다면 이 구별은 어디에서 유래되는가? 라이프니츠는 무구별자 동일성의 원리에 단지 '수적인 상이성'이라는 의미만을 부여한 것은 아니다. 그래서 그는 다음과 같이 말한다. "감지되지 않은 상이성들에 힘입어서 두 개의 개별적인 사물들은 서로 완전히 동일할 수 없으며, 항상 단지 *수*적인 것 이상에서 서로 구별되어야만 한다".[11] 또는 "일반 철학자들은 사물들이 *단지 수적으로만* 서로 구별되고 또는 단지 그것들이 *둘*이라는 이유만으로 서로 구별된다고 여김으로서 오류에 빠졌던 것입니다."[12] 여기에서 사물들이 수적인 또는 양적인 것 이상에서 서로 구별된다고 함은 어떤 질적인 본성의 차이와 작용상의 차이를 통해서 구별된다는 것을 의

11) G. W. Leibniz, Nouveaux Essais, Bd. III/1, XXIX.

12) G. W. Leibniz, "Briefwechsel zwischen G. W. Leibniz und S. Clarke", 5. 편지, § 26(1716, 8. 18.).

미할 것이다. 그런데 이 질적인 본성의 차이와 작용상의 차이는 각각의 모나드에 고유한 '내적인 규정들'에 근거하며, 이것들을 통해서 규정되어야 한다. 이런 의미에서 무구별자 동일성의 원리는 "내적인 규정들에 의거하는 상이성"[13]을 표현한다. 그러면 이것은 무엇을 의미하는가?

라이프니츠에 따르자면 "수다성"은 그것의 "실재성"을 "진정한 단일성들"로부터 얻을 수 있다. 여기에는 수다성으로서의 상이성과 단일성으로서의 동일성, 즉 상이성과 동일성의 관계가 우선 함축적으로 제시되어 있다. 다양한 사물들 각각은 그것의 실재성의 근거를 그것의 동일성에서 갖는다. 이 동일성을 라이프니츠는 "영적인 점", "실체적인 원자"[14] 또는 "형이상학적인 점"이라 부른다. 이 실체적인 원자는 "실제적이고 절대적으로 부분을 갖지 않는 단일성"[15]으로서 일반적으로 '모나드'라 불린다. 이 모나드의 본성을 이루는 것은 "근원적인 힘"[16]이며, 이것이 "물체의 가장 내면적인 본성"을 구성한다. 그리고 이 근원적인 힘은 "경향conatus 또는 충동nisus을 가진 힘"[17]이며, 이것에 의해서 각각의 모나드에 내재하는 '지각들'과 생성 · 변화의 원리인 '욕구들'(즉 한 지각으로부터 다른 지각으로 이행하려는 충동들)이 형성된다. 그러므로 상이한 사물들 각각은 이와 같은 모나드들의 집적체이며, 이 사물들의 상이성의 근거는 그것들 각각이 가지는 동일성이다.[18] "참된 단일성이 없으면 어떠한 다수도 존재할 수 없으므로, 그들[모나드들]이 없다면 실제적인 것은 어떠한 것도 존재할 수 없을 것이다."[19] 여기에서 라이프니츠는 사물과 모나드의 관계를 상이성과 동일성, 현상과 본질의 관계를 통해서 근거 지운다.

---

13) 박배형, 「헤겔과 '상이성 명제'－라이프니츠의 '구별 불가능한 것의 동일성 원리'에 대한 헤겔의 해석」, 160쪽.

14) 빌헬름 라이프니츠, 「자연, 실체들의 교통 및 영혼과 육체 사이의 결합에 관한 새로운 체계」, 『형이상학 논고』, 윤선구 옮김, 아카넷, 2010, 147쪽 이하.

15) 같은 책, 158쪽.

16) 같은 책, 149쪽.

17) 빌헬름 라이프니츠, 「동역학의 시범」, 『형이상학 논고』, 168쪽.

18) 이상명, 「라이프니츠의 물체적 실체」, 『철학연구』84집, 철학연구회, 2009, 134쪽 비교: "라이프니츠는 모나드 개념을 물질들의 단순한 집적에 불과한 물체에 참된 실재성을 부여해 줄 수 있는 개념으로 정립한 것이다. … 라이프니츠는 모나드 개념이 물체적 실체의 단일성과 실재성을 설명하기 위해 만들어졌다."

19) 빌헬름 라이프니츠, 「자연, 실체들의 교통 및 영혼과 육체 사이의 결합에 관한 새로운 체계」, 158쪽.

그러면 모나드의 내적인 규정들이란 무엇인가? 우리는 '내적인 규정들에 의거하는 상이성'이 무엇을 의미하는가를 이해하기 위해서 우선 이 물음에 대답해야만 한다. 라이프니츠에 따르자면 모나드들 각각은 자신에 고유한 내적인 규정들을 가지는데, 여기서 내적인 규정들이란 각각의 모나드가 '동일한 우주 전체를 자신의 방식대로 또는 자신의 관점에 따라 표상하는'[20] 지각과 욕구의 방식을 가지는데, 이 방식에 의해서 규정된 내용들을 의미한다. 그리고 이 지각과 욕구의 규정방식들은 각각의 모나드에 따라 서로 상이한 방식을 갖는다. 라이프니츠에 따르자면 우주에는 무수히 많은 모나드들이 있다. 이 모나드들은 절대적으로 부분을 갖지 않는, 그래서 더 이상 분할될 수도 없는 단순한 실체들이다. 이 모나드들 각각은 근원적인 힘을 가지며, 이들 통해 우주 전체를 표상하고 지각한다. 그래서 라이프니츠는 이런 모나드를 '우주 전체를 표상하는 살아있는 거울'[21]이라 부른다. 이런 모나드들 각각은 자신의 방식에 따라서 우주 전체를 지각하며 또한 하나의 지각에서 다른 지각으로 계속적으로 이행하면서, 다시 말해 욕구하면서 우주 전체와 그것의 변화들을 자신의 내부에서 표현한다. 이 표현된 것들의 총체가 각각의 모나드의 내적인 규정들을 형성한다. 그러나 모나드들 각각은 그것의 내적 상태인 지각과 욕구의 명석·판명성의 정도 차이를 지니며, 이 명석·판명성의 정도 차이가 각각의 모나드의 실재성 및 완전성[22]을 규정한다. 이 때문에 라이프니츠는 "모나드들 사이에는 무한히 많은 등급들"[23]이 존재한다고 말한다. 그리고 이 "완전성의 정도에 따른 차등"[24]을 통해서 모나드들은 서로 구별된다.

---

20) G. W. Leibniz, "Metaphysische Abhandlung", Bd. I, § 9, 77쪽 이하 참조: "모든 개별적 실체[모나드]는 전 우주를 자신의 방식대로 표현하며, 그것의 개념 속에는 모든 사태들이 그것들의 정황과 함께 포함되어 있으며 또한 외적 사물들의 일련의 결과 전체가 포함되어 있다."

21) G. W. Leibniz, "Briefwechsel zwischen G. W. Leibniz und S. Clarke", 5. 편지, § 87(1716, 8. 18.).

22) 라이프니츠 철학에서 실재성과 완전성 개념의 관계에 대해서는 빌헬름 라이프니츠, 「인식, 진리 그리고 관념에 관한 성찰」, 『형이상학 논고』, 28쪽 이하, 각주 5 참조.

23) G. W. Leibniz, "In der Vernunft begründete Prinzipien der Natur und Gnade", Bd. I, § 4, 419쪽.

24) G. W. Leibniz, "Monadologie", § 48.

3. 모나드들 상호간의 공존가능성과 예정조화설

라이프니츠의 무구별자 동일성의 원리에 따르자면 모나드들 각각은 그것에 고유한 '내적인 규정들'과 '완전성의 정도 차이'를 통해서 서로 구별되며, 그러나 이 구별은 결코 모나드들에 '내재적인 구별'은 아니다. 또한 모나드들 각각은 창이 없는 자기 완결적인 실체이기 때문에 서로 어떠한 영향도 주고받지 않는다. 다시 말해 모나드들 각각은 그것에 고유한 내적인 규정들에 의해서 '자기동일성'을 획득한다. 그리고 비록 그것들이 현상의 다양한 사물들의 본질로서 간주되고, 그것들 각각의 자기동일성이 현상적 사물들의 상이성에 존재근거를 제공한다고 하더라도, 이 자기동일성에 근거해서 다른 모나드들과 내재적으로 구별되지 않고, 단지 서로 '상이한' 것으로 간주될 뿐이다. 그렇다면 이 상이한 모나드들 사이에서 어떠한 관계가 형성될 수 있는가? 우선적으로 말해 라이프니츠 철학에서는 이 내재적인 구별, 다시 말해 모나드들 사이에서의 '동일성과 상이성의 관계'가 반성되고 있지 않다. 오히려 라이프니츠는 '신의 완전성과 합리성에 근거한 예정조화설'과 모나드들의 '관점주의 Perspektivismus'를 주장하고,[25] 이 때문에 상이한 모나드들 사이의 내재적인 구별 자체를 고찰하지 않는다. 이에 대해 좀 더 살펴보자.

라이프니츠는 각각의 '모나드의 개체성'을 "모나드의 내적 원리인 가능적 지각의 총체"[26]로 특징짓는다. 이 '가능적 지각의 총체'가 모나드들 각각에 고유한 내적인 규정들을 형성하고 이를 통해 모나드들은 서로 상이한 것으로 규정된다.[27] 그러면 이 상이한 모나드들은 서로 어떠

---

25) 이에 대해서는 빌헬름 라이프니츠, 「자연, 실체들의 교통 및 영혼과 육체 사이의 결합에 관한 새로운 체계」, 158쪽; G. W. Leibniz, "Metaphysische Abhandlung", § 14, 93쪽 이하; Andreas Blank, *Der logische Aufbau von Leibniz' Metaphysik*, Walter de Gruyter · Berlin · New York, 2001, 139쪽 이하 참조.

26) 윤선구, 「≪순수이성비판≫ 반성개념 장에서 칸트의 라이프니츠 비판에 관한 연구(2)－라이프니츠는 물자체의 비교원리를 현상에 적용하였나?」, 『철학연구』79집, 철학연구회, 2007, 71쪽.

27) 윤선구는 라이프니츠 철학에서 '실체구성이론'과 '개체화의 원리/구별의 원리'의 이해를 위해 초 · 중기의 '완전개념이론'과 후기의 '지각이론'을 구별해야 한다고 주장하면서 다음과 같이 말한다. "신이 자신의 모습에서 본떠 유한한 개별적 실체의 이념을 형성하고, 이로부터 그들이 실제로 존재하게 될 경우에 전개하게 될 미래의 모든 우연적 속성들[지각들]을 미리 봄으로서 [가능적 지각의 총체로

한 관계에 놓여있으며 그것들의 내적인 규정들은 어디에서 유래하는가? 모나드들 각각은 자기 완결적인 실체이기 때문에 서로 어떠한 영향도 주고받지 않는다. 그럼에도 불구하고 그것들이 서로 조화롭게 공존할 수 있는 것은 "신이 동일한 우주를 다양한 각도와 위치에서 조망하고 이에 상응하여 실체[모나드]를 창조"[28]하였기 때문이다. 신은 모나드들을 창조하기 이전에 이미 '자신의 이성 안에서' 자신의 모습을 본떠 모나드들의 이념을 형성하고, 이로부터 그것들이 실제로 존재하게 될 경우에 전개하게 될 미래의 모든 가능한 지각들을 미리 봄으로서 모나드들의 개념을 형성했다. 그런 후에 신은 이 개념에 존재를 부여하고 모나드들을 창조했다. 이렇게 창조된 모나드들은 서로 다른 모나드에 어떠한 물질적인 영향을 미치지 않는다. 한 모나드가 다른 모나드에 미치는 영향은 단지 "관념적인 영향"만이 가능하다. 그런데 이 관념적인 영향은 단지 "신의 매개"를 통해서만 가능하다.[29] 다시 말해 이것은, 신이 모나드들을 창조할 때, 신은 이것들의 관계를 미리 자신의 관념 안에서 조정하고 고려하여 서로 조화하도록 배치하였다는 것을 의미한다.

그러면 신은 모나드들과 이것들의 총체로서 우주를 어떠한 방식에서 창조하였는가? 신의 사유 안에는 무수히 많은 가능한 세계가 존재할 수 있으며, 이 세계들 각각은 그것에 적합하고 상호 공존 가능한 모나드들로 구성되어 있다. 이 무수히 많은 가능한 세계를 구성하는 '모든 가능

서] 실체의 개념을 형성한다는 견해는 다음과 같은 점에서 초기의 '개념결합론'[완전개념이론]적인 실체구성이론에 비해 장점을 가지고 있다. 첫째 '추상적 본질'로서의 실체의 '이념'은, 그것이 창조될 경우 그 자체 안에 미래에 전개될 모든 우연적 속성을 가능태로서 포함하면서 순차적으로 전개시켜 나가므로, '엔텔레키'라고 부르는 모나드의 개념과 잘 조화를 이룬다. 둘째 신이 모나드를 창조하기 전에 그의 추상적 본질로부터 미래에 전개될 우연적 속성들을 예견할 수 있기 때문에, 신의 예견설과 조화된다. 셋째 신 자신이 자유의지를 지닌 실체이기 때문에, 자신의 형상에 따라 자유로운 개별적 실체를 창조할 수 있다는 점에서 인간의 의지의 자유를 설명하는데 유리하다. 그러나 이 이론은 이성적인 모나드가 실제로 자유롭게 활동할 경우, 즉 자신의 전체 또는 일부의 우연적 속성들을 자기 마음대로 전개할 경우 신이 이를 어떻게 미리 알 수 있는가 하는 문제에 대해 만족스러운 대답을 제시하지 못하는 결점을 가지고 있다."(윤선구, 「라이프니츠에 있어서 의지의 자유문제와 단자론」, 『철학』52집, 한국철학회, 1997, 170쪽 이하)

28) 빌헬름 라이프니츠, 「형이상학 논고」, 『형이상학 논고』, 69쪽 각주 75 참조.

29) G. W. Leibniz, "Monadologie", § 51.

한 모나드들은 그들이 존재하게 될 경우 전개될 미래의 모든 지각을 가능태로서 자신 안에 포함하고 있고, 이 가능적 지각의 총체에 의해 서로 구별되는 개체적 실체이다.' 이렇게 구별된 가능한 모나드들은 그것들이 현실존재를 획득하기 위해서는 우선적으로 '그 자체로 가능'해야만 한다. 이것은 가능한 모나드들 각각을 구성하는 가능적 지각들이 '서로 모순되지 않아야 한다'는 것을 의미한다. 그러나 이 조건을 충족했다고 하더라도 가능한 모나드들 각각이 현실존재를 획득하기 위해서는 또한 '다른 모나드들과 공존 가능해야 한다'는 조건이 충족되어야만 한다. 따라서 '논리적 무모순성으로서의 가능성과 함께 공존가능성은 유한한 모나드의 존재를 위한 전제조건이다.' '공존 가능한 모나드들은 무질서하게 공존하는 것이 아니라, 신이 모나드들의 가능적 지각을 예견함으로서 모든 모나드들의 지각들이 질서를 이루어 하나의 통일적 세계가 되도록 배열하는 것이다. 신의 오성 안에서 잘 질서 지어진, 이 모든 공존 가능한 모나드들의 집합이 바로 가능적 세계이다.'[30]

그러나 비록 모든 가능한 것들이 현실존재를 획득하려는 경향을 가지고 있다고 하더라도, 그것들 모두가 현실존재를 획득하는 것은 아니다. 이를 위해서는 신의 합리적이고 자유로운 선택이 필요하다. "신의 관념은 무한한 수의 가능적 세계를 포함하고 있고, 그 중에서 단지 하나의 세계만이 존재할 수 있으므로, 이러한 신의 선택에 있어, 그로 하여금 하나의 세계를 다른 세계들보다 더 선호하도록 규정하는 충분한 근거가 있어야 한다."[31] 이에 따르자면 충족이유율은 라이프니츠에게 있어 존재론적 원리로서 이해되며, 신은 자신의 완전성과 합리성에 근거해서 무수히 많은 가능한 세계 중에서 "가능한 한 최고의 질서, 가능한 한 가장 큰 다양성 … 가능한 한 가장 큰 완전성"[32]을 갖는 세계를 자신의 자유로운 의지에 따라 선택하여 창조했다. 그래서 라이프니츠는 또한 다음과 같이 말한다. "최고의 원인[신]의 완전성으로부터 우주의 질서가 가능한 질서 중에 최고로 완전한 질서라는 사실뿐만 아니라, 우주를 자신의 관점에서 표현하는 각각의 살아 있는 거울, 말하자면 각각의 모나드, 각각

30) 윤선구, 「스피노자와 라이프니츠에 있어 가능성 개념과 자유」, 『철학』78집, 한국철학회, 2004, 127쪽 이하.

31) G. W. Leibniz, "Monadologie", § 53.

32) 같은 책, § 58.

의 실체적 중심은 그 밖의 사물들의 총체와 조화되는 가장 잘 질서 지어진 지각과 욕구를 가져야 한다는 사실이 도출된다.”[33] 신은 자신의 가능적 사유에서 사유될 수 있는 가능한 세계들 중에서 가장 완전한 세계, 즉 가능한 실재성에 있어 가장 풍부한 그리고 상호 공존 가능한 모나드들의 집합을 선택해서 창조하였고 또한 가능한 모나드들에 가장 적합한 특성들을 그리고 이 특성들이 모순 없이 상호 공존 가능하게 가장 잘 배분하였다.

이렇게 창조된 우주 안에서 존재하는 모든 모나드들의 지각과 그들의 총체인 하나의 우주 사이에는 신에 의해 이미 예정된 조화가 이루어져 있다. 이것이 라이프니츠 철학에서 “근본적인 예정조화”[34]이다. 이와 같이 창조된 조화로운 세계는 가장 완전한 조화와 공존 가능한, 다양하게 존재하는 모나드들을 포함한 세계이며, 여기에서 모나드들 각각의 지각은, “잠제적인 것을 현실화하는 한에서, 또는 그것의 자발성에 힘입어 그것을 객관화시키는 한에서”, 그것이 구성하는 세계와의 관계에서 “모나드 자신의 고유한 시점과 관련되는 모나드의 능동적 표현”이며, 그것의 욕구 또한 하나의 지각에서 다른 지각에로의 이행을, “하나의 생성”을 구축하는 것을 의미한다.[35] 이러한 지각과 욕구에 의해 형성된 내용이 모나드들 각각의 내적인 규정들을 형성하고, 이에 근거해서 모나드들

---

33) G. W. Leibniz, “In der Vernunft begründete Prinzipien der Natur und Gnade”, Bd. I, § 12, 431쪽.

34) 빌헬름 라이프니츠, 「모나드론」, 『형이상학 논고』, 292쪽, 각주 72. 여기서 윤선구는 4가지의 예정조화를 다음과 같이 이야기 한다. “라이프니츠의 모나드론에는 네 가지의 예정조화가 있는데, … [각각의 모나드의] 지각과 우주 사이의 조화, 영혼과 육체 사이의 조화이고, 세 번째 예정조화는 목적인에 따라 변화하는 모나드 내부의 지각의 변화와 작용인에 따라 변화 또는 운동하는 현상계의 육체의 변화 [사이의 조화]이다. 그리고 마지막 예정조화는 이성을 가지지 않아 자연필연성에 따라 작용하는 모나드들의 총체인 자연의 왕국과 자유에 따라 활동하는 이성을 가진 모나드들의 총체인 은총의 왕국 또는 신의 왕국 사이의 조화이다.”(같은 책, 292쪽, 각주 73)

35) 질 들뢰즈, 『주름, 라이프니츠와 바로크』, 이찬웅 옮김, 문학과 지성사, 2004, 145쪽. 여기에서 들뢰즈는 계속해서 다음과 같이 말한다. “이런 생성이 실행될 때에는 반드시 지각의 집합이 “온전하고 진정한 기쁨”으로 통합되려고 한다. 그 기쁨이란, 모나드가 세계를 표현할 때 자기 자신을 채우는 <만족>, 진동들을 수축시키고 무의식적으로 그 진동의 배수음들을 계산하고 그로부터 항상 더 멀리 나아갈 수 있는 힘을 이끌어내서 새로운 무엇을 생산할 수 있게 되는 음악적 <즐거움>이다.”

은 서로 구별되고 서로 조화롭게 공존한다. 이 보편적인 조화의 원리를 통해서 라이프니츠는 자신의 철학의 전 영역에서 제시된 "*일자와 다자의 문제*"에 해답을 제공한다. 이 보편적인 조화의 원리는 "다양 속의 통일", 즉 "*어떤 특정한 동일성에 의해 조절되는 다양성*"을 의미하며, "다양 속의 통일이 크면 클수록 조화도 장대해진다"는 점을 제시한다.[36] 그래서 이 조화는 "가능한 가장 장대한 다양성-속의-통일 또는 조화"[37]이다. 그러나 이 조화의 원리는 라이프니츠에게 있어서 근본적으로 "신의 오성과 … 신의 의지의 표현"이며, 신은 이 "조화의 근거"이고, "이 세상 속의 대립이 궁극적으로 화해하는 원리"로서 간주된다.[38] 라이프니츠의 무구별자 동일성의 원리에서 모나드들 사이의 내재적인 구별은 결국 모나드들 자체에 근거하지 않고, 신의 매개를 필요로 한다.

4. 논리적인 반성과 선험적인 반성

우선적으로 라이프니츠 철학의 이 원리에 대한 칸트의 비판을 살펴보면, 칸트는 『순수이성비판』의 '선험적 분석론'과 '선험적 변증론' 사이에서 '선험적 논리학의 부록'의 형식으로 '반성개념들의 모호성'을 논구한다. 그는 이 반성개념들을 '동일성과 상이성', '일치와 대립', '내적인 것과 외적인 것' 그리고 '규정 가능한 것과 규정(질료와 형식)'이라는 4가지 개념 쌍 하에서 파악하고, 이 개념들을 논구하는 장소를 '선험적인 장소론'이라 부른다.[39] 이 반성개념들은 칸트에게 있어 '비교개념들'로서 한편으론 순수 오성의 '범주들'과 구별된다. 반성개념들에 있어서는 우리 인식들을 산출하는 것이 중요한 것이 아니며, 그것들은 주어진 대상들이나 표상들 및 개념들의 관계들을 비교하고 종합하는 원리들로서만 적용된다는 점에서 감성적 직관과의 결합 여부에 따라 그것들의 객관적 타당성을 보증하고 인식 산출 여부를 결정하는 범주들과는 구별된

36) J. 콜린스, 『합리론: 데카르트, 스피노자, 라이프니츠』, 202쪽 이하.
37) 같은 책, 217쪽.
38) 같은 책, 205쪽.
39) I. Kant, *Kritik der reinen Vernunft*, Verlag von Felix Meiner in Hamburg, 1956, B 318, B 325 참조.

다. 다른 한편으론 칸트의 반성개념들은 "주어진 표상들이 우리의 서로 다른 인식 원천[오성과 감성]에 대하는 관계의 의식"인 "반성"[40]의 개념들, 다시 말해 '우리 주관에 속하는 관계개념들'로서 헤겔에게 있어 '본질의 내적인 규정들'로 간주되는 '반성규정들'과도 구별되어야 한다. 여기에서 반성규정이 본질의 내적인 규정이라는 것은 말하자면 그것이 현실을 구성하는 존재론적인 근본규정이라는 것을 의미한다.

칸트철학에 있어서 반성개념들은 단지 개념들을 논리적으로 비교하고 구별할 때뿐만 아니라 또한 대상들을 비교하고 구별할 때, 이 개념들이나 대상들에 대한 표상들의 '모든 비교와 구별'에 관계하기 때문에 그것들은 '비교개념들'이라 불린다. 그런데 이 반성개념들이 대상들에 적용될 때, 말하자면 이 대상들이 서로 동일한가 아니면 상이한가 또는 서로 일치하는가 아니면 대립하는가 등의 물음이 제기될 때, 문제가 발생한다. 왜냐하면 비교대상들은 우리 인식능력에 대해 '이중의 반성관계'를 가질 수 있기 때문이다. 칸트에 따르자면 우리가 이 반성개념들을 가지고서 대상들을 '비교'하고 그것들의 체계적인 연관, 즉 '종합'을 추구하기를 원한다면, 우선적으로 '이 비교대상들이 어떠한 인식능력에 대한 대상들인가, 말하자면 순수한 오성에 대한 대상(물자체)들인가 아니면 감성에 대한 대상(현상)들인가'에 관한 '선험적인 숙고'가 필요하다. 왜냐하면 반성개념들은 이 구분에 따라 서로 다른 비교원리로서 적용되어야 하기 때문이다. 다시 말해 칸트철학에서 반성개념들의 사용에 있어서는 대상들의 직관과 관계없이 단지 그것들의 개념들만을 비교하고 종합하는—이 때문에 여기에서 비교되는 대상들은 '동종적'으로 취급된다—'논리적인 반성'에 선행하는 '선험적인 반성'이 필요하다. 이 선험적인 반성은 비교되는 대상들을 그것들의 '내용'에 따라서가 아니라 우리의 '인식능력들', 말하자면 '대상들의 감성 또는 오성에의 귀속성'에 따라서 구별한다.[41] 그래서 이 반성은 반성개념들을 문제되는 대상들에 적용할 때, 그것은 이 개념들을 물자체와 현상의 구별에 따라 서로 다른 방식에서 적용한다. 왜냐하면 물자체와 현상 각각에 따라 우리의 인식 방식이 다르기 때문이다. 그런데 만약 이 선험적인 반성 없이 반성개념들을 대

40) 같은 책, B 316.
41) 같은 책, B 317 이하 참조.

상들 일반에 직접적으로 적용한다면, 우리는 '이 개념들에 대한 매우 불안정한 사용'을 하는 것이며, 그리고 이와 같은 불완전한 사용을 통해서 '비판적인 이성이 인정할 수 없는 사념된 종합적인 원리들'이 발생할 것이다. 그러나 이것은 '선험적인 모호성', 말하자면 '순수한 오성대상과 현상의 혼용'일 뿐이다.[42)]

칸트는 이 논구를 통해 라이프니츠 형이상학의 논리주의를 비판하려한다. 라이프니츠 형이상학의 원리들 중의 하나인 '무구별자 동일성의 원리'는 개체화 원리로서 동일성과 구별 또는 상이성 개념과 밀접히 관련되어 있으며, 이 개념들은 칸트에게 있어서는 반성개념들에 속한다. 그러나 칸트가 보기에 라이프니츠는 오성대상과 감성대상, 즉 물자체와 현상의 구별뿐만 아니라 논리적인 반성과 선험적인 반성의 구별을 간과하고, 사물들을 단지 개념들에 의해서만 비교하기 종합하기 때문에, 그는 '순수개념들을 서로 구별하기 위한 상이성' 이외의 '다른 상이성', 말하자면 현상의 사물들을 구별하기 위한 상이성을 보지 못하고, 사물들 일반에 대한 반성개념들의 혼용된 사용을 통해 선험적인 모호성에 빠졌다. 라이프니츠의 형이상학은 '우리 인식의 본성과 근원'과 관련해서 '감성과 지성(적인 것)의 구별'을 단지 '논리적으로', 말하자면 '지각의 명석·판명성에 따른 형식적 구별'로만 본다. 그러나 감성과 지성 또는 오성의 구별은 명백히 '선험적인' 구별, 말하자면 '인식의 원천과 내용에 관한 구별'이다. 감성과 오성은 '표상들에 대한 두 가지의 전혀 다른 원천들'이며, 양자는 그것들의 '결합'을 통해서만 사물들에 대한 '객관적인 인식'을 가능하게 만든다. 그러나 라이프니츠는 칸트처럼 감성을 오성과는 전혀 다른 '표상들의 특수한 원천'으로 인정하지 않았고, 단지 감성을 '불명료한 표상방식'으로만 생각한다.[43)] 여기에서 칸트의 라이프니츠 비판의 요점은 라이프니츠가 단지 '물자체와 현상을 구별하지 않았다'는 것보다도, 더 나아가 '물자체의 비교원리를 현상에 적용했다는 오류'와 '개념들의 비교원리를 감성의 도움 없이 대상일반에 적용했다는 오류'에 있다.[44)]

---

42) 같은 책, B 325 이하 참조.

43) 같은 책, B 61 이하, B 326 이하 참조.

44) 윤선구, 「『순수이성비판』반성개념 장에서 칸트의 라이프니츠 비판에 관한 연구(1)－비판의 요점과 현상을 물 자체와 구별하지 않았다는 비판에 대하여」, 『철학』93집, 한국철학회, 2007, 109쪽. 또한 다음을 참조: "라이프니츠는 실재로 오

"우리가 (양과 질의) 내적 규정들에 관해 볼 때 완전히 동일한 A와 B를 두 개의 사물들로서 이해한다면 오류를 범하는 것이며, 그것들을 하나의 동일한 사물(수적으로 동일한 것)로 간주해야만 한다"[45]는 라이프니츠의 무구별자 동일성의 원리는 비교되는 대상들을 단지 개념적으로만 비교하고, 이 대상들의 관계를 감성적 직관의 순수 형식의 도움 없이 모든 대상들 일반에 적용한다. 그러나 "어떤 사물의 단순한 개념에서는 그 사물의 직관에 필요한 조건들[시간, 공간]이 도외시되어 있기 때문에, 이 도외시된 것을 처음부터 전혀 없었다고 생각하고, 이 사물의 개념에 포함된 것 이외의 다른 어떠한 것도 그 사물에서 허용하지 않는 것은 너무 지나친 속단이다."[46] 이 속단을 통해 라이프니츠는 오성의 대상들에서만 타당한 저 원리를 현상의 사물들에까지 적용하고 '자연의 인식을 확장'했다고 믿는다. 그러나 감성적 직관의 순수 형식을 도외시하는 라이프니츠의 저 원리는 "자연의 법칙"으로 간주될 수 없으며, "단적으로 단순한 개념들에 의해서 사물들을 비교하는 분석적인 규칙"에 불과하다.[47] 이 때문에 라이프니츠의 무구별자 동일성의 원리는 순수오성의 대상들에게만 적용 가능하며 감성의 대상들에는 저 대상들과 동일한 방식에서 적용될 수 없다. 그래서 칸트는 다음과 같이 주장한다. "원리적으로 라이프니츠의 원리는 완전히 받아들일 수는 있다. 그러나 이것은 단지 순수오성의 대상들에 대해서만 가능하며", "감성의 대상들에는 어떠한 적용도 가질 수 없다."[48] 다시 말해 칸트는 라이프니츠의 원리에는 논리적인 반성은 있으나, 실재적인 선험적인 반성이 결여되어 있으며, 그 결과 순수오성의 대상들에 적용되는 비교원리를 동일한 방식에서 현상에 적용했다고 비판한다. 이를 통해서 그는 라이프니츠의 원리가 가지는 절대적인 타당성을 순수오성의 대상들에만 적용 가능한 원리로 '상대화'시킨다.

성과 감성, 물자체와 현상을 명확히 구분하였다. … 라이프니츠에 있어서 물자체란 우리 정신의 외부에 존재하는 실체를 의미하며, 현상이란 실체의 내적 상태[속성]인 지각의 상태에 나타나는 사물들을 의미한다. 물 자체는 실재이지만 현상은 실재가 아니라 단지 관념이다."(같은 책, 118쪽 이하)

45) 임마누엘 칸트, 『형이상학의 진보/발견』, 최소인 옮김, 이제이북스, 2009, 41쪽.

46) I. Kant, *Kritik der reinen Vernunft*, B 337 이하.

47) 같은 책, B 328.

48) 같은 책, B 319 이하.

또한 우리는 위에서 라이프니츠의 무구별자 동일성의 원리가 단지 '논리적인 의미'만이 아니라 '존재론적인 의미'를 가지며, 이것은 충족이유율에 의해서 근거 지워진다는 점을 살펴보았다. 이에 따르자면 무구별자 동일성의 원리는 신은 자신의 완전성과 합리성에 근거해서 서로 동일한 것을 만들지 않으며, 오히려 신은 동일하게 가능한 여러 사물들 중에서 최선인 것, 말하자면 가장 다양하고 가장 큰 완전성을 가지는 것을 선택하고 창조했다는 것을 의미한다. 그런데 이에 대해 다음과 같은 비판이 제기될 수 있다. 라이프니츠가 무구별자 동일성의 원리를 충족이유율에서 유추한다고 하더라도, 그는 충족이유율의 두 의미, 즉 '논리적(형식적) 원리로서 사용되는 충분 근거율, 즉 근거와 귀결의 관계에서 파악되는 근거율'과 '초월적(질료적) 원리로서 사용되는 충분 근거율, 즉 원인과 결과의 관계에서 파악되는 인과율'을 구별하지 않았다는 비판이 있을 수 있다. 이 비판에 따르자면 라이프니츠의 충족이유율은 '인식의 초월적-종합적 원리'가 아닌 단지 '인식의 논리적-분석적 원리'이기에, 이로부터 도출된 그의 무구별자 동일성의 원칙도 결국에는 '지성 중에서만 타당한' '개념들의 비교만을 탐구하는 원리'에 불과하고, '존재들의 연관까지 탐구하는 원리'로는 간주될 수 없다는 것이다. 이 때문에 라이프니츠의 무구별자 동일성의 원리는 '사태들의 원인 결과에는 관계하지 못하고 단지 개념들의 근거 귀결의 관계'에만 적용될 수 있는 분석적 원리로서만 타당성을 가질 수 있을 뿐이다.[49]

5. 형이상학과 현상론

라이프니츠의 형이상학에 대한 칸트의 비판을 좀 더 추적해 보면, 칸트의 선험적 반성이 수행되는 장소는 단지 개념들의 관계가 문제시되는 '추상적인 사고 가능성의 공간'이 아니라, 오히려 개념과 원천적으로 구별되고 개념으로부터 완전히 독립적인 감성적 직관의 순수 형식인 시간

49) 백승환, 「일양성-상이성 반성개념 쌍을 통한 라이프니츠의 무구별자 동일성의 원리 비판」, 『철학논구』33, 서울대학교 철학과, 2005, 140-2쪽 참조. 여기에서 '초월적'은 이 글에서 '선험적'이란 표현과 같은 의미임.

과 공간 속에서 실재하는 사물들의 관계를 비교하고 종합하는 ‘사물들의 실재 가능성의 공간’이다.[50] 이 때문에 이 선험적인 반성에서는 단순히 개념들과 이것들 속에 내포된 내적인 징표들의 명료화가 아니라 시간과 공간에서 실재하는 사물들의 실재적인 관계가 중심적인 문제로 제시된다. 그러나 라이프니츠는 감성적 직관의 순수 형식인 시간과 공간을 도외시한 채 “공간을 실체[모나드]들의 상호작용에 있어서의 어떤 질서”(B331)로 생각하고 “시간은 실체[모나드]의 상태들의 역학적 계기”라고 생각했고, 따라서 공간과 시간을 비록 불명료한 표상이긴 하지만 순수 지성에 의해 파악된 “사물 자체(실체와 그 상태)들을 결합하는 가상적 형식”(B332) 내지 “사물 자체[모나드]의 규정”으로 간주함으로써 “감성의 형식을 지성화”(B331)했다는 것이다. 그리고 이를 통해 그는 현상의 사물들을 오성의 대상들과 동일한 방식으로 서로 비교하고 종합할 뿐이다. 이러한 라이프니츠의 오류의 원천은 감성과 오성, 직관과 개념이 원천적으로 구별되는 인식의 “전혀 이종적인”(B118) 두 요소임을 간과하고, 양자의 차이를 단지 ‘의식의 명료성의 정도로 구분’하여 ‘논리적 차이’로만 간주했다는 점에서 찾아질 수 있다.[51] 이 때문에 칸트는 라이프니츠의 무구별자 동일성의 원리를 통해서는 개념들의 논리적인 가능성과 그것들의 논리적인 연관은 알려질 수 있지만, 사물들의 실재적인 가능성과 그것들의 실재적인 연관은 파악될 수는 없다고 주장한다.

칸트에 따르자면 감성과 오성, 직관과 개념은 전혀 별개의 인식 원천들이다. 그래서 직관에는 사물들 일반의 개념 중에는 없는 그 어떤 것이 포함되어 있는데, 이것이 시간과 공간이라는 감성적 직관의 순수 형식이다. 그런데 만약 우리가 이 감성적 직관의 조건을 무시하고 사물들을 단지 개념적으로만 비교한다면, 그래서 개념이 외적인 직관의 대상을 표상하는 유일한 조건으로 간주된다면, 라이프니츠의 저 원리는 전적으로 정당한 원리로서 간주될 수 있다. 그러나 칸트에 따르자면 우리의 모든 개념들을 ‘객관적으로’ 사용할 수 있는 유일한 조건은 “우리 감성적인 직관의 방식”이며, “이 직관방식에 의해서만 대상들은 우리에게 주어질 수 있다.”[52] 이 주어진 대상들이 현상을 구성하며, 이 현상이 “우리 인식의

50) 박진, 「칸트의 라이프니츠 비판－칸트의 반성원리들에 관하여(II)」, 『철학』65집, 한국철학회, 2000, 130쪽.

51) 같은 책, 118쪽 이하 참조. 여기에서 칸트 인용은 이 논문에서 재인용함.

객관"이며, "우리의 인식이 객관적 실재성을 가질 수 있는 유일한 객관"이다.[53] 그래서 칸트는 또한 다음과 같이 주장한다. "우리는 우리 감성적인 직관 이외의 다른 종류의 직관을 알 수 없고, 범주들 이외의 다른 종류의 개념들을 모르며, 이 양자 중에 어떠한 것도 초감성적인 대상에는 적합하지 않다. 이 때문에 우리는 우리 감성의 조건들을 넘어서서 우리 사고의 대상들의 영역을 적극적으로 확대해서, 현상들 이외의 순수 사고의 대상들, 말하자면 가상체를 상정할 수는 없다."[54]

칸트 철학의 이와 같은 원리적인 사상들에 따르자면 라이프니츠의 무구별자 동일성의 원리는 그리고 이 원리의 근저에 놓여있는 반성개념들, 특히 동일성과 상이성은 대상들이 우리 인식능력들과 갖는 이중적인 관계의 구별에 따라 상이한 비교원리들로서 사용되어야 한다. 다시 말해 반성개념은 한편으로 우리에게 감성적 직관이 주어지지 않는 순수오성의 대상들과 관련될 경우에 비교되는 대상들이 개념적으로 구별이 불가능하면 이 대상들은 동일한 것, 즉 수적으로 하나인 것으로 간주될 수 있다. 그러나 다른 한편 반성개념이 우리에게 감성적 직관이 주어질 수 있는 현상의 대상들과 관련될 경우에 비교되는 대상들은 개념적으로 구별이 불가능하다고 하더라도 이 대상들이 시간과 공간 규정에 의해 구별된다면 그것들은 동일한 것이 아니라 서로 상이한 것으로 간주되어야 한다. 전자의 경우에는 개념적으로 구별이 불가능한 것은 동일하고, 개념적으로 구별이 가능한 것은 상이한 것이다. 그런데 후자의 경우에는 동일한 것은 개념적으로 구별이 불가능할 뿐만 아니라 또한 동시에 시간과 공간적으로도 구별이 불가능한 것이어야 하며, 비록 그것이 개념적으로 구별이 불가능하다고 하더라도 시간과 공간의 차이가 있다면 그것은 구별이 가능한 것이며, 따라서 상이한 것으로 비교된다. 그래서 칸트는 시간과 공간의 차이가 "현상으로서의 대상들의 수다성과 상이성을 가능하게 할 뿐만 아니라 또한 필연적"[55]이게 만든다고 주장한다. 이에

52) I. Kant, *Kritik der reinen Vernunft*, B 342. 이 때문에 칸트는 감성적인 직관 이외의 다른 직관, 말하자면 '지성적 직관'을 인정하지 않으며, 이것이 '우리 감성의 근원의 비밀'(B 334)이라 말한다.

53) 같은 책, B 335.

54) 같은 책, B 343.

55) 같은 책, B 328.

따르자면 라이프니츠의 무구별자 동일성의 원리와 비교원리로서 반성개념들은 전자의 경우와 후자의 경우를 구분해서 적용되어야만 한다. 그러나 칸트는 라이프니츠가 이 구분을 간과하고, 무구별자 동일성의 원리와 비교원리를 이 두 경우에 동일한 방식으로 적용했다고 비판한다.

칸트는 라이프니츠의 무구별자 동일성의 원리를 이와 같이 논리적인 원리로서만 이해한다. 그래서 이 원리는 순수오성의 대상(물자체)들과 관련해서만 절대적으로 타당한 원리이고, 감성의 대상(현상)들과 관련해서는 그것의 절대적인 타당성을 상실한다. 왜냐하면 현상의 사물들과 관련해서는 감성적 직관의 순수 형식으로서의 시간과 공간이 이 사물들의 존재근거이기 때문에 무구별적인 것이 서로 다른 시간에 또는 서로 다른 공간에 있다면, 이것은 동일한 것이 아니라 상이한 것으로 간주될 수 있기 때문이다. 따라서 현상의 사물들과 관련해서 무구별자 동일성의 원리와 반성개념들이 감성과 시간 및 공간 개념의 도움 없이 대상들 일반에 동일하게 적용된다면, 그것은 오류이다.[56] 더 나아가 칸트에 따르자면 현상에서는 '논리적인 모순'과는 전적으로 구별되는 '실재적인 모순'이 인정되어야 한다. 실재적인 모순이란 이 모순관계에 있는 두 사물들은 논리적인 모순관계에서처럼 한 쪽이 다른 한쪽의 '존재 자체'를 부정하는 것이 아니라, 단지 다른 한쪽의 '작용 또는 결과'만을 전면적으로 또는 부분적으로 상쇄하거나 무효화하는 관계(예: A-B=0)를 말한다. 이것은 하나의 주어에 결합되어 있는 두 실재성들 중의 하나가 단지 다른 하나의 작용들만을 무효하게 하는 것이며, 그래서 칸트는 이 모순을 또한 '상호적인 손실Abbruch의 대립'이라 부른다.[57] 볼프는 칸트철학에서 이 대립의 근거를 '수학적인 부정 개념'에서 찾으며, 이 수학적인 부정은 '비논리적인 의미에서의 부정'으로서 '대립된 긍정적인 속성들 자체'와 관계하는 것이 아니라, 단지 '그것들의 작용들 또는 결과들'만을 부정하는 것, 칸트의 표현을 빌리자면, 약탈Beraubung 또는 강탈Privation하는 부정을 의미한다. 칸트는 라이프니츠의 무구별자 동일성의 원리를 논리적인 원리로서 이해하며, 이 원리가 근거하는 '주어에 내재하는 술어 praedicatum inest subiecto라는 원리', 다시 말해 '한 주체에 서로 다른

56) 윤선구, 「『순수이성비판』반성개념 장에서 칸트의 라이프니츠 비판에 관한 연구 (1)」, 102쪽 이하 참조.

57) I. Kant, *Kritik der reinen Vernunft*, B 320 이하, B 329 이하 참조.

실재성들이 모순 없이 귀속될 수 있다'는 라이프니츠의 논리적인 관점, 즉 '모순배제의 원리'를 자신의 실재적인 모순 개념에 근거해서 비판한다.[58] 결과적으로 칸트는 자신의 현상론에 근거해서 라이프니츠의 형이상학을 비판하며, 이 형이상학의 원리들이 갖는 절대적인 타당성 요구를 상대화시킨다.

그런데 이 현상론에 근거한 비판에 대해 다음과 같은 반론이 제시될 수 있다. 선험적인 반성에 따라 순수오성의 대상들과 감성의 대상들의 비교원리가 서로 다르다는 생각은 비교되는 대상들이 감성적 직관의 순수 형식인 시간과 공간 규정에 의존하고, 이 규정이 저 대상들의 존재조건이기에 그것들에 선행한다는 사실에 근거하는 것이다. 그리고 이 사실은 또한 인정될 수 있다. 그러나 여기에서 시간과 공간 규정이 칸트의 생각처럼 비교되는 대상들 자체의 객관적인 형식이 아니라 단지 우리 주관적인 감성적 직관의 형식일 필요가 있는가 하는 물음이 제시될 수 있다.[59] 라이프니츠 철학에 있어 "공간이란 실재가 아니며, 서로 다른 실체[모나드]들이 동시적으로 존재하는 질서가 바로 공간이라고 불리는 것이다. 그리고 시간은 한 실체 내부에 있어 지각이 계기적으로 변화하는 질서에 다름이 아니라고 본다. 다시 말하면 라이프니츠에 있어 시간과 공간은 실재가 아니며, 단지 모나드들만이 실재한다."[60] 이에 따르자면 시간과 공간은 라이프니츠 철학에 있어 실재하는 모나드들 자체의 존재방식들이며, 그래서 시간과 공간이 실재하는 모나드들에 선행하는 것이 아니라 오히려 그 반대이다. 이 때문에 라이프니츠는 시간과 공간의 현상론적인 차이 이외에 또한 모나드들 사이의 내적인 구별의 원리가 필연적으로 존재해야 한다는 것을 요구한다. 그리고 이것이 바로 그

58) 이 논리적인 모순과 실재적인 모순의 관계에 대해서는 지면 관계상 여기에서는 더 이상 언급하지 않겠다. 보다 자세한 것은 M. Wolff, "Über das Verhältnis zwischen logischen und dialektischen Widerspruch" in *Hegel-Jahrbuch 1979*(Köln 1980), 344쪽과 ders, *Der Begriff des Widerspruchs*: Eine Studie zur Dialektik Kants und Hegels, Verlag Anton Hain Meisenheim GmbH, 1981, 71쪽 참조. 또한 이광모, 「라이프니츠-볼프 형이상학에 대한 헤겔의 비판」, 『헤겔연구』10, 한국헤겔학회, 2001; 조종화, 「헤겔 모순개념의 객관성과 구조」, 『헤겔연구』23, 한국헤겔학회, 용의 숲, 2008 참조.

59) 윤선구, 「『순수이성비판』반성개념 장에서 칸트의 라이프니츠 비판에 관한 연구(1)」, 107쪽 이하 참조.

60) 윤선구, 「라이프니츠에 있어서 의지의 자유문제와 단자론」, 156쪽.

의 무구별자 동일성의 원리와 충족이유율이다.

요약하자면 칸트가 이해한 무구별자 동일성의 원리와 라이프니츠의 무구별자 동일성의 원리는 서로 다르다. 칸트는 이 원리의 근저에 놓여 있는 개념들, 즉 동일성과 상이성 개념을 그 자체로서 파악하지 않고, 한편으론 범주들과 다른 한편으론 감성적 직관의 순수형식과 전적으로 다른 단지 주관적인 반성의 비교개념들로 간주하며, 또한 동일성과 상이성의 관계 자체를 고찰하지 않는다. 오히려 그는 자신의 원리적인 관점에 따라, 말하자면 감성과 오성 또는 직관과 개념의 이질성, 논리적인 반성과 선험적인 반성의 원리적인 구별, 물자체와 현상을 규정하는 방식의 선험적이 차이, 사물들의 시간과 공간 규정에의 의존성, 논리적인 모순과 실재적인 모순의 구별이라는 자신의 원리적인 관점 하에서 라이프니츠의 무구별자 동일성의 원리를 '존재론적-종합적인 원리'로서가 아니라 단지 '논리적-분석적인 원리'로서만 이해할 뿐이다. 그래서 칸트는 라이프니츠의 이 원리에서는 우선적으로 물자체와 현상을 구별해야 하는 선험적인 반성이 부재하며, 이 때문에 무구별자 동일성의 원리를 물자체만이 아니라 현상에까지 확대 적용하였다고 비판한다. 이 비판을 통해 그는 라이프니츠의 무구별자 동일성의 원리가 갖는 절대적인 타당성 요구를 상대화시키고 그 의미를 축소시킨다. 그러나 라이프니츠는 이 무구별자 동일성의 원리를, 비록 이 원리가 신의 완전성과 합리성에 그리고 충족이유율에 그 근거를 둔다고 하더라도, 형이상학-존재론적으로 이해하며, 근원적인 힘을 자신의 본질로 가지는 자기 완결적인 실체, 즉 모나드 개념을 통해 물자체와 현상 모두에서 이 원리의 절대적인 타당성을 요구하고, "*세계의 지성적인 체계*"[61]를 구축하려 한다.

6. 외적인 반성과 내재적인 반성

헤겔은 라이프니츠 철학에서 중요한 것은 '개체성의 원리'와 '무구별자 동일성의 원리'라고 말한다.[62] 라이프니츠의 이 무구별자 동일성의

---

61) I. Kant, *Kritik der reinen Vernunft*, B 326.

62) G. W. F. Hegel, *Vorlesungen über die Geschichte der Philosophie III* in G. W.

원리와 관련해서 중심적인 문제는 모나드들 자체에 내재적인 구별의 가능성 물음일 것이다. 그런데 헤겔에 따르자면 라이프니츠의 결함은, 그에게 '규정된, 내적인 상이성'이 중요한 문제일 때, 그는 단지 '수적이고 외적인 상이성'만을 거부하고, 이것 이상의 모나드들 사이의 내재적인 구별의 원리, 즉 '내적인 규정들에 의거하는 상이성'을 요구하지만, 이 요구는 궁극적으로 신의 완전성과 합리성 및 충족이유율에 근거해서 모나드들에 외적인 '신의 매개'를 통해서만 추구될 뿐이다. 이 때문에 헤겔에 따르자면 라이프니츠의 철학체계에서 '타자존재'는 지양된다. 그리고 만약 '다수의 모나드들'이 존재하고, 이것들 각각이 서로에 대해 '타자'로서 규정된다면, 이것은 이 모나드들 자체와는 아무런 관련이 없고, 오히려 '그것들 외부에 속하는 제 3자의 반성'에 속한다. 다시 말해 이 모나드들은 '그것들 자체에서' 서로에 대해 타자로서 규정되는 것은 아니다.[63] 이런 의미에서 헤겔은 비판적으로 라이프니츠의 철학은 "철학적인 제계"라기보다는 신을 매개로 하는 "일종의 가설"[64]에 불과하다고 말한다.

그럼에도 불구하고 헤겔은 또한 "모든 사물들의 우주적인 연관관계를 이 사물들 자체에서 전개하려는 라이프니츠 형이상학의 단초"[65]를 계승하려고 한다. 라이프니츠의 모나드론의 궁극적인 의도는 '비메카니즘적인 형이상학적인 우주의 추구'에 있다. 라이프니츠의 모나드론에서 "모나드의 충동 또는 애씀Appetito oder Nisus der Monade" 또는 "절대적으로 단순한 본질의 엔텔레키"는 각각의 모나드에 "내적이고 고유한 자기운동"을 표현한다.[66] 이 충동의 욕구는 각각의 모나드의 '자율적인 추구'이며, 이것에 근거해서 각각의 모나드는 '지각들'과 이 지각들의 생성과 변화의 원리인 '욕구들'을 자체 내에 가진다. 그리고 이 지각들과 욕

F. Hegel Werke in zwanzig Bänden hrsg. v. E. Moldenhauer u. K. M. Michel, Theorie Werkausgabe Suhrkamp Verlag Frankfurt am Main 1969ff., Bd. 20, 255쪽.

63) G. W. F. Hegel, *Wissenschaft der Logik I* in Theorie Werkausgabe Suhrkamp Verlag, Bd. 5, 180쪽 참조.

64) G. W. F. Hegel, *Vorlesungen über die Geschichte der Philosophie III*, 238쪽.

65) Chr. Iber, *Metaphysik absoluter Relationalität*: Eine Studie zu den beiden ersten Kapiteln von Hegels Wesenslogik, Walter de Gruyter, Berlin u. New York, 1990, 365쪽.

66) G. W. F. Hegel, *Wissenschaft der Logik II* in Theorie Werkausgabe Suhrkamp Verlag, Bd. 6, 76쪽.

구들이 '모나드들의 내적인 활동들의 원천들'을 형성한다. 각각의 모나드는 그것이 자체 내에서 활동적으로 산출하는 이 지각들과 욕구들을 통해서 다른 모나드들에 도달하며, 이 모나드들과 함께 '우주적인 상호 연관관계'를 형성하고, 이 상호 연관관계 내에서 조화롭게 공존한다. 그러므로 각각의 모나드의 충동의 욕구는 '그것에 내재하는 목적론적인 원리'이다. 이 목적론적인 원리를 근간으로 해서 라이프니츠는 무구별자 동일성의 원리에 따른 '모나드들의 내재적인 상호 연관관계'를 추구한다. 각각의 모나드의 지각은 '주어에 내재하는 술어라는 원리'에 따라서 각각의 모나드에 귀속된다. 다시 말해 지각은 칸트가 이해한 것처럼 '모순배제의 원리'에 근거해서 '분석적으로' 각각의 모나드에 포함되는 것만이 아니라, 더 나아가 충족이유율에 근거해서 '사실적으로, 말하자면 우연적으로' 포함된다. 이것을 라이프니츠는 '모나드들의 욕구라는 목적론적인 원리'를 통해서 설명한다. 이 원리에 따르자면 각각의 모나드에 사실적으로, 우연적으로 귀속되는 모든 것은 '신의 의지'에 근거해서 모나드에 귀속되며, 반대로 이것의 '완전성이라는 이념상', 즉 '모나드들의 우주Monaden-Universum라는 이념상'은 각각의 모나드에 '목적'을 부여하고, 그리고 각각의 모나드의 욕구는 이 목적에로 향해진다.[67)]

이와 같은 모나드들의 관계와 전체 우주에 대한 라이프니츠의 지성적인 관점에는 '메카니즘적이고 외적인 관계들과 목적론적이며 내재적인 관계들의 형이상학적인 구분'－작용인의 세계와 목적인의 세계의 구별, 칸트적으로 표현하자면 현상계와 예지계의 구별－이 근저에 놓여있다. 그러나 헤겔은 이 구분을 칸트에서처럼 선험적인 반성과 현상과 물자체의 이원론적인 구별을 통해서가 아니라 오히려 이 구별을 '형이상학적인 기체사유Substratdenken 자체에 내재하는 외적인 반성의 원리와 상이성의 원리에 대한 비판'을 통해서 극복하기를 원한다. 말하자면 헤겔에 따르자면 라이프니츠의 무구별자 동일성의 원리에 대한 칸트의 비판은 반성개념들의 담지자로서 두 종류의 이질적인 기체들, 말하자면 물자체와 현상을 미리 '전제'한다는 점과 이 전제된 기체들이 현상으로서 파악되는가 아니면 물자체로서 파악되는가라는 선험적인 반성과 밀접히 결부되어 있다. 그런데 헤겔은 라이프니츠의 이 원리가 가지는 선험적인

---

67) Chr. Iber, *Metaphysik absoluter Relationalität*, 510쪽 이하 참조.

모호성을 칸트처럼 선험적인 반성 없이 반성개념들의 혼용된 사용을 통한 '물자체와 현상의 혼용'에서 근거지우지 않는다. 오히려 그는 라이프니츠가 '현상계와 예지계의 구별'에 대해 고려하지 않고 저 원리를 사물들 일반에 동일한 방식으로 적용하기 때문에 이 원리가 정당화될 수 없는 것이 아니라, 오히려 라이프니츠의 원리에는 '비교의 원리와 기체들의 가정'이라는 형이상학적인 기체사유가 근저에 놓여있기 때문에 정당화될 수 없다고 주장한다. 그래서 헤겔은 라이프니츠의 원리가 가지는 선험적인 모호성을 '반성의 비교원리와 기체들의 전제라는 원리', 즉 '외적인 반성의 원리와 상이성의 원리'에서 근거 지운다. 이를 통해서 그는 '형이상학적인 기체사유 자체'에 내재적인 비판을 시도한다.[68]

이 내재적인 비판을 헤겔은 『논리학의 학』의 '본질론'에서 반성규정들 중의 하나인 상이성 개념에 대한 서술을 통해서 수행한다. 말하자면 형이상학적인 기체사유에서 기체들 각각은, 이것이 현상적인 사물이건 물자체이건 상관없이, '단지 자기동일성'으로, 이 때문에 서로에 대해서는 무관한 '상이성'으로 이해되며, 그래서 이 기체들 사이에서는 어떠한 '내재적인 구별'도 가능하지 않으며, 오히려 구별은 '그것들에 외적인 제 3자의 반성'에 속하는 것으로 간주된다. 이렇게 이해된 기체들은 '상이성의 무관한 외면성'의 구조를 가진다. 헤겔은 이 상이성의 무관한 외면성을 칸트의 라이프니츠 비판을 고려하면서 '3중적인 외면성의 중층적인 관계구조', 즉 1) 비교활동으로서의 외적인 반성과 반성규정들 사이에서, 2) 자립적인 반성규정들 사이에서 그리고 3) 이 반성규정들과 비교되는 것으로서의 기체 사이에서의 외면성의 관계구조로서 파악한다.[69] 헤겔은 상이성 개념의 본질논리적인 서술에서 이 3중적인 외면성의 중층적인 관계구조들을 지양하고, 이 지양의 결과가 단지 반성규정들뿐만 아니라 비교되는 것으로서의 기체 자체가 '대립된 규정들의 부정적인 통일' 또는 "자기 자신과 자신의 타자의 [부정적인] 통일"[70]의 구조를 자체 내

---

68) 같은 책, 365쪽, 423쪽 이하 참조.

69) 이와 같은 요소들의 구별, 즉 반성, 반성개념들 또는 반성규정들 그리고 기체들의 구별은 라이프니츠에게서는 나타나지 않으며, 우선적으로 칸트에게서 나타난다. 그러나 칸트는 이 요소들의 구별과 동시에 그것들의 상호관계를 천착하지 않았다. 이 요소들이 구별과 상호관계에 대한 천착은 헤겔의 공적일 것이다.

70) G. W. F. Hegel, *Wissenschaft der Logik II*, 48쪽.

에서 가지며, 이를 통해서 외적인 반성은 지양되고 기체 자체에 내재적인 반성이 제시되며, 이와 함께 상이성의 외적인 반성은 대립의 "부정적인 반성"[71]으로 이행한다는 점을 논증한다.[72] 이 '자기 자신과 자신의 타자의 부정적인 통일'이라는 사상에는 '자기관계하는 부정성 또는 타자성'이라는 사상이 근저에 놓여있으며, 이 방법론적이고 존재론적인 핵심사상에 근거해서 헤겔은 라이프니츠의 상이성의 원리, 즉 무구별자 동일성의 원리를 재해석한다.

헤겔의 동일성, 구별, 상이성, 대립, 모순, 근거 개념을 포함하는 반성규정들의 논리학은 이에 따르자면 '라이프니츠 목적론의 원리에 대한 비판'으로서 이해될 수 있다. 이 비판에서 중심적인 것은 헤겔의 '자기관계하는 부정성'이 라이프니츠의 '모나드의 충동의 욕구'를 대체한다는 것이다. 위에서 제시했듯이 이 충동의 욕구를 통해서 각각의 모나드에 이 모나드의 내적인 상태인 지각들이 '주어에 내재하는 술어라는 원리'에 따라서 '분석적으로'만이 아니라 더 나아가 '사실적으로 또는 우연적으로' 귀속된다. 그런데 "모나드들의 욕구가 각각의 모나드에서 규정들의 비분석적인 포함을 드러낸다고 하더라도, 헤겔에 있어서는 그 자체로 서로 대립된, 사물들에 분석적으로 포함되지 않는 규정들과 이 사물들 사이의 내적인 연관은 단지 부정성의 관계를 통해서만 주어지고, 이 부정성의 관계는 사물들과 대립된 규정들 사이에서 현존한다."[73] 이것은 다음을 의미한다. '자기관계하는 부정성'의 관계는 '대립된 규정들'(+A와 −A) 사이에서뿐만 아니라 또한 이 규정들과 이 규정들의 근저에 놓여있는 '반성논리적인 기체'('A 자체' 또는 '|A|') 사이에서도 근저에 놓여있다. +A와−A는 서로 부정의 관계에 있다. 그리고 A 자체 또는 |A|는 '+A도−A도 아니며' 그러나 '동시에 +A이며−A인 것'이다. A 자체에 양자 중에서 어떠한 것도 포함되지 않지만 동시에 양자 모두가 포함되고, 단지 이 A 자체와 관계해서만 +A와−A는 서로 대립된 것들로 규정된다. 그러므로 반성논리적인 기체 A 또는 |A|는 대립된 규정들, 즉 +A

71) 같은 책, 52쪽.

72) 이에 대한 보다 자세한 논증은 조종화, 「헤겔 『논리학의 학』에서 상이성 개념의 논리적인 의미와 구조」, 『哲學硏究』37집, 고려대학교 철학연구소, 2009, 79-110쪽 참조.

73) Chr. Iber, *Metaphysik absoluter Relationalität*, 511쪽.

와－A를 한편으로 배제하고(Weder-Noch) 그러나 동시에 다른 한편으론 이 대립된 규정들을 자체 내에 포함하는(Sowohl-Als-Auch) 그런 기체이다.[74] 이와 같이 반성논리적인 기체에서는 대립된 규정들이 '정립'되고 그러나 이 정립에서 동시에 '지양'된다. 이 정립과 지양의 관계에서 대립된 규정들은 그것들의 부정적인 통일을 형성하며, 이 부정적인 통일이 저 반성논리적인 기체를 규정한다. 이러한 반성논리적인 기체는 이 때문에 "한편으로 실재적인 기체와 다른 한편으로 이 기체에 귀속되는 대립적인 규정들의 상호적인 그러나 비분석적인 포함관계와 배제관계"[75]라는 중층적이고 역동적인 구조를 통해서 파악된다. 반성논리적인 기체는 대립된 규정들을 포함한다는 의미에서 자기관계하자만, 동시에 이 규정들을 배제한다는 의미에서 부정성을 자체 내에 가지고 있으며, 이런 한에서 그것은 자기관계하는 부정성으로, 헤겔의 용어를 사용한다면 '자기 자신의 타자'로서 이해된다.[76]

이 사상이 칸트철학과 관련해서 가지는 의미는 물자체와 현상은 칸트철학에서처럼 '완전히 이종적인 것'으로서가 아니라, 오히려 양자 모두가 '반성논리적인 기체들'로 파악될 수 있다는 것이다. 그리고 이 기체들은 비록 '상이한 기체들'이라 하더라도, 반성논리적으로는 '동종의 것'이고, 그래서 '상호 전환 가능하다'. 그런데 만약 현상과 물자체가 완전히 이종적인 것으로서 간주된다면, 이것은 헤겔에 따르자면 단지 '외적인 반성'에 속할 뿐이다. 헤겔은 이 기체들이 현상으로서 파악되는가 아니면 물 자체로서 전제되어 있는가하는 물음－이 선험적인 반성 없이는 칸트에 따르자면 '선험적인 모호성'이 발생한다－과는 아무런 관계없이, 이 기체사유의 근저에 놓여있는 비교의 원리와 기체의 전제라는 원리, 다시 말해 외적인 반성의 원리와 상이성의 원리를 반성논리적으로 분석하고 근거지운다. 그래서 헤겔의 칸트 비판은 우선적으로 칸트가 '선험적인 혼용의 대상들'을 정확히 '반성논리적인 기체들'로 제시하지 못했다는 점, 두 번째로 그가 오성의 비교활동을 정확히 '외적인 반성'과 동

74) G. W. F. Hegel, *Enzyklopädie der philosophischen Wissenschaften I* in Theorie Werkausgabe Suhrkamp Verlag, Bd. 8, § 119 Anm., 244쪽 이하; ders., *Wissenschaft der Logik II*, 74쪽 참조.

75) Chr. Iber, *Metaphysik absoluter Relationalität*, 453쪽.

76) 이에 대해 보다 자세한 것은 조종화, 「헤겔 모순개념의 객관성과 구조」 참조.

일시하지 않았다는 점을 내용으로 가진다. 세 번째로 칸트철학에는 이 혼용의 위험으로부터 빠져나오는 '정확한 길'이 결여하고 있다는 점이다. 칸트의 반성개념들에 대한 논의에서 칸트의 해소방식은－이 해소방식은 선험적인 반성을 통한 오성대상들과 감성대상들의 구별에 근거한다－헤겔의 반성논리적인 관점에서 본다면 '외적인 반성의 단계'를 넘어서지 못하고, 오히려 반대로 우리 반성에 단지 '현상'과는 전혀 다른 새로운 소재, 말하자면 우리에게 전혀 알려질 수 없는 '물 자체'를 부여할 뿐이다.[77)]

반성논리적인 기체가 대립된 규정들의 비분석적인 포함－배제관계를 통해서 자기관계하는 부정성으로 이해되고, 그 결과 '대립된 규정들의 부정적인 통일'로서 파악될 때, '외적인 반성'은 지양되고, 라이프니츠의 무구별자 동일성의 원리에 따른 모나드론에서 모나드들 자체에서 근거지워지지 않았던 그것들의 서로에 대한 '내재적인 반성'의 관계가 드러난다. 대립된 규정들의 부정적인 통일이 비교되는 기체들 자체에 내재화되고, 이 기체들 각각이 '자기 자신과 자신의 타자의 부정적인 통일'로 이해될 때, 비교원리로서 반성개념들은 "객관적인 >사태<에 속하는 그리고 이것에 더 이상 외적으로 부가되지 않는" 그런 반성규정들로서 이해되고, 반성은 기체들에 대한 "외면성으로부터 자유롭게 되고", ">사태< 자체에 내재적인 반성"으로 규정된다.[78)] 그리고 이 내재적인 반성이 저 기체와 대립된 규정들 사이의 비분석적인 포함－배제관계의 중층적이고 역동적인 구조를 주제화한다. 모든 개별적인 존재자들 각각은 '자기관계하는 부정성' 또는 '자기 자신과의 타자'로서 이해되며, 이와 함께 '대립된 규정들의 부정적인 통일'로서 파악된다. 그래서 그것들 각각은 자신에 고유한 지각들과 욕구들을 지닌 모나드처럼 자립적이고 자족적인 실체로서 간주된다. 그러나 그것은, 라이프니츠의 무구별자 동일성의 원리에 따른 모나드처럼 창이 없는, 그래서 다른 모나드들과 어떠한 관

77) M. Wolff, *Der Begriff des Widerspruchs*: Eine Studie zur Dialektik Kants und Hegels, Verlag Anton Hain Meisenheim GmbH, 1981, 118쪽 이하 참조. 헤겔이 자신의 저서 『논리학의 학』의 '본질론'에서 다루는 반성논리학은 순차적으로 '정립적 반성', '외적인 반성' 그리고 이 양 반성의 통일로서 '규정적 반성'으로 이루어져 있다.

78) A. Arndt, *Dialektik und Reflexion*: Zur Rekonstruktion des Vernunftbegriffs, Felix Meiner Verlag GmbH, Hamburg, 1994, 208쪽.

계도 갖지 않는, 단지 신에 의해 다른 모나드들과 조화롭게 공존 가능한 것으로 창조된 것이 아니다. 오히려 모든 개별적인 존재자들 각각은 동시에 그것 자체로부터 다른 개별적인 존재자들과 내재적인 관계를 맺고 있는 것으로 이해된다. 이 때문에 그것들 각각은 자립적임과 동시에 비자립적인 것으로서 규정된다. 다시 말해 그것들 각각은 항시 다른 존재자들과 내재적인 관계를 맺으면서 동시에 이 타자관계에서 자기관계하는 것으로 규정된다. 그 결과 그것들 각각은 '자기 자신의 타자'로서 항시 "자체 내에서 그리고 타자에 반해서 규정된" 타자,[79] 즉 '자신에 고유한 규정들을 가진 타자'이며, 이 규정들을 통해서 다른 타자들과 내재적으로 구별되고, 그러나 이 타자들과 함께 중층적이고 역동적인 우주의 체계를 형성한다. 그리고 이 우주의 체계 내에서 그것들 각각은 제반 타자관계에서 자기 자신과 관계하면서 자신에 고유한 규정성을 가진 것으로서 규정된다.

7. 동일성과 상이성의 부정적인 통일

우리는 지금까지 라이프니츠나 칸트 철학에서는 동일성과 상이성의 관계가 그 자체로서 고찰되지 않았다는 점을 살펴보았다. 그러면 헤겔은 이 관계를 어떻게 파악하는가? 이하에서는 헤겔의 방법론적이고 존재론적인 핵심사상, 즉 자기관계하는 부정성에 근거한 자기 자신과 자신의 타자의 부정적인 통일이라는 사상의 한 예로 동일성과 상이성의 관계, 즉 이 대립된 규정들의 관계가 어떻게 그것들의 부정적인 통일을 형성하는지를 간단히 고찰할 것이다. 라이프니츠의 무구별자 동일성의 원리에 따르자면 모나드들 각각은 다른 모나드와 상이한 것이며, 다른 모나드들과 어떠한 내재적인 관계도 갖지 않는 단지 자기동일적인 것으로 규정된다. 그래서 헤겔에 따르자면 개별 모나드는 단지 '자기 자신과 동일하고', 이 동일성에 근거해서 '다른 것과는 무관하게' 자립적으로 현존하는 '상이한 것'으로 이해된다. 이런 한에서 개별 모나드의 (자기)동일성이 상이성의 '토대'이며 '지평'을 형성하고, 반대로 상이성은 단지 '자

79) G. W. F. Hegel, *Wissenschaft der Logik II*, 203쪽.

신의 대립물, 즉 동일성'에 근거해서 상이성으로 규정된다.[80] 이런 한에서 헤겔에 따르자면 동일성과 상이성의 관계 자체가 중심문제로 대두되어야 한다. 왜냐하면 이 개념들 각각은 이제 '내재적인 반성의 구별된 계기들'로서만 자신의 의미를 획득할 수 있기 때문이다. 그런데 라이프니츠의 무구별자 동일성의 원리는 이 동일성과 상이성의 관계 자체를 문제시 하지 않으며, 칸트의 선험적인 반성도 이 관계 자체를 문제시하지 않고, 이 개념들을 단지 주관적인 외적인 반성의 서로 무관한 비교원리들로서만 취급한다.

일반적으로 외적인 반성의 비교활동에서는 모든 개별 존재자들 각각은 '그 자체로서 단지 자기 자신과만 동일하고', 이 때문에 단지 '상이성 없는 순수한 동일성'으로 이해되며, 또한 그것들 각각은 서로에 대해 단지 '상이한 것'으로만 취급된다. 그래서 이 자기동일적인 것들 사이에서의 구별은 단지 그것들에 외적인 반성에 속하는 것, 말하자면 제 3자에 의해서 외적으로 정립된 구별이다. 그리고 비교원리들로서 동일성과 상이성은 '서로 무관한 주관적인 비교개념들'로 이해된다. 그래서 이 개념들은 주관적인 반성의 활동성, 즉 '외적인 비교'에 속하는 것이며, 이 때문에 그것들은 개별 존재자들 자체에 속하는 것도 아니며, 이것들의 '어떠한 본질적인 규정'도 형성할 수 없는 것으로 간주된다. 그래서 사람들이 일반적으로 개별 존재자들을 표상하고 비교하기를 원할 때, 말하자면 이 것들을 동일한 것으로 또는 상이한 것으로 규정하려고 할 때, 한편으론 이 개별 존재자들 각각은 동일성과 상이성이라는 개념들에 무관하며, 다른 한편으론 이 개념들도 서로에 대해 무관한 규정들로 취급된다. 그래서 사람들은, 이 개별 존재자들이 서로 동일할 때, '상이성 없는 동일성'이 이 비교활동에서 충분하며, 마찬가지로 이 개별 존재자들이 서로 상이할 때, '동일성 없는 상이성'이 저 존재자들을 비교할 때 충분하다고 생각한다. 그런데 이런 외적인 반성의 비교활동에는 많은 모순점이 제시된다. 예를 들면 개별 존재자들 각각은 한편으로는 동일성으로, 다른 한편으로 상이성으로 규정되고, 그러나 또 다른 한편으론 이 양 개념들에 무관하게 그 자체로 존재하는 것으로 간주된다. 그리고 이 개념들도 한편으론 서로 어떠한 관계도 없는 무관한 개념들로 취급되고, 다른 한편

80) 같은 책, 48쪽 참조.

으론 비교되는 개별 존재자들의 본질적인 규정을 형성하지 못하는 것으로, 그러나 또 다른 한편으론 각각의 개념이 그것 자체로, 서로 무관한 방식에서 개별 존재자들을 비교하는데 충분한 개념으로 간주된다.

그러면 이 모순되는 방식들이 어떻게 함께 사유될 수 있을까? 외적인 반성은 '관점분리'를 통해서, 말하자면 개별 존재자들이 서로 동일한 것인 '한에서', 그것들은 상이하지 않고, 그것들이 서로 상이한 것인 '한에서', 그것들은 동일하지 않고, 또는 동일성인 '한에서' 상이성이 아니고, 상이성인 '한에서' 동일성이지 않는 이런 관점분리를 통해서 한편으론 개별 존재자들로부터, 다른 한편으론 이 개념들로부터 '그것들의 상호관계와 부정적인 통일'을 회피하려고 한다. 그래서 외적인 반성은 이 개념들 각각이 자기 자신과 자신의 타자의 부정적인 통일로, 이와 함께 "하나의 통일에서 상호 관계하는 계기들"로 정립될 수 있다는 것을 "망각하고", 단지 개별 존재자들에 외적인 주관적인 반성개념들로 간주할 뿐이다. 마찬가지로 외적인 반성은 이 "사물들에 대한 연민"에서 대립된 규정들의 부정적인 통일을 "사물들로부터 제거하고", "사물들에 외적인 반성"으로 전환시킨다.[81] 왜냐하면 저 부정적인 통일은 모순을 의미하며, 그런데 부정적인 통일로 규정된 것, 즉 모순적인 것은 존재할 수 없다고 생각되기 때문이다. 그러나 우리는 앞에서 헤겔이 저 외적인 반성의 모순되는 방식들을 어떻게 함께 사유하는가를 제시했다. 말하자면 헤겔은 이것을 '비교되는 사물들로서의 기체들과 대립적인 비교개념들 사이에서 비분석적인 포함－배제관계의 중층적이고 역동적인 구조'에서 파악한다. 이 구조를 통해 외적인 반성은 지양되고, 기체들 자체에 내재적인 반성이 제시되었다. 그리고 이 내재적인 반성은 대립적인 비교개념들뿐만 아니라 비교되는 기체들 자체를 '대립된 규정들의 부정적인 통일' 또는 '자기 자신과 자신의 타자의 부정적인 통일'로서 파악한다. 이와 같이 파악된 기체가 반성논리적인 기체이며, 이 기체는 자기관계하는 부정성을 자신의 본성으로 갖는 자기 자신의 타자이다. 그래서 예를 들면 어떤 것이 자기동일적인 것으로 규정되든 상이한 것으로 규정되든 이것은 그것의 참된 모습에서 자기관계하는 부정성을 자신의 본성으로 가지며, 이를 통해서 "동일성과 상이성의 [부정적인] 통일"[82]로서 규정된다.

---

81) 같은 책, 55쪽.

더 나아가 라이프니츠의 무구별자 동일성의 원리가 상이성의 명제(상이율)로 이해된다면, 헤겔은 이 원리를 단순히 반복하는 것이 아니라 '상이율' 자체를 새롭게 해석하면서 동일률과 상이율 또는 동일성과 상이성의 관계를 추적한다. 헤겔은 라이프니츠의 저 원리를 다음과 같이 이해한다. "서로 동등한 두 사물들은 존재할 수 없다. 왜냐하면 그렇지 않다면 그것들은 두 개가 아니고, 서로 구별될 수 없으며, 오히려 하나의 동일한 것일 수 있기 때문이다."[83] 이 원리는 상이성의 명제로 다음과 같이 재해석될 수 있다. "모든 사물들은 서로 상이하다" 또는 "서로 동등한 두 사물들은 존재하지 않는다."[84] 이 명제는 일반적으로 동일성의 명제(동일률)에 '무관한 상이성'으로 취급되고, 이 명제들 각각은 "다른 명제에 대한 고려 없이 그 자체로 타당한 것"으로 간주되곤 한다. 그러나 사실 상이율은 동일률에 '대립'되어 있다. 왜냐하면 동일률에서 일반적으로 표현되는 것은 추상적인 "동일성", 말하자면 "A 일반"인데 반해서, 상이율에서는 이 동일성과 "대립된 술어", 말하자면 '하나의 상이한 것' 또는 '타자와 부등한 것', 그래서 "하나의 규정된 A"가 표현되기 때문이다. 이 때문에 동일률에서 'A 일반'은 '모든 다른 기체'와 대체될 수 있지만, 상이율에서 '규정된 A'는 모든 다른 것과 '교환될 수 없다'. 따라서 상이율은 '다수성 또는 완전히 비규정된 상이성'－이 상이성은 저 추상적인 동일성에 대응하는 상이성이다－이상을, 말하자면 "규정된 상이성"을 표현한다.[85] 이 규정된 상이성에서 '서로 완전히 동등한 두

---

82) 같은 책, 55쪽.

83) G. W. F. Hegel, *Vorlesungen über die Geschichte der Philosophie III*, 241쪽.

84) G. W. F. Hegel, *Wissenschaft der Logik II*, 52쪽. 헤겔은 '모든 사물들은 서로 상이하다'는 명제는 "매우 불필요한 명제"라고 말한다. 왜냐하면 이 명제에서 "사물들의 복수"는 이미 직접적으로 "다수성"과 "완전히 비규정된 상이성"을 의미하기 때문이다. 그러나 '서로 동등한 그런 두 사물들은 존재하지 않는다'는 명제는 비규정된 상이성 "이상"을, 말하자면 "규정된 상이성"을 표현한다. 그래서 이 명제에는 두 사물들이 "어떤 한 규정을 통해서 상이하다"는 의미가 포함되어 있다.(같은 책, 53쪽)

85) 같은 책, 52쪽 이하. 헤겔이 반성규정들의 논리학에서 추구하는 것은 이 반성규정들의 상호이행과 그것들의 체계적인 연관관계이다. 이 체계적인 연관관계에서 각각의 반성규정은 사물들의 본질을 규정하는 객관적인 의미를 갖는 사유규정으로, 이 때문에 존재론적인 규정으로 간주되며, 각각의 반성규정과 이 반성규정을 표현하는 각각의 명제는 그 자체로서 절대적인 타당성을 갖는 것이 아니라, 다른 반성규정들, 다른 명제들과의 체계적인 연관관계 내에서만 그것의 타당성을

사물들은 존재하지 않는다'는 것은 이 때문에 그것들이 "동등하고 동시에 또한 부등[상이]하다"는 것을 의미한다. 그것들 각각은 하나의 규정된 사물이고 일자이며, 이런 한에서 각각은 다른 것과 "동등하고", 그러나 저 명제가 가정하듯이 그것들은 동시에 "부등하다".[86] 헤겔은 이 규정된 상이성을 '동일성과 상이성의 부정적인 통일'로 파악하고, 이것을 '대립'이라 부른다.[87]

이제 마지막으로 이 동일성과 상이성의 관계를 그 자체로 살펴보면, 일상적으로 동일성과 상이성은 서로 무관한 개념들이며 이것들 사이에는 어떠한 '내재적인 관계'도 없는 것으로 간주된다. 그래서 사람들은 "동일성은 상이성이 아니며, 오히려 동일성과 상이성은 상이하다" 또는 "동일성은 상이성과 상이하다"[88]고 말하곤 한다. 그러나 여기에서도 이미 '동일성은 … 상이하다' 또는 '동일성이 [상이성과 상이한 그런] 하나의 상이한 것이다'는 의미에서, 동일성은 그 자체로 상이성으로 규정되어 있다. 마찬가지로 '상이성은 … 상이하다'는 의미에서, 상이성은 상이성으로 규정되어 있다. 그리고 상이성이 상이성으로 규정된다는 점에서 그것은 자기 자신과 관계하며, 그래서 자기 자신과 상이한 것이며, 그 결과 그 자체로 동일성이다. 이에 따르자면 동일성과 상이성 사이에는 어떠한 관계도 존재하지 않는 것이 아니라, 또한 단지 외적인 반성의 서로 무관한 비교개념들로서가 아니라, 오히려 이 개념들은 그것들 자체에서 서로 내재적인 관계를 맺고 있다. 이 내재적인 관계를 헤겔은 "동일성과 상이성의 [부정적인] 통일"[89]이라 부른다. 왜냐하면 동일성은 동일성이고 동시에 그 자체로 상이성이며, 마찬가지로 상이성도 상이성이고 동시에 그 자체로 동일성이기 때문이다. 그래서 그것들 각각은 '자기 자신과 자신의 타자의 부정적인 통일' 또는 '대립된 것들의 부정적인 통일'로서 규정된다. 여기에는 위에서 제시했듯이 자기관계하는 부정성 또는 자기 자신의 타자라는 사상이 근저에 놓여있다. 이것이 의미하는 것

가질 수 있다. 따라서 사물들의 본질은 개별적인 반성규정을 통해서가 아니라, 이 반성규정들의 체계적인 연관관계를 통해서만 참되게 규정될 수 있다.

86) 같은 책, 54쪽.

87) 같은 책, 55쪽. 이 이행에 대한 헤겔의 자세한 논증은 조종화, 「헤겔 『논리학의 학』에서 상이성 개념의 논리적인 의미와 구조」 참조.

88) G. W. F. Hegel, *Wissenschaft der Logik II*, 41쪽.

89) 같은 책, 42쪽.

은 헤겔에게 있어 모든 반성개념들은 '이중적인 관계범주들'로서 "*규정된 측면*"이고 동시에 "이 규정된 측면의 [···] 그것의 부정과의 *관계*"[90]로서 이해되며, 이와 함께 그것들의 진리는 그것들 각각이 아니라 오히려 '자기 자신과 자신의 타자의 부정적인 통일'이라는 것이다.

지금까지의 논의를 요약하자면 라이프니츠의 무구별자 동일성의 원리에 따르자면 신은 자신이 생각할 수 있는 최선의 방식에서 모든 모나드들을 창조했다. 이 모나드-실체들은 서로 어떠한 관계도 갖지 않는 자립적이고 자기 완결적인 실체들이며, 신에 의해 그것들에게 부여된 목적에 따라 최선의 방식에서 상호 모순 없이 공존하며 조화롭게 존재하고, 지성적인 우주의 체계를 구축한다. 그러나 현실적인 세계에는 단지 공존가능한 것들만이 아니라 또한 동시에 공존 불가능한 것들이 동일한 세계 안에 존재할 수 있다. 이 때문에 조화와 더불어 대립, 모순이 함께 사유되어야 한다. 칸트는 라이프니츠의 원리들을 논리적-분석적으로 이해하고, 이 원리들을 감성의 대상들이 아니라 단지 오성의 대상들에만 적용 가능한 원리들로 간주하며, 그것들의 절대적인 타당성 요구를 상대화시킨다. 왜냐하면 감성의 대상들, 즉 현상의 세계에서는 오성의 대상들에서와는 전적으로 다른 사물들의 존재조건으로서 감성적 직관의 순수 형식인 시간과 공간이 또한 논리적인 모순과는 구별되는 실재적인 모순이 인정되어야 하기 때문이다. 이 사상에는 칸트적인 예지계와 현상계의 이원론적인 구별이 근저에 놓여있으며, 이 구별에 근거해서 칸트는 물자체에 대해서는 전혀 알 수 없고 현상세계 내에서 감성에 의해 제약된, 인식론적으로 유한한 선험적인 주체만을 본다.[91] 이에 반해 헤겔은 현실을 저 양 세계의 통일, 말하자면 "본질과 실존[현상]의 [부정적인] 통일"[92]로 이해하고, 라이프니츠의 무구별자 동일성의 원리에 따르는 모나드론에서 '주체성의 원리'를 본다.[93] 이 원리에 따르자면 주체는 스스로 자기 자신을 실현하고, 스스로 변화하며, 그러나 이 변화된 관계에서

90) 같은 책, 35쪽.
91) 김국태, 「라이프니츠와 칸트의 자아 개념-개체적 실체 대 선험적 주체」, 『칸트연구』16, 한국칸트학회, 2005 비교.
92) G. W. F. Hegel, *Wissenschaft der Logik II*, 186쪽.
93) 같은 책, 198쪽 이하 참조.

스스로를 유지하는 것이며, 그 결과 항시 '자체 내에서 그리고 타자에 반해서 규정된' 것이다. 그래서 모나드-실체는 제반 타자관계에서 자기 관계하는 주체로서 이해된다. 헤겔은 이 '타자관계에서 자기관계'로서의 모나드-실체적인 주체를 자기관계하는 부정성 또는 자기 자신의 타자라는 사상에 근거해서 자기 자신과 자신의 타자의 부정적인 통일로서, 모순적인 관계에서, 특히 이 모순의 적극적인 의미에서 파악한다. 그래서 주체는 그것이 속하는 구체적이고 역사적인 공동체에서 발생하는 제반 사회적 관계들의 총체가 드러나는 결절점이며, 이 결절점은 그러나 고정된 것이 아니라 제반 사회적인 관계들과 관계하면서, 다시 말해 제반 타자관계에서 자기 자신과의 관계를 끊임없이 유지하는 그런 '과정적인 주체'이자 이 '과정의 근거'로서 이해된다.

참고 문헌

김국태, 「라이프니츠와 칸트의 자아 개념－개체적 실체 대 선험적 주체」, 『칸트연구』 16, 한국칸트학회, 2005.

박배형, 「헤겔과 '상이성 명제'－라이프니츠의 '구별 불가능한 것의 동일성 원리'에 대한 헤겔의 해석」, 『헤겔연구』 24호, 한국헤겔학회, 2008.

박제철, 「라이프니츠 철학 체계 내에서의 식별 불가능자 동일성의 원리와 우연속성의 개체성의 원리」, 『철학』 95집, 한국철학회, 2008.

박 진, 「칸트의 라이프니츠 비판－칸트의 반성원리들에 관하여(II)」, 『철학』 65집, 한국철학회, 2000.

백승환, 「일양성－상이성 반성개념 쌍을 통한 라이프니츠의 무구별자 동일성의 원리 비판」, 『철학논구』 33, 서울대학교 철학과, 2005.

빌헬름 라이프니츠, 『라이프니츠와 클라크의 편지』, 배선복 옮김, 철학과 현실사, 2005.

_____, 『형이상학 논고』, 윤선구 옮김, 아카넷, 2010.

윤선구, 「라이프니츠에 있어서 의지의 자유문제와 단자론」, 『철학』 52집, 한국철학회, 1997.

_____, 「스피노자와 라이프니츠에 있어 가능성 개념과 자유」, 『철학』 78집, 한국철학회, 2004.

_____, 「『순수이성비판』반성개념 장에서 칸트의 라이프니츠 비판에 관한 연구(1)－비판의 요점과 현상을 물 자체와 구별하지 않았다는 비판에 대하여」, 『철학』 93집, 한국철학회, 2007.

_____, 「≪순수이성비판≫ 반성개념 장에서 칸트의 라이프니츠 비판에 관한 연구(2)－라이프니츠는 물자체의 비교원리를 현상에 적용하였나?」, 『철학연구』 79집, 철학연구회, 2007.

이광모, 「라이프니츠－볼프 형이상학에 대한 헤겔의 비판」, 『헤겔연구』 10, 한국헤겔학회, 2001.

이상명, 「라이프니츠의 물체적 실체」, 『철학연구』 84집, 철학연구회, 2009.

임마누엘 칸트, 『형이상학의 진보/발견』, 최소인 옮김, 이제이북스, 2009.

조종화, 「헤겔 모순개념의 객관성과 구조」, 『헤겔연구』 23, 한국헤겔학회, 용의 숲, 2008.

_____, 「헤겔 『논리학의 학』에서 상이성 개념의 논리적인 의미와 구조」, 『哲學硏究』 37집, 고려대학교 철학연구소, 2009.

질 들뢰즈, 『주름, 라이프니츠와 바로크』, 이찬웅 옮김, 문학과 지성사, 2004.

J. 콜린스, 『합리론: 데카르트, 스피노자, 라이프니츠』, 이성환, 박은옥 옮김, 백의, 1999.

Arndt, A., *Dialektik und Reflexion*: Zur Rekonstruktion des Vernunftbegriffs, Felix Meiner Verlag GmbH, Hamburg, 1994.

Blank, Andreas, *Der logische Aufbau von Leibniz' Metaphysik*, Walter de Gruyter · Berlin · New York, 2001.

Hegel, G. W. F., G. W. F. Hegel Werke in zwanzig Bänden hrsg. v. E. Moldenhauer u. K. M. Michel, Theorie Werkausgabe Suhrkamp Verlag Frankfurt am Main 1969ff.

Iber, Christian, *Metaphysik absoluter Relationalität*: Eine Studie zu den beiden ersten Kapiteln von Hegels Wesenslogik, Walter de Gruyter, Berlin u. New York, 1990.

Kant, Immanuel, *Kritik der reinen Vernunft*, Verlag von Felix Meiner in Hamburg, 1956.

Leibniz, G. W., *Gottfried Wilhelm Leibniz Philosophische Schriften*, Bd. I-V, herg. u. ins Deutsch übers. von H. H. Holz u. H. Herring u. W. Wiater, Wissenschaftliche Buchgesellschaft Darmstadt, 1985f.

Wolff, Michael, "Über das Verhältnis zwischen logischen und dialektischen Widerspruch" in *Hegel-Jahrbuch 1979*(Köln 1980), 340-348.

_____, *Der Begriff des Widerspruchs*: Eine Studie zur Dialektik Kants und Hegels, Verlag Anton Hain Meisenheim GmbH, 1981.

Kants und Hegels Respons auf principium identitatis indiscernibilium von Leibniz

Cho, Chong-Hwa

Abstract

Der Grundsatz des Nichtzuunterscheidenden(principium identitatis indiscernibilium) ist eins von Prinzipien, die den Grund Leibnizischer Monadologie ausmachen. Nach diesem Grundsatze sind alle Monade-Substanzen die Substanzen, die keine Beziehung aufeinander haben und daher unabhängig, selbständig und selbst vollständig sind. Nach dem Telos, das ihnen vom Gott zugegeben ist, koexistieren sie in der besten Weise zueinander widerspruchlos und harmonisch. Und sie bilden ein System ihres intelligenten Universums.

Kant versteht diesen Leibnizischen Grundsatz als logisch-analytisch und sieht ihn durch 'die transzendentale Reflexion' über den Unterschied von Ding-an-sich und Erscheinung für ein Prinzip an, das nicht für die Gegenstände der Sinnlichkeit, sondern nur für die Gegenstände des Verstandes giltig ist. Dadurch läßt er sich den absoluten Geltungsanspruch jenes Grundsatzes relativieren. Denn den Gegenständen der Sinnlichkeit, die völlig anderes als die Gegenstände des Verstandes sind, müssen einerseits die Zeit und der Raum als die reinen Formen der sinnnlichen Anschauung, die ihre Seinsbedingungen ausmachen, und andererseits der reale Gegensatz, der von dem logischen Gegensatze unterschieden ist, als prinzipiell anerkannt werden.

Hegel schätzt einerseits Kants Kritik an Leibnizschem Grunsatze wieder und ersetzt andererseits 'Appetito oder Nisus der Monade' bei Leibniz durch 'die selbstbezügliche Negativität' oder 'das Andere seiner selbst'. Danach strukturiert er diesen Begriff, der für ihn ongologisch und methodologisch der wichtigste Begriff ist. Durch die Strukturierung dieses ongologischen und methodischen Begriffes kritisiert Hegel das Prinzip der äußeren Reflexion und den Satz von der

Verschiedenheit, die beide den Denkungsweisen von Kant und Leibniz immanent vorausgesetzt sind. Dadurch wird das Verhältnis zwischen Identität und Verschiedenheit untersucht und damit der Gedanke von 'der negativen Einheit seiner selbst und seines Anderen' oder 'der negativen Einheit von Identität und Verschiedenheit' gezeigt.

Key Words : Monadenlehre, Grundsatz des Nichtzuunterscheidenden, Transzendentale Reflexion, Identität, Verschiedenheit, Selbstbezügliche Negativität

- 투고일: 2011.03.21. 심사완료일: 2011.04.20. 게재확정일: 2011.04.24.

“라이프니츠의 ‘무구별자 동일성의 원리’에 대한 칸트와 헤겔의 대응”에 관한 논평

박 배 형

“조종화” 박사(이하 발표자)는 이 논문에서 철학사적으로 보아 동일성의 문제와 관련하여 중요할 뿐만 아니라 현대 사회의 성격과 관련하여 그 중요성이 더해가는 듯 보이는 차이 또는 상이성 및 타자성의 문제를 라이프니츠, 칸트 그리고 헤겔이 전개하는 논의의 맥락 속에서 다루고 있다. 이 문제가 갖는 의의라는 점에서 보거나 또한 이 문제가 이 철학자들의 사상 속에서 차지하는 비중이라는 점에서 보거나 발표자의 글은 우리의 관심을 끌기에 충분하고, 더욱이 이 문제에 관한 보다 심도 있는 논의를 기대하는 연구자들에게는 매우 환영할 만한 시도라고 할 수 있을 것이다.

이 논문에서 전개되는 논의는 라이프니츠 철학의 근간을 형성하는 원리들 중 하나인 **“무구별자 동일성의 원리principium identitatis indiscernibilium”**를 중심으로 하여 이루어지고 있는데, 발표자는 이렇듯 이 원리를 논의의 중심축으로 놓고 “동일성과 상이성 그리고 이 개념들의 관계에 대한 라이프니츠의 형이상학적인 사유의 의미와 한계를 칸트와 헤겔의 응답을 통해서 제시”하고자 한다(1장, 단락 2). 흥미롭기는 하지만 다루기는 매우 난해해 보이는 이러한 주제를 풀어가는 발표자의 시도를 따라가면서, 논평자는 물론 새로운 배움을 얻을 기회를 가지기도 했지만, 이 글을 통해 몇 가지 문제들에 대해 의문을 제기함으로써 이 주제에 관한 이해를 심화시키고자 한다.

첫째, 발표자는 “라이프니츠의 무구별자 동일성의 원리” 가 ‘논리적 원리’로도 또 ‘존재론적 원리’로도 해석될 수 있으나 “양자는 구별되어야 한다"고 말하면서, '존재론적 원리'로 해석될 경우에는 이 원리는 '우연의 원리'이며 "충족이유율에 근거한다"고 주장하고 있는데(2장, 단락 2), 만약 라이프니츠의 견해에 따라 '무구별자 동일성의 원리'가 존재자에 필연적으로 타당한 것이라면 이 원리가 어떻게 '우연의 원리'로 간주될 수 있는 것인지 발표자의 의견을 듣고 싶다.

둘째, 발표자는 모나드들이 "단지 서로 상이한 것일 뿐이고, 이 때문에 그것들 사이에는 어떠한 '내재적인 구별'도 존재하지 않는다"고 보며 이들 각각은 "단지 '외적인 구별'만이 있을 뿐"이라고 쓰고 있다(2장, 단락 3). 그런데 라이프니츠에 의거할 때 모나드들 간의 차이가 그들 각각에 "고유한 '내적인 규정들'에 근거하며, 이것들을 통해서 규정되어야" 하는 것이라면(2장, 단락 5), 이 차이가 어떻게 '외적인 구별'이 되는지 궁금하다. 적어도 라이프니츠는 모나드들이 내적으로 구별된다고 주장하고 있는 것이 아닌가? 발표자는 이 문제와 관련된 논의를 끝내면서 "내재적인 구별은 결국 모나드들 자체에 근거하지 않고, 신의 매개를 필요로 한다"고 말하고 있는데(3장, 단락 5), 그렇다면 신의 매개를 필요로 한다는 사실이 내재적 구별을 가로막고 있는 셈이 된다. 그러나 라이프니츠는 그럼에도 불구하고 모나드들이 내재적으로 구별된다고 주장하는 것이 아닌가?

셋째, 발표자는 "라이프니츠의 무구별자 동일성의 원리"에 대한 칸트의 비판을 다룬 부분을 마치면서, 5장의 마지막 단락을 다음과 같은 문장으로 시작한다: "요약하자면 칸트가 이해 한 무구별자 동일성의 원리와 라이프니츠의 무구별자 동일성의 원리는 서로 다르다". 이 단락에서 발표자는 주로 양자가 어떻게 다른가 하는 점을 집중적으로 다루고 있다. 그런데 발표자는 1장 머리말에서 이 "원리"와 관련하여 "동일성과 상이성 그리고 이 개념들의 관계에 대한 라이프니츠의 형이상학적인 사유의 의미와 한계를 칸트와 헤겔의 응답을 통해서 제시할 것"이라는 이 논문의 목표를 밝힌 바 있다(1장, 단락 2). 그런데 5장 마지막 단락의 내용에서처럼, 이 "원리"에 대한 칸트와 라이프니츠의 이해가 다르다는 점이 주로 강조된다면 칸트가 이 "원리"에 대한 비판을 통해 밝혀낸 라이프니츠 철학의 한계는 무엇인지가 불분명해진다. 혹시 논평자가 간과했을 수도 있으나, 이 "원리"에 대한 칸트의 비판이 갖는 의의와 그것을 통해 드러난 라이프니츠 철학의 "한계"에 대한 발표자의 의견을 듣고 싶다.

넷째, 발표자는 이 논문의 서두에서 헤겔의 '자기관계하는 부정성' 또는 '자기 자신의 타자'라는 개념이 "라이프니츠의 '모나드의 충동 또는 욕구'를 대체하는 개념"이라고 말하고 나서(1장, 단락 3) 이를 6장에서 본격적으로 논하고 있다. 논평자는 6장에서 이러한 "대체"가 정확히 무엇을 말하는지 밝혀지리라고 기대했으나 논평자의 이해가 부족한 탓인지, 그 기대는 충족될 수 없었고 의문은 사라지지 않았다. 논평자가 품고 있는 의문의 일단을 표현해 보면, 예컨대 발표자가 말하듯이 "모나드의 욕구는 '그것에 내재하는 목적론적인 원리'"이며(6장, 단락 2), 헤겔의 "반성규정들의 논리학은" "'라이프니츠 목적론의 원리에 대한 비판'으로서 이해될 수 있다"(6장, 단락 5)고 한다면, 이러한 비판에서 중심적 역할을 하는 "자기관계하는 부정성"(6장, 단락 5) 개념이 어떤 의미에서 모나드의 욕구를 대체한다는 것인가?

다섯째, 발표자는 "모나드들의 우주"에 대한 라이프니츠의 지성적인 관점에는 "작용인의 세계와 목적인의 세계의 구별, 칸트적으로 표현하자면 현상계와 예지계의 구별"이 근저에 놓여있다고(6장, 단락 3) 주장하면서, 헤겔은 칸트와 달리 이 구별을 "형이상학적인 기체사유Substratdenken 자체에 내재하는 외적인 반성의 원리와 상이성의 원리에 대한 비판을 통해서 극복하기를 원한다"(같은 곳)고 쓰고 있다. 이어서 그는 이 "외적인 반성의 원리와 상이성의 원리"를 "반성의 비교원리와 기체들의 전제라는 원리"와 동일시한다. 그런 후에 발표자는 이러한 헤겔의 입장을 칸트철학과의 연관성 속에서 논하면서 "물자체와 현상은 칸트철학에서처럼 '완전히 이종적인 것'으로서가 아니라, 오히려 양자 모두가 '반성논리적인 기체들'로 파악될 수" 있으며, "이 기체들은 비록 '상이한 기체들'이라 하더라도, 반성논리적으로는 '동종의 것'이고, 그래서 '상호 전환 가능하다'"(6장, 단락 6)고 말하고 있다. 이러한 심도 있는 분석과 설명을 읽으며 논평자가 겪는 어려움은 우선 형이상학적인 사유에 내재하는 "기체들의 전제라는 원리"에 대한 헤겔의 비판 속에서 "반성논리적인 기체들"이라는 개념이 도입되고 있는데, 이러한 새로운 유형의 "기체"가 도입되는 것 또는 전제되는 것의 정당성이 어떻게 설명될 수 있겠느냐는 것이다. 게다가 논평자가 겪는 이해의 어려움은 이 "반성논리적인 기체들"이라는 것이 헤겔이 직접 쓰고 있는 용어가 아니기 때문에 더욱 커진다. 이에 대한 발표자의 설명을 듣고 싶다. 또한 논평자에게는 이 '반성논리적인 기체들'이란 것이 "비록 '상이한 기체들'이라 하더라도, 반성논리적으로는 '동종의 것'이고, 그래서 '상호 전환 가능하다'"는 말이 무슨 뜻인지 여전히 이해가 되지 않는다. 발표자의 친절한 설명을 부탁한다.

여섯째, 발표자는 동일성과 상이성 개념에 대한 헤겔의 본격적인 고찰을 다루고 있는 7장에서 상이성을 두 종류로 나누면서, 헤겔에 의거하여 그 하나를 "비규정된 상이성", 그리고 다른 하나를 "규정된 상이성"으로 부르고 있다(7장, 단락 4). 그런 다음 발표자는 "헤겔은 이 규정된 상이성을 '동일성과 상이성의 부정적인 통일'로 파악하고, 이것을 '대립'이라 부른다"고 쓰고 있다(같은 곳). 논평자가 품는 의문은 이 "규정된 상이성(die bestimmte Verschiedenheit)"을 헤겔이 결국 "대립"이라고 부른다는 주장이 헤겔의 언명을 통해서 뒷받침될 수 있느냐는 것이다. 오히려 "규정된 상이성"이란 "대립"과 달리 특정한 의미를 지니는 규정이 아닌가 하는 게 논평자의 생각인데, 이에 대한 발표자의 답변을 듣고 싶다.

끝으로, 발표자는 이 논문의 주제를 이루고 있는 **"principium identitatis indiscernibilium"을 "무구별자 동일성의 원리"로** 번역하여 제시하고 있다. 이 용어는 국내에서 그 외에도 '구별 불가능한 것의 동일성 원리', '식별 불가능자 동일성의 원리', '구별불가능자 동일성의 원리' 등으로 불리고 있는데, 번역어의 통일성을 기한다는 면에서 논평자는 발표자가 이 논문에서 사용하고 있는 번역어를 선택한 이유가 있다면 무엇인지 알고 싶다.

근대 독일 철학자의 대립적 불교 이해와 수용

이 동 희

요약문

이 논문에서는 근대 독일 철학자들을 중심으로 해서 서구인들이 생소하고 낯 설은 불교를 어떻게 이해하고 수용해 왔는가를 살펴보고자 한다. 근대 독일 사상가들을 중심으로 살펴보고자 하는 이유는 서구의 정신사에서 독일의 철학자들이 불교 이해에 대해 가장 적극적이었지만, 불교의 수용에 대해 서로 대립적인 경향을 보여주기 때문이다. 라이프니츠, 칸트, 헤르더 등 초창기 불교를 접한 독일의 철학자들은 불교를 '무'(Nichts)의 원리에 기초한 일종의 세계관으로 이해하며 자신의 철학적 입장과 관련하여 비판적으로 해석을 한다. 이들이 파악하는 불교의 원리인 '무'는 불교의 개념이라기보다 서양의 "존재론적" 형이상학의 틀 안에서 해석된 개념이라 할 수 있다. 특히 헤겔이 자신의 종교철학적 입장에서 자연적 종교로서 불교를 설명하고 이에 대해 비판을 가한 뒤, 쾨펜이나 베버를 거쳐 불교는 세계로부터의 도피, 또는 세계와의 어떠한 관련성도 지니지 못한 신비적 관조라고 하는 부정적 인식을 주게 된다. 그러나 소위 비합리주의 계열의 철학자인 쇼펜하우어나 니체는 근대 독일의 합리주의적 사상가들과 다르게 불교를 평가한다. 쇼펜하우어에게 불교의 '무'는 단순한 세계 부정이나 세계와의 단절이 아니다. 그것은 우리가 흔히 '존재'라고 인식하는 현상보다 더 근원적이고 엄연한 사실적인 세계에 대한 인식을 의미한다. 또한 니체는 불교를 유럽의 수동적 허무주의의 '가장 유명한 형식'라고 말하고, 그것을 병리상태로서의 데카당스와 연관시키지만, 다른 한편으로 불교는 "기독교보다 몇 백 배나 더 현실적"이며, "문명의 마지막 단계와 피로를 해결하기 위한 종교"라 긍정적으로 평가한다.

이처럼 이 논문은 근대 독일철학자들의 불교에 대한 이러한 대립적 태도가 어디에서 발생하는가를 설명하기 위해 초기 예수회 선교사인 리치부터 근대 독일의 사상가들에게 이르기까지 서구의 불교 이해와 수용과정을 추적해 밝혀 보고자 한다. 이러한 추적 과정에서 우리는 불교가 이성과 합리성에 기초한 서구 형이상학의 전통의 기준에서는 비판을 받았지만, 또 다른 측면에서 서구 형이상학의 전통을 넘어서서 새로운 형이상학적 사유와 세계관을 열어 보여 주었다는 점을 발견할 수 있을 것이다.

● 주요어 : 불교, 무, 공, 니르바나, 자연 종교, 동양 세계, 마테오 리치, 쇼페하우어, 칸트, 니체, 쾨펜, 베버, 탈주술화

머리말

기독교적 문화와 정신적 전통에서 성장한 서구인들은 불교를 접하고 종종 불교는 과연 종교인가 하는 의문을 던지는 경우가 많다. 서구인들에게 불교는 종교의 범주나 종교의 기준을 충족시키지 못하고 있는 것처럼 보인다. 불교는 신앙의 대상인 신과 같은 초월적 대상을 결여하고 있고, 또한 영혼의 지속성과 불멸도 믿지 않기 때문이다. 따라서 그들의 눈에 불교는 종교라기보다 철학이나 인생관 혹은 세계관으로 이해될 때가 많다.[1)] 이러한 이해의 경향은 분명 서구인들의 종교적 범주와 기준의 틀에서 불교를 이해하고자 할 때 나타난다. 근대 서구인들의 불교수용을 보면, 사실 비코가 지적한 바와 같이, "인간은 멀고 먼 알려지지 않은 것들에 대해 전혀 이해할 수 없을 경우에는, 이미 그들에게 알려진 눈앞에 있는 것들을 기준으로 하여 판단"[2)]하려는 경향이 두드러진다.

1) 영어권의 독자를 상대로 해서 출판되는 옥스퍼드 대학 총서로 나온 불교입문서의 첫 장은 불교를 보는 서구인의 종교적 척도를 문제 삼는다. 이에 대해서는 데미엔 키언, 고길환역 『불교란 무엇인가?』, 동문선 1996 를 참조.

2) G. Vico, trans. E. Auerbach, *Die neue Wissenschaft über die gemeinschaftliche Natur der Völker* Hamburg, 1966, 24쪽.

이 논문에서는 서구인들이 생소하고 낯설은 불교를 어떻게 이해하고 수용해 왔는가를 근대 독일 사상가들을 중심으로 살펴보고자 한다. 근대 독일 사상가들을 중심으로 살펴보고자 하는 이유는 서구의 정신사에서 독일의 철학자들이 불교 이해에 대해 가장 적극적이었지만, 불교의 수용에 대해서는 서로 대립적인 경향을 보여주기 때문이다. 근대 독일 사상가들의 이러한 경향은 앞서 비코가 지적한 바와 같이, 자기들의 기준을 통해 불교를 이해하고 있기 때문이다. 라이프니츠, 칸트, 헤르더 등 초창기 불교를 접한 독일의 철학자들은 불교를 '무'(Nichts)[3]의 원리에 기초한 일종의 세계관으로 이해하며 자신의 철학적 입장과 관련하여 비판적으로 해석을 한다. 이들이 파악하는 불교의 원리인 '무'는 불교의 개념이라기보다 서양의 "존재론적" 형이상학의 틀 안에서 해석된 개념이라 할 수 있다. 특히 헤겔은 자신의 종교철학적 입장에서 자연적 종교로서 불교를 설명하고 이에 대해 비판을 가했다. 불교에 대한 헤겔의 비판적 이해는 이후 쾨펜(C.F.Koeppen, 1808~1863)이나 베버 등에게서도 반복되며, 불교에 대한 근대 서양인들의 관념을 형성하는 데 기여했다. 예를 들어, 바그너의 사위이자, 나치에게도 이념적인 영향을 끼쳤던 챔벌레인(Chamberlain)의 불교에 대한 이해를 보면, 근대 서구인들이 어떻게 불교를 이해하고 있는가를 확인할 수 있다. 그는 싯다르타를 서양과는 정반대되는, 퇴화된 민족의 문화의 대표자이며, 부처는 세계형성과 삶의 긍정이라는 서양의 가치에 대비되는 동양의 가치를 구현한 존재로 설명한다. 그리고 그러한 부처의 삶을 "살아 있는 자살"이라고 하면서 다음과 같이 언급한다. "[부처의 삶은] 생각해 볼 수 있는 최상의 경지에 있는 자살이다. 왜냐하면 부처는 죽기 위해서, 결국 다시 태어남이 없이 죽기 위해, 니르바나, 즉 무로 들어가기 위해서만 산다."[4]

그러나 소위 비합리주의 계열의 철학자인 쇼펜하우어나 니체는 헤겔로 대표되는 근대 독일의 주류의 사상가들과 다르게 불교를 평가한다.

---

3) 불교의 '공' 개념의 독일어 번역인 Nichts를 필자는 '무'로 다시 번역했다. '무'로 번역하는 까닭은, 첫째, 서구에서 '공'이라는 개념이 잘못 번역되어 존재에 대비되는 '무'라는 개념으로 잘못 이해된 것을 강조하기 위함이고 둘째는, 불교에서의 '공'과 구별하기 위해서다.

4) Chamberlain, Houston Stewart, *Die Grundlagen des neunzenthen Jahrhunderts*, Erste Hälfte, München 1922, 215쪽 인용문 속의 [ ]는 이해를 위한 필자의 첨가.

쇼펜하우어에게 불교의 '무'는 단순한 세계 부정이나 세계와의 단절이 아니다. 그것은 우리가 흔히 '존재'라고 인식하는 현상 보다 더 근원적이고 엄연한 사실적인 세계에 대한 인식을 의미한다. 또한 니체는 불교를 유럽의 수동적 허무주의의 "가장 유명한 형식"[5]이라고 특징짓고, 그것을 병리상태로서의 데카당스와 연관시키지만, 다른 한편으로 불교는 "기독교보다 몇 백 배나 더 현실적"[6]이며, "문명의 마지막 단계와 피로를 해결하기 위한 종교"[7]라 긍정적으로 평가한다.

이처럼 서구의 근대 철학에서 불교의 이해와 수용은 근대 독일 철학자들에게서 상당히 대립적으로 나타난다. 이 논문은 근대 독일철학자들의 불교에 대한 이러한 대립적 태도가 어디에서 발생하는가를 설명하기 위해 초기 예수회 선교사인 리치부터 근대 독일의 사상가들에게 이르기까지 서구의 불교 이해와 수용과정을 추적해 밝혀 보고자 한다. 이러한 추적 과정에서 우리는 불교가 이성과 합리성에 기초한 서구 형이상학의 전통의 기준에서는 비판을 받았지만, 또 다른 측면에서 서구 형이상학의 전통을 넘어서서 새로운 형이상학적 사유와 세계관을 열어 보여 주었다는 점을 발견할 수 있을 것이다.

1. 마테오 리치의 불교 이해 및 비판

서구의 역사에서 불교의 흔적은 중세 때부터 아주 일찍이 발견된다. 그것은 그야말로 단편에 불과한 것이다. 중세시대에 가장 인기가 있는 이야기 중의 하나였던 "바라암과 조세파트"가 그 예일 것이다. 이 "바라암과 조세파트" 이야기는 붓다의 생애에 바탕을 둔 것이었다. 조세파트는 "보살"이라는 말이 변형된 것이었다. 중세 시대 이후 불교라는 종교의 존재를 처음으로 알게 된 것은 유럽인들이 식민지 개척과정[8]을 하면

5) F, Nietzsche, N 9[35], in KSA 12, 351쪽.
6) F. Nietzche, *Der Antichrist*, Kritische Studienausgabe, hrsg. von Giorgio Colli und Mazzino Montinari, München 1988, 186-187쪽 참조.
7) 앞의 책, 189쪽.
8) 예를 들어, 1505년 포르투갈이 지금의 스리랑카인 실론의 해안 도시들을 점령하고 지배했을 때 그 지역의 주민들은 대부분 불교도였다. 그러나 점령 후 전체

서부터이다. 이후 불교는 예수회 선교사들 및 아시아를 여행하는 여행자들의 글을 통해 서구에 점차 알려지게 되었다. 그러나, 이렇게 소개된 불교는 18세기 이전까지 서구에서는 온갖 상상과 추측의 대상이었다. 17세기에 『일본의 역사』를 저술했던 의사이자 여행가인 캠퍼(Engelbert Kämpfer)는 불교가 이집트에서 유래한 것이라는 엉뚱한 주장을 펼치기도 했다.[9] 그는 불상의 곱슬머리를 보고 부처는 아프리카인이며, 부처는 인도로 건너 간 멤피스의 한 사제였다고 추정했다. 이러한 추정은 오늘날 황당하기 그지없지만, 그 당시로서는 가능한 사고였다. 인류가 고대에는 한 언어를 사용했다는 성서의 이야기를 확고히 믿고 있던 예수회의 신부들 중에는 당시의 중국의 상형문자를 이집트의 상형문자에서 파생된 것이라는 견해를 과감히 주장하던 시기였고, 라이프니츠도 그러한 믿음을 가지고 중국문자를 연구하기도 했다.

중국선교의 초석을 놓았던 마테오 리치의 불교에 대한 이해도 이러한 수준을 크게 벗어나지 못한다. 그는 『De Christina expeditione apud Sinas suscepta ab Societate Jesu』(1615)(『예수회에 의한 기독교의 중국 원정기』)의 한 단락에서 불교에 관한 간략한 서술을 하고 있다.[10] 그는 이 책에서 석가모니를 "Sciequia"로, 아미타불을 "Omitose"로 표기하고 있다. 마테오 리치는 "명제구법설明帝求法設"[11]로 알려져 있는 동한의 명제(明帝, A.D. 58-75)의 꿈을 인용한다. 이 전설에 의하면 명제 영평 7년에 명제는 금인(혹은 신인)이 나타나는 꿈을 꾼 뒤, 사람을 서역으로 보내어 불법을 구하게 했다는 것이다. 마테오 리치는 이 꿈을 기독교적으로 해석한다. 그의 해석에 의하면, 명제가 꾸었던 꿈은 신의 계시로서 그

주민에게 카톨릭이 강요되었다. 그리고 1636년 네덜란드 지배로 넘어간 뒤, 이 지역은 다시 개신교로 개종할 것을 강요받았고, 불교도, 힌두교, 천주교도들은 박해를 피해 다른 지역으로 도망을 갔다. 이 박해는 네덜란드 정부에 의해 18세기 종교의 자유가 허용될 때까지 계속되었다.

9) 칸트도 캠퍼의 여행기록을 통해 불교를 알게 되었다. H.Dumoulin, *buddhism and nineteenth-century german philosophy*, in : Journal of the History of Ideas, Vol.XLII(1981), No3, 457쪽 참조.

10) 이 책은 마테오 리치의 수고에 기초한 책으로 그의 동료 니꼬라 트리골(Nicola Trigault)이 라틴어로 번역 1615년에 출간하였다. 이에 대해서는 다음의 책을 참조: David E. Mungello, *Curious Land : Jesuit Accomodation and the origins of Sinology*, Stuttgart 1985.

11) 이에 대해 Kenneth K.S. Chan, 박해당 역, 『중국의 불교』, 서울, 민족사 1991 참조.

당시 사도 도마가 인도에까지 설파했던 기독교복음을 가져오라는 것이었다. 그러나 명제에 의해 파송된 중국의 대사는 불교의 가르침을 기독교의 것으로 오인해 가져왔다는 것이다. 리치는 이외에도 불교의 지수화풍(地水火風) 사대가 서양철학자들의 사원소 개념으로부터 차용된 것이라 하고, 세계의 다원성의 개념은 데모크리토스학파에게서, 영혼윤회설은 피타고라스에게서 차용되었다고 주장한다. 리치는 또 다른 저서인 『천주실의』(1601)[12]와 『기인십편』(1608)[13]에서도 "불교"를 매우 비판적으로 다루고 있다. 리치는 『천주실의』 제5편 '육도 윤회와 살생을 금하는 설을 논박함'에서 불교의 윤회 사상과 살생계에 대해 비판한다. 그는 석가모니의 윤회설은 피타고라스의 주장을 듣고서 이용한 것이며, 그것에다 육도설을 보태 수백 가지 거짓말을 책으로 펴내 경으로 만들었다고 비난한다.[14] 그는 천주가 창조한 인간의 영혼은 다른 존재들과 애당초 구분되며, 죽어서도 항상 지속적이고 동일하기에 영혼 윤회설은 거짓되고 허황된 말이라고 비판한다.[15] 그는 또한 불교가 영혼윤회설에 기초해 주장한 살생계도, 천주가 만물을 지어낼 때, 사람들이 그것들을 이용할 수 있게 해 주었다는 입장에서 비판한다. 이렇게 리치는 기독교의 입장에서 불교의 영혼윤회설과 살생계에 대해 신랄하게 비판을 하고 있다. 그리고 리치는 『천주실의』 제2편에서 불교의 '공'이나 도교의 '무'에 대해 근본적인 비판을 행한다. 리치에게 불교의 '공'이나 도교의 '무'는 서양 형이상학의 '존재'와 대비되어 '텅 비어'있는 공허한 것이다. 그러기에 그는'공'과 '무'는 만물의 원리도 되지 못하며, 아무런 쓸모가 없는 것으로 파악하며, 이렇게 언급한다.

> "가령 '공'이니 '무'이니 하는 것은 인간도 귀신도 아니며, 마음의 본성도 지각[능력]도 없고, 이성적 추리력도 인의도 없으니, 칭찬할 만한 좋은 점이 하나도 없습니다."[16]

---

12) 이에 대해 마테오 리치, 송영배 외역, 『천주실의』, 서울대 출판부 1999 참조.

13) 마테오 리치, 송영배 역, 『교우론, 스물다섯 마디 잠언, 기인십편』, 서울대 출판부, 2000, 특히 살생계에 대한 비판을 담은 6편과 육도윤회에 대한 비판을 담은 8편 참조.

14) 마테오 리치, 송영배 역, 『천주실의』, 서울대 출판부 1999, 234쪽.

15) 이에 대해서는, 마테오 리치, 송영배 역, 같은 책, 5편 참조.

16) 앞의 책, 80쪽: "借如 空.無者, 非人非神, 無心性無知覺, 無靈才無仁義 無一善足嘉."

물론 리치의 이러한 불교 비판에 대해 당시 불교계의 반발과 반박이 없었던 것은 아니다.[17] 리치의 불교 비판은 불교의 교리를 제대로 이해하지 못한 가운데 행해진 것이라 할 수 있다. 예를 들어 불교의 윤회설이 피타고라스에게서 기원했다고 보는 것이라든지, 불교의 '무'가 절대적 '허무'나 '부재'이며, 쓸모없는 것으로 이해하는 것이 리치의 불교 이해의 한계를 보여준다. 리치의 불교에 대한 접근은 선교전략적 차원에서 기독교의 우월성을 입증하기 위해 경쟁 종교인 불교를 비판하려는 데 그 목적이 있다. 따라서 리치의 불교 비판은 불교에 대한 올바른 이해에 기초한 것이라기 보다는 기독교의 교리의 편에 서서 일방적으로 불교를 논박한 것이라 할 수 있다. 이러한 입장은 당시 기독교를 전파하러 중국에 파송되어 왔던 예수회 선교사들의 불교이해를 대변하고 있다. 이러한 리치로 대변되는 예수회의 불교에 대한 비판적 이해는 서구에도 전파되어 서구지성인들의 불교 이해에 영향을 끼치게 된다.

2. 근대 독일 철학자들의 불교에 대한 비판적 이해

1) 헤겔 이전의 근대 독일철학자들의 불교 이해

초창기 서구에 알려 지게 된 불교는 마테오 리치를 대표로 하는 예수회 선교사들의 선교적 입장이 반영된 것이다. 단편적이기는 하지만, 라이프니츠와 칸트, 헤르더, 셸링 등 불교에 대한 이해와 언급은 이러한 선교사들이 각인해 놓았던 불교 이해로부터 벗어나지 못하고 있다.

중국에 체류하던 예수회 선교사들과 접촉하면서 중국에 대해 활발한 의견교환을 주고받았던 라이프니츠도 불교에 대해 언급한 적이 있다. 그는 마테오 리치처럼 불교의 원리를 '무'로 파악하고, 그것이 무의미함을 논한다. 그는 『Théodicée』에서 불교는 "모든 것은 만물의 제일원리인 '무'로 환원될 수 있다."[18]고 말한다. 그에 따르면, 이 명제는 다음과 같

17) 불교 측의 천주교에 대한 대표적인 책으로는 주굉의 ≪천설사편(天說四篇)≫과 지욱의 ≪벽사집(闢邪集)≫이 있다.

18) Gottfried Wilhelm Leibniz, übersetzt von Herbert Herring *Essais de théodicée sur la bonté de dieu la liberté de l'homme et l'origine du mal*, Darmstadt 1985, 87쪽.

은 두 가지 관점을 담고 있다. 첫째, 불교는 제일의 원리, 즉 근원 혹은 시간적 시원을 가정한다는 점이다. 둘째, 불교는 그러한 근원을 '무' 속에서 본다는 점이다. 라이프니츠는 이 두 가지 관점에 대해 다음과 같은 비판을 가한다. 첫째, 불교의 '무'의 원리는 충족이유율과 맞지 않는다. 충족 이유율은 어떤 원인이 없거나 또는 적어도 규정을 하는 근거가 없이는 아무 것도 생기지 않는다는 것인데, 이 충족이유율에 의하면 불교의 '무'로부터는 아무 것도 생길 수가 없기 때문이다. 그는 자기의 존재근거를 자기 안에 간직하고 있고, 따라서 세계의 충분한 근거인 신에 비추어 볼 때, 불교의 '무'는 제일의 원리가 되기 어렵다고 본다. 둘째, 그는 목적론적 세계관인 자신의 "예정조화설"에 비추어 볼때도 불교의 '무'이론은 전혀 의미가 없으며, 지탱될 수 없다고 주장한다. 라이프니츠의 불교에 대한 이해는 유교와 달리 매우 비판적이다. 라이프니츠의 이러한 불교에 대한 평가는 기독교적 세계관과 서구 형이상학의 입장에 기초한 것이다.

라이프니츠처럼 칸트 역시 불교의 원리를 '무'로 파악하지만, 칸트는 서구 형이상학의 입장이 아니라, 자신의 도덕철학의 입장에서 '무'를 비판한다. 칸트는 지리학 강의를 행하면서 아시아의 종교들에 관해 포괄적으로 다루는 가운데 불교를 언급한다.[19] 여기서 칸트는 계몽주의자의 입장을 나타낸다. 불교를 보는 그의 관점은 이전의 사람들과는 냉철한 입장이었지만 이국취향적 풍속의 수준을 벗어나지 못했다. 칸트는 자연지리학의 강의록 안에서 단편적으로 불교를 다음과 같이 언급한다.

> "이 모든 나라에서는 차이가 있으나, 인도의 종교가 지배적이다. 인도의 종교는 실론에서는 붓다, 인도에서는 석가, 시암에서는 사마나코담이라고 불리는 종교가 널리 유포되었는데, 그의 영혼은 오랫동안 지상에서 배회하다가 하늘로 사라졌다."[20]

---

19) 칸트의 불교에 대한 언급은 그가 1756-1796년 까지 쾨니히스베르크 대학에서 행한 "자연 지리학"에 관한 강연들 속에서 발견된다. 칸트의 아시아에 대한 언급은 불충분하다. Helmut von Glasenapp는 칸트의 아시아에 관한 글들을 따로 모아 『칸트와 동방의 종교』라는 이름으로 편찬해 냈다. Glasenapp는 칸트가 의존했던 자료들에 대해서 상세히 밝히고 있다. 아래의 인용절은 모두 다음의 책에 근거한 것이다.: Helmut von Glasenapp, *Kant und die Religionen des Ostens*, Beiheft zum Jahrbuch der Albertus-Universität Königsberg/Preußen, V. Kitzingen-Main, 1954 [이하 이 책은 HG약호로 표시].

> "그들[=불교도]에게는 종교의 차이는 커다란 구별이 되지 못한다고 말한다."[21]
>
> "시암인들은 신을 믿기는 하지만, 그러나 그들은 이 숭고한 이름으로 정신과 육으로 구성되어 인류를 돕는 속성을 가진 존재를 믿는다."[22]

이러한 몇 가지 단편적 언급들에서 드러나듯 칸트의 불교이해는 황당한 추정과는 거리를 두고 있으나 불교에 대한 깊은 인식과는 거리가 멀다. 칸트는 비교적 정확하게 인도종교나 불교의 핵심을 "윤회설"과 "인과설"로 파악한다. 그러나 이 두 가지 설에 대한 정확한 이해를 가진 것 같지는 않다.[23] 칸트는 불교의 "윤회설"에서는 개인의 불변하는 지속적 영혼과 세계영혼이 부정되고 있다고 본다. 칸트에게 있어 개별자로서의 주체 혹은 자아는 모든 인식의 근거이자, 또한 도덕적인 토대이며 동시에 완성을 기해야 할 존재이다. 그러기에 칸트는 개별자의 완성을 위해 영혼불멸을 요청했다. 칸트가 볼 때 불교에 있어 이 개별적 자아의 거부는 바로 "세계에 대한 무관심"으로 이어지고, '무'의 개념이 중심을 이룰 수밖에 없는 이유가 된다. 칸트는 다음과 같이 언급한다.

> "무가 만물의 근원이자 끝이며, 따라서 모든 일에 대한 단념과 무심함은 한때는 신에게 축복받은 행위였다는 견해가 그들 사이에 퍼져 있다."[24]

칸트는 불교의 인과론에 대해서도 언급하나 정확하지 않다. "불교도들은 세계지배적 신의 현존을 부인하기에, 그러한 신의 간섭이 없는 [그들의] 모든 행위는 세계법칙적 필연성에 따라 상과 벌을 받을 수밖에 없다."[25] 그러나 여기서 칸트가 언급하는 "세계 법칙적 필연성"은 불교의 연기론 보다는 스토아 학파의 세계 이성 또는 스피노자의 범신론적 의미의 기계적 필연성에 가깝다.

---

20) HG, 58쪽.
21) HG, 58쪽.
22) HG, 61쪽.
23) 칸트의 윤회설에 대한 언급은 다음과 같다. "그들이 마지막까지 노력해서 더 이상 태어나지 않기 전에는 이 신[=부처]은 그의 완전한 지복에 도달할 수는 없다."(HG, 61쪽), "포[불]의 신도들은 영혼윤회에 대해 믿는다."(HG, 89쪽)
24) HG, 60쪽.
25) HG, 60쪽.

칸트의 영향을 받은 요한 고트프리드 헤르더 역시 불교의 원리를 '무'로 파악하고, 그러한 원리가 생겨난 이유를 지역의 기후적 특성과 연관해서 설명한다. 헤르더는 불교이론을 "따뜻한 기후의 생산, 육신의 고요 속에서 모든 것에 대한 무념의 열락을 사랑하는 인간 영혼의 창조물"[26]로 파악한다. 헤르더는 인도의 종교의 특징인 '무'를 또한 다른 점에서 설명하고자 한다. 그에 의하면, 뜨거운 기후는 그 아래서 노동에 시달리는 인도인들에게 무위와 행위 없는 무심을 열망케 했을 거라 추측한다. 프리드리히 셸링은 『신화의 철학』(Philosophie der Mythologie) 안에서 헤르더와 마찬가지로 기후적 조건을 통해 불교가 발생하게 된 이유를 다음과 같이 언급한다.

> "불교는 모든 면에서 그의 원천인 모국과 연결된다. 그리고 불교가 경험했던 여러 다른 운명들은 불교가 처음으로 생겨났던 그 땅과 기후에 의해 각인되었다는 것을 부인할 수 없을 것이다."[27]

헤르더나 셸링은 불교의 기원을 지리적, 기후적 조건과 연관시켜 해명하고, 그로부터 불교의 '무'를 이해하려 했지만, 이러한 이해는 우연적이고도 외적인 조건들에 기초해 불교를 이해하고자 한 것이었다. 이들에 반해 헤겔은 불교를 보다 더 본격적이고 적극적으로 파악해 자신의 종교철학체계 내의 한 부분으로 위치시키고자 한다.

2) 헤겔의 불교 이해 및 규정[28]

헤겔은 자신의 종교철학에서 불교를 자연적 종교의 범주로 분류하며 그것의 최상의 원리를 '무'(Nichts)로 파악한다. 헤겔의 자연적 종교는 헤겔의 종교적 발전단계에 있어 가장 낮은 위치인 첫 번째 단계에 속한다. 이 단계에는 아시아의 종교들, 즉 중국종교, 인도 종교 그리고 불교가 단계적으로 속해 있다.[29] 헤겔의 기념판본 (Jublilä umsausgabe) 종교철

---

26) J.G. Herder, Ideen zur Philosophie der Geschichte der Menschheit, Herders Sämtliche Werke, Bd. 14. Berlin, 1787, 21쪽.

27) F.W.J. Schelling, *Schellings Werke*, Abt.II, I Band, Darmstadt 1957, 515쪽.

28) 헤겔의 불교 이해 및 규정에 관한 이 부분은 필자의 논문, 이동희, 「헤겔의 불교이해」, 『헤겔연구』 제7호, 청아출판사, 1997, 108-141에 기초한 것이다.

학에 따르면, 헤겔은 불교를 '환상의 종교'인 브라만교와 힌두교 뒤에 위치시키며, 그 이유를 불교가 인도의 카스트 제도에 대한 "부정"으로 등장했기 때문이라고 언급한다.

헤겔은 자연종교의 마지막 단계에 속하는 불교의 특징을 다음의 세 가지로 요약한다. 첫째, 불교는 "자기내적 존재"(Insichsein)의 고요에 절대적 토대를 둔 종교이다. 이 내면적 자아의 존재 안에서 모든 외부적 대립의 구별은 그치며 정신의 자연성의 모든 규정들, 모든 특별한 힘들은 사라져 버린다. 둘째, '무'(Nichts)는 불교의 최상의 원리이자 궁극적 원리이다. 무는 "일자이자 모든 것의 처음과 끝"이다. 여기서 사람들은 무를 "신"으로서 생각한다. "신"은 "아무 것도 규정되지 않은 것, 즉 무규정자"이다. 그러므로 신은 모든 특수한 것들의 부정이다. 셋째, 신은 '무'로서의 존재 일반으로 파악된다.[30)]

헤겔은 불교의 특징을 이야기하면서 불교의 근본원리인 '무'가 '텅 빈 것'이라기보다는 자립성을 갖는 것으로 본다. '무'가 자립성을 갖는 대신에 모든 다른 현실성, 모든 특수한 것들은 자립성을 갖고 있지 않다. 이렇게 헤겔이 파악하는 불교의 무는 서구 형이상학에서의 실체와 비슷한 역할을 하고 있다. 그러므로 헤겔은 불교에서는 '무'로부터 모든 것이 생성해서 '무'에로 되돌아간다고 말을 한다. 그러나 헤겔의 불교에 대한 이러한 이해는 근본적으로 서구 형이상학의 존재론에 기초한 것이다. 헤겔의 불교의 근본원리로 이해했던 '무'(Nichts)는 불교의 초기형태인 대승불교, 좀더 자세하게 말해 나가르주나에 의해 정초된 공(Shunja)에 기초한 것이다.[31)] 그러나 헤겔이 이해한 것과 다르게, 대승불교의 '공'은

---

29) 헤겔의 종교철학에서 자연 종교 내 불교의 위치에 대해서는 헤겔의 판본마다 약간의 차이를 보인다. 이에 대해서는 이동희, 같은 글, 122쪽 참조.

30) Hegel, Werke in zwanzig Bänden, Frankfurt/M. 1970 Bd. 16, 376-379쪽 참조 [이하 약호 W로 사용] 그리고 이에 대해서는 이동희, 같은 글, 125쪽 참조.

31) 헤겔이 불교이론의 핵심개념을 '무'로 파악하게 하고 또한 그것을 실체 개념으로 파악하게 만든 자료는 당시 영어에서 독일어로 번역된 『물과 육지로 향한 여행 일반사 혹은 모든 여행보고서 모음집 Allgemeine Historie der Reisen zu Wasser und zu Lande oder Sammlung aller Reisebeschreibungen,』(1750, Leipzig)였다. 이 자료 속에는 "모든 것은 무로부터 생성하고 무로 되돌아간다"는 헤겔이 인용한 구절을 발견한다. 이 보고서는 '무' 혹은 '공'을 실체적인 개념인 근원적 재료(Grundstoff)로 번역하여 설명한다. '공' 개념의 이러한 실체론적인 의미전환은 헤겔로 하여금 '무' 혹은 '공'을 실체적 의미에서 불교의 "최상의 원리이자 궁극적 원리"로 이해하게 만들었다.

"모든 것"이 그로부터 "생성해서 그것에로 되돌아가는"어떠한 실체가 아니다. 나가르주나는 '공'은 "모든 것이 그로부터 생성하며 그것에로 되돌아가는" '공'의 실체마저 부정하기 때문이다. '공'은 실체가 없는 무자성(無自性)[32]이며, 따라서 모든 현실성들을 부정해 버릴 수 있는 궁극적인 어떠한 토대가 아니다.

또한 헤겔은 '무'와 관련하여 불교의 니르바나 개념에 대한 이해도 시도한다. 불교에서 니르바나, 즉 열반은 원래 "절대의 해방, 악업의 중하에서의 구출, 오온(五蘊)의 소멸이며, 산스크리스트의 의미는 불길을 불어 끄는 것, 혹은 이미 기름이 다하여 불길이 없어지는 것"[33]을 뜻한다. 그러나 헤겔은 이러한 니르바나의 상태를 '무'라고 하는 어떠한 의지나 지적 작용도 없는 실체적인 것으로 자신을 심화시키는 행위로 이해한다.[34] 그리고 이 '무'에 도달하는 것은 세계에 대한 완전한 무관심성에 도달하는 것이며, 따라서 이 '무'에 도달하면 "의지, 지성, 덕, 부담, 벌, 상, 화해, 영혼의 불멸 등에 좌우되지" 않게 된다. 이러한 상태가 바로 니르바나이며 이 상태에 달한 사람이 바로 신과 같은 부처가 된 것이라고 헤겔은 말을 한다.[35]

이와 같은 헤겔의 언급을 보면, 그에게는 불교의 원리인 '무'와 니르바나의 개념이 결합되어 이해되고 있는 것을 알 수 있다. 그러나 니르바나는 헤겔이 이해한 것처럼 '무'라는 상태에 도달하거나 되돌아가는 그러한 행위가 아니다. 나가르주나에 따르면, 니르바나라고 하는 특별한 경지가

---

32) "자성(自性)"(svabhava) 물체의 실재를 가리키는 말이며 연기를 따르는 것이 아니고 변화하지도 않는 본질이자 실재이다. 이에 반해 "무자성(無自性)"은 보편적 상대성이며, 물질적 규정성이 없으며 독립적이고 영원한 실유본성(實有本性)이 아니다.

33) 니담, 이석호 역, 『중국의 과학과 문명 III』 을유문화사, 1989, 70쪽 참조.

34) "자기내적 존재의 적요가 모든 특수한 것과의 절멸을 뜻하는 한에 있어서 이러한 절멸의 상태란 (불교에 있어서) 최상의 상태일 것이다. 그리고 그것의 목적은 영원한 적요, 무 일반, 모든 규정이 중지하며 어떠한 의지나 지적 작용도 없는 실체적인 것에로 자신을 심화시키는 것이다." W 16, 385쪽.

35) "제의는 무로 자신을 몰입시키는 것에 있다 (…) 이에 따르면 인간은 무를 소원하고 바라며 행위하도록 항상 노력해야만 한다 (…) 인간이 이한 완전한 무관심성의 상태에 도달하면, 더 이상 의지, 지성, 덕, 부담, 벌, 상, 화해, 영혼의 불멸 등에 좌우되지 않는다 (…) 앞에서 언급된 바와 같은 상태란 인간이 목적으로 삼고 있는 것이며 이것은 불교도에게 있어서 니르바나를 뜻한다. 이 상태는 신과 동일시된 것으로 여겨진다… 즉 부처가 된 것이다. 'W 16, 386쪽.

실재하지 않기 때문이다.[36] 그는 열반의 상태를 다음과 같이 묘사한다.

> "우리들의 존재를 구성하는 오온에 집착하고 혹은 인연에 의해 생사 왕래하는 상태에 대하여 따르지 않고, 집착하지 않을 때에는 그것이 곧 니르바나라고 설명할 수 있다."(중론 25, 9)[37]

불교에서 말하는 '무', 즉 공이나 '니르바나'가 다름에도 불구하고, 헤겔은 불교의 '무'와 '니르바나'에 대해 위와 같은 해석을 하고, 그러한 이론이 등장하게 된 배경을 설명한다. 그에 의하면, 불교는 인도의 카스트제도와 인도사회에 대한 부정이다. 그는 불교의 부정을 전혀 "속박이 없는 꿈"으로 특징짓는데, 불교는 현실세계로부터 내면으로 도피하여 단순히 무규정적인 '무'를 지향하기 때문이다. 헤겔이 볼 때 불교의 '무'는 현실적 세계의 단순한 부정에만 그치기에 그것은 부정의 부정을 거친 세계에 대한 합리적 지배나 세계를 변혁하려는 단계로까지 나아가지 못한다고 본다. 헤겔은 불교 속에서 현실로부터 인간내면으로의 귀환을 언급하면서 주관성이 미약하게 나타난다고 본다. 그러나, 그것은 세계로부터 자신의 내면으로부터의 도피 혹은 고립화를 뜻하는 것이기에 외적인 자연적 주술적 힘으로부터 완전히 탈피하지 못한 것으로 생각한다. 그리고 헤겔은 인도인은 세계를 변화시키거나 형성하는 것으로서의 역사의 능력을 갖지 못했기에, 현존으로부터 '무'로의 도피는 유일한 탈출구였다고 설명한다.

이와 같은 헤겔의 불교 이해와 평가는 전반적으로 헤겔의 동양 세계의 해석과 궤를 같이 한다. 헤겔은 불교가 동양의 특징인 외부적 자연성에서 벗어나는 모습을 보이면서도 세계와 단절된 내면적 자아로 도피하는 것을 불교의 한계로 파악했다. 그래서 그는 자연 종교의 세 단계 중 가장 마지막 단계에 불교를 위치시켰다.

헤겔은 불교가 서구에 유입된 이래 가장 본격적으로 불교를 이해하고자 시도한 철학자였다. 그러나 그는 불교의 이론을 서구의 형이상학의 틀 안에서 그리고 자신의 철학 체계 안에서 이해하고 평가함으로써 불

36) "열반은 획득되는 것이 아니요, 도달되는 것도 아니다. 없어지는 것도 아니고, 영원한 것도 아니다. 파괴되는 것도 아니고 생겨나는 것도 아니다." 용수보살, 김성철 역, 『중론』, 경서원, 2005, 중론 25, 3 참조.

37) 용수보살, 김성철 역, 같은 책, 중론 25, 9 참조.

교의 진면목을 이해하는 데에는 실패하였다. 그러나 헤겔의 불교에 대한 부정적 평가는 헤겔 이후의 철학자들에게서 지속된다. 헤겔의 제자인 쾨펜C. F. Koeppen(1808-1863)은 불교를 "현실로부터의 도피"로 설명하고, 베버에게 불교는 "세계의 탈주술화"(Entzauberung der Welt)과정과 연관해서 "신비적 관조의 최고 형태"로 설명된다.

3) 쾨펜의 불교이해

불교에 대한 포괄적 서술을 하려 했던 최초의 시도는 칼 맑스의 친구이자 헤겔의 제자였던 쾨펜이었다. 그는 불교의 기원을 헤르더나 셸링처럼 기후적 조건으로 환원시켜 보지 않았다. 그는 불교의 원인을 지속되는 사회적 억압에서 찾으려 했다. 그는 석가모니 시대 이전의 인도사회를 짓누르고 현실적 삶에 멍에를 씌웠던, "정신적 세속적 전제주의의 역사적 결과"가 불교라 본다. 그에 따르면, 그러한 압제적 인도 사회에서 "고요와 죽음, 없어지는 것이 소원하는 최상의 목적"이 되며, 따라서 불교는 비참한 "현실로부터 해방해서 개인을 고양시키려"한다는 것이다. 그는 이 점에서 불교가 세계와 정신을 부정하는 것은 당연한 귀결이라 생각하고, 이 점에서 '무'의 사상은 불교의 "뿌리이자 결과"로 나타날 수밖에 없다고 본다. 그는 불교를 브라만적 전통과 비교해 볼 때, 지속적인 소멸현상으로 설명하는데, 브라만은 생성과 소멸 뒤에 있는 불변하며 변화하지 않는 존재를 인식하고자 하나, 그 반면에 불교는 그 배후에 '무'만을 인정한다. 그러나, 쾨펜은 그러한 '무'는 기만에 불과하다고 말한다. 쾨펜은 불교의 '무'를 질곡한 현실로부터의 도피에 불과한 것으로 보기 때문이다. 또한 그는 영혼윤회설과 불교의 '무'의 이론은 서로 조합이 될 수 없는 것으로 본다. 그의 이해에 따르면, 불교는 영혼윤회설을 선교전략적으로 채택한 것이다. 그는 그 이유를 이렇게 설명한다.

> "무를 만물의 본질로 그리고 최상의 선으로 설명하는 종교가 영혼윤회설과 재탄생의 이론이 없이는 그 종교의 신봉자들에게 [···]가능한 한 빨리 무로 들어가라고 촉구하는 것 이외의 다른 의무를 과할 수 없었을 것이다."[38)]

38) Koeppen, C.F. *Die Religion des Buddha und ihre Entstehung*, Berlin 1857, 216쪽.

쾨펜이 볼 때 무에 기초한 불교의 도덕은 "빈곤"이다. 그에 의하면, 빈곤은 모든 것을 유약하고 동일하게 만든다. 마찬가지로 불교의 무, 공, 무실체성도 그렇다.[39] 그래서 브라만교도가 "브라만을 자기 안에 가지지 못한 사람을 거부한" 반면에 불교도는 '무' 속에서 "하찮은 벌레 역시 자신[과 똑같은] 형제"[40]로 받아들일 수밖에 없다고 설명한다. 쾨펜은 불교가 브라만의 카스트제도 보다 우월하게 내세웠던 연민과 자비의 명령도 실상은 바로 이런 '무'의 심정에 기초한 것으로 본다.

4) 베버의 불교이해

헤겔이 불교를 자연종교에서 보았다면, 베버는 불교를 "주술종교"의 관점에서 집중적으로 다룬다. 그는 불교의 '공'의 개념도 '무'(Nichts)로 생각하지 않고 '공'(Leere)으로 비교적 정확하게 이해하고 있다. 그동안 불교에 대한 연구가 발전하면서 보다 정확한 개념을 담은 연구문헌들이 나왔기 때문이다. 그러나 베버가 불교를 평가하는 기준이나 관점은 서구의 합리적 전통과 정신에 기초한 것이다.

잘 알려져 있다시피, 세계종교연구를 위한 베버의 근본적 물음은 비유럽 사회에서는 왜 자본주의현상이 나타나지 않았는가 하는 것이다. 베버가 "철옹성"이라고 불렀던 자본주의는 서구의 합리성과 합리화과정의 소산이었다. 베버는 서구의 합리화과정이 갖는 고유성을 다른 세계, 즉 이슬람, 인도, 중국, 페르시아 이집트세계와의 비교를 통해 설명한다. 그에 의하면, 서양의 근대적 자본주의는 모든 경제적 요소들이 계산 가능한다는 필수적 조건에 기초하고 있다. 이것은 *합리적으로 정초된 학문*에 의해서 뒷받침되는데, 여기서 베버가 뜻하는 학문은 경험적 지식, 철학적 신학적 지혜가 아니라, 수학적 기초, 합리적 실험과 증명을 갖춘 학문을 뜻한다. 그리고 이 밖에도 근대적 자본주의는 법적 질서와 국가적 관료주의 그리고 개인의 합리적 행위규범을 필요로 한다. 베버는 합리화의 과정을 세계의 탈주술화과정으로 파악하기도 하는데, 이 탈주술화의 과정은 세계를 "주술적"으로 파악하던 이전의 세계와 구분된다. 베버는

39) Koeppen, 같은 책, 216쪽.
40) Koeppen, 같은 책, 216쪽.

다음과 같이 말한다. "합리화가 의미하는 세계를 설명하는 데 있어 더 이상 신비롭고 불가해한 힘에 의존하지 않아도 된다는 사실이다. 세계는 이제 탈주술화되었다. 야만인들은 신령들을 제어하거나 그들에게 간청하기 위해 마술적인 수단을 사용했지만 이제는 그럴 필요가 없다. 기술적 수단과 계산이 그 역할을 대신한다. 이것이 바로 합리화의 의미이다."[41) 베버가 볼 때, 불교에서 추구되는 지(知)는 서구에서 볼 수 있는 바와 같이 목적합리성에 의해 지배되는 지가 아니다. 그는 불교의 지를 다음과 같이 말한다. 불교의 지는 "이 세속의 사물, 일상적으로 나타나는 자연이나 사회생활 및 그 두 가지를 지배하는 법칙에 대한 지식이 아니다. 오히려 [불교에서 말하고자 하는] '지'는 삶의 '의미'에 대한 철학적 지혜이다. 이런 류의 지식은 경험적인 서양학문의 수단 그 자체가 결코 대신할 수 없는 것이며, 그 독특한 목적 때문에, 도저히 서양학문으로서는 획득될 수 없는 것이다."[42)] 그리고 그는 대승불교의 전설에서 나타나는 지혜에 대해서 또한 다음과 같이 말한다. "오직 지혜만이－여러 가지 상황에 따라－자기와 타인을 초월하는 윤리적, 주술적 힘을 준다. 지혜를 가진 자에 대한 '가르침'과 이 '인식'은, 서양처럼 자연과 인간을 합리적으로 지배하게 만들어 주는 경험과학적 지식을 합리적으로 제시하여 습득시켜 주는 것이 아니다. 오히려 지혜는 자신과 세계를 신비술과 주술에 의해 지배하는 수단, 즉 초영지(Gnosis)이다."[43)] 베버는 고대 불교가 목표로 한 가르침이나 지혜는 "세계 전체에 비합리적 방식으로 작용하는 주술적 잠재력"에 의해서 완성되며, "금욕적이거나 명상적인 경지"의 성취를 통해서 이런 능력이 배양된다는 것이다. 베버는 불교의 수행과 지향이 모든 신비적 관조의 최고 형태인 '공'(Leere)과의 일치에 있기 때문에 세계와의 어떠한 관련성을 가지지 못했고, 그것은 현실의 개조 혹은 적극적인 변화로 작용하지 못했다고 본다. 이런 점에서 서구의 합리적 정신에 대비되는 아시아의 정신적 특성은 불교에서도 그대로 드러난다고 본다. 베버는 다음과 같이 말한다.

---

41) M.Weber, *Science as Calling*, Oxford Univ. Press 1946, 139쪽.

42) M.Weber, *Gesammelte Aufsätze zur Religionssoziologie II*, Tübingen, 1988, 365쪽, 여기서는 막스 베버, 홍윤기역, 『힌두교와 불교』, 한국신학연구소 1986, 471쪽에서 인용.

43) 막스 베버, 홍윤기역, 같은 책, 471쪽.

> "아시아에서 나타난 모든 신비적 관조의 최고 형태에서 그 축복상태는 '공'－다시 말해서 세계와 그 세계를 움직이는 것이 비어 있다는 뜻이다.－으로 체험된다. 이것은 물론 신비술의 정상적 감각특성과 완전히 일치하는데, 그것을 궁극적 귀결점까지 고양시킨 곳은 아시아뿐이다. [···] 신비적 구원상태와의 합일은 [···][이미 세속과 그 추진력의 가치를 경시하는 결론이 이미 들어 있다."[44)]

이와 같이 베버에게서도 불교의 핵심원리는 현실 부정적이거나 세계 도피적이며, 서구의 합리적 정신과 일치할 수 없는 것으로 파악된다.

3. 쇼펜하우어와 니체의 새로운 불교 이해

1) 쇼펜하우어의 불교 이해

불교의 이론이 예수회의 선교사에 의해 소개되고, 라이프니츠로부터 헤겔을 거쳐 베버에 이르기까지 근대 독일철학자들에 의해 이해 된 불교는 주로 서양의 형이상학과 그것에 기초한 합리주의적 철학의 기준으로 이해된 것이다. 이렇게 이해된 불교는 존재와 대비되어 '공허' 하거나 쓸데 없는 이론으로 비판받거나, 아니며 "세계와의 단절" 또는 "현실로 부터의 도피"라고 하는 측면에서 부정적으로 평가되었다. 그러나 이러한 불교 이해는 불교가 가리키고 있는 또 다른 세계관을 제대로 보지 못한 것이라 할 수 있다. 당대 합리주의적 주류 철학과 거리를 두고 있었던 쇼펜하우어는 불교가 가진 새로운 세계관에 최초로 주목한 철학자라 할 수 있다. 쇼펜하우어의 불교에 대한 지식은 그 당시의 자료적 상황으로 인한 부정확한 정보에 기인한다.[45)] 그래도 쇼펜하우어는 자신의 이론과 불교의 유사성에 대해 강조해 왔고 또 많은 학자들이 이를 지적해 왔다.[46)] 쇼펜하우어의 철학은 헤겔철학의 영향력에 가려져 있다가 19세기

---

44) 막스 베버, 홍윤기역, 같은 책, 472쪽.
45) 이에 대해서는 다음의 책을 참고하라. Hecker, Max Frisch, *Schopenhauer und die indische Philosophie*, Köln 1897.
46) 에드워드 콘즈 외, 김종욱역, 『불교사상과 서양철학』, 민족사 1994, 30-32쪽 참조.

말부터 세인의 관심을 끌었다. 불교에 대한 그의 높은 평가는 본질적으로 불교를 단순한 연구대상으로부터 유럽인들이 자신과 동일시할 수 있는 세계관 그리고 인생관으로 생각해 볼 수 있는 계기를 제공했다. 쇼펜하우어는 불교를 모든 종교 중에서 최고의 종교라 본다. 그에 의하면, 불교는 카스트제도가 있는 브라만교나 신과 영혼에 대해 잘못된 관념을 가진 기독교보다 훨씬 우월하다. 또한 그는 불교의 도덕이론을 기독교의 도덕이론보다 훨씬 더 나은 것으로 보았다. 기독교의 도덕이론에서는 동물을 고려하지 못하고 있기 때문이다. 쇼펜하우어의 철학은 칸트의 철학으로부터 자극을 받아 시작된 것이었다. 그는 칸트의 현상과 물 자체의 이원론을 올바른 것으로 보았다. 쇼펜하우어는 칸트가 말한 현상이란 가상적 세계로서 비본질적인 허상이며, 이것은 플라톤이나 인도 베다 경에서 말하는 것과 같은 것이라고 보았다. 그러나 쇼펜하우어는 물 자체는 인식할 수 없는 것이라는 칸트의 주장은 비판을 한다. 쇼펜하우어는, 칸트가 현상계의 내부에만 적용되는 인과법칙을 사용하여 물 자체의 개념에 다다르고 있는 것은 잘못이라고 지적한다. 쇼펜하우어는 물자체에 이르는 통로를 현상계인 외부세계로부터 추론해서 찾지 않고 바로 우리 내면 속에서 찾았다. 쇼펜하우어는 칸트의 물자체를 '의지'로 해석하였다. 그는 우리의 신체적 행동은 이 '의지'에 따라 객관화되어 나타난 것이라고 보고, 인간의 사유, 의식, 이성도 이 의지의 발로이자 표피라고 말한다. 쇼펜하우어에게 의지는 맹목적이자 비이성적이며 비합리적인 세계의 근원이다. 따라서 의지는 헤겔의 이성철학에서 나타나듯이 일정한 목적을 향해 자신을 전개해 나가는 "세계정신" 또는 "세계이성"이 아니다. 쇼펜하우어는 이러한 '의지' 개념에 기초해 세계사를 계획적인 전체로 파악하고자 하려 했던 헤겔 철학에 반대한다. 플라톤에서부터 헤겔주의자들에 이르기까지 서구의 형이상학은 철학의 대상들은 불변하며 항상 머물러 있는 것이라는 것을 끊임없이 반복해 강조해 왔다. 그러나, 쇼펜하우어에 의하면 '생의 의지'만이 항구불변하며 이것이 우리의 모든 표상의 기저에 놓여 있다. 쇼펜하우어는 불교에서와 마찬가지로 인간의 삶을 '고', 즉 괴로움으로 본다. 인간의 의지와 그로 인한 욕구는 무한한데 이것이 충족되는 데에는 많은 제약이 따르기 때문이다. 그는 이런 인생의 '고'에서 영속적으로 해방되기 위해서는 이런 인간 삶의 현상의 배후에 있는 것을 올바로 인식하고 해답을 찾아야 한다고 생각했다. 그는 생의 의지란 우리를 끊임없이 욕정과 소망으로 내몰게 하고 '고통'에 노출시키는 것이기에, 이 '고통'에서 해방하기 위해서는 이런 '생의 의지'가 부정됨으로써 가능하다고 본다. 자살은 이 '생의 의지'를 부정하는 대안이 되지 못한다. 자살은 의지의 개체적 현상을 소멸시킬 뿐이지 의지 그 자체를 없애는 것은 아니기 때문이다. 쇼펜하우어는 이 맹목적 생의 의지로부터 벗어나는 길은 두 가지 길이 있다고 본다. 그것은 심미적인 것이고 다른 하나는 불교의 니르바나이다. 예술은 우리로 하여금 잠시나마 의지에 예속된 상태로부터 벗어나게 해준다. 무관심적 행위로서 예술은 인과율이나 의지와는 무관한 사물의 관찰이기 때문이다. 그러나 쇼펜하우어는 궁극적인 해답을 예술의 일시적 위안이나 유희보다 오히려 다음과 같은 불교의 '니르바나'의 상태에서 찾는다. "우리들 자신의 욕구와 속박을 벗어 나 세상을 극복한 그러한 사람들에게로 눈길을 돌리면 [...]끊임없는 충동과 욕구대신에[...], 충족되는 일도 없고 결코 채워지지도 않는 희망들 대신에 모든 이성보다도 고귀한 평화, 망망대해와 같은 심정의 고요가 나타난다."[47] 쇼펜하우어가 생의 의지로부터 영속적으로 벗어나기 위해 강조한 불교의 '니르바나'는 이전의 철학자들이 보았던 결코 단순한 부정적인 '무'가 아니다. 쇼펜하우어는 자신의 주저 『의지와 표상으로서의 세계』의 마지막 장을 '무'개념에 할애한다. 서양철학에 있어 '무'는 존재하는 것에 대한 부정적인 반대개념이나, 존재 개념에 대비되는 실체로 생각되어 왔다. 그러나 그가 볼 때 존재라는 것은 의지의 표상에 다름 아니며, 그 표상의 형식은 시간과 공간 안에서 나타난다. 그러므로 이 표상이 사라졌을 때 사람들은 '무'로 되돌아갔다고 말한다. 쇼펜하우어는 이렇게 존재하는 것이란 우리의 의지의 표상이기에 현상으로밖에 볼 수 없으며, 이것은 폐기와 소멸의 과정을 밟을 수밖에 없다고 말한다. 쇼펜하우어는 이렇게 현상으로 존재하는 것에 대해 '무'가 근원적이며 실제로 존재한다는 입장을 내세운다. 그에 의하면 이 '무'는 우리 생에 대한 의지이며, 이 '무'를 인식하는 것은 바로 자기 인식이다. 그런데 우리는 바로 이 생의 의지에 의해 이 '무'에 저항한다. 그 이유를 쇼펜하우어는

---

47) A.Schopenhauer, *Die Welt als Wille und Vorstellung*, Sämtliche Werke, Band 1, Frankfurt/M. 1993, 558쪽.

이렇게 설명한다. "우리들이 이렇게 심하게 무를 두려워하는 것은, 우리들이 그만큼 생을 의욕하고, 또 우리들은 이 의지에 불과하며, 이 의지 외에는 아무 것도 모르기"[48]때문이다. 쇼펜하우어는 '무'를 두려워하는 이 의지가 우리를 끊임없이 궁핍과 속박으로 몰아가기에, 우리는 사실적인 세계인 '무'를 올바로 인식하지 못한다고 본다. 그에 의하면 '무'를 올바로 인식하기 위해서는 이 '무'로 가지 않으려는 우리의 의지를 부정하는 것이 중요하다. 그렇게 할 때만 인생의 고통으로부터 해방될 수 있다는 것이다. 쇼펜하우어에게 있어 '무'는 우리가 앞서 살펴보았던 철학자들과 다른 방향에서 설명된다. 쇼펜하우어에게 있어서 '무'는 단순한 부정이나 세계 단절이 아니라 엄연한 세계 인식이자 세계의 근거였다. 그러므로 쇼펜하우어는 자신의 주저의 결론을 이렇게 내릴 수 있었던 것이다. "그와 반대로 의지가 스스로를 전환하고, 스스로를 부정하여 버린 사람들에게도, 우리들의 그렇게도 사실적인 이 세계는 모든 태양과 은하수와 더불어－'무' 인 것이다."[49]

2) 니체의 불교 이해

니체 역시 불교에 대해 이전의 철학자들과 다른 이해를 보여 준다. 니체의 불교이해는 쇼펜하우어의 영향이 컸다.[50] 니체는 쇼펜하우어를 진정한 "인류의 교사"로 칭찬했었다. 나중에 쇼펜하우어의 영향으로부터 벗어나기는 하지만 니체가 쇼펜하우어에게 받은 영향은 대단한 것이었다. 그는 서구적 합리주의의 사상과는 반대로 세계와 인간 현존재의 무의미성과 무목적성을 주장한다. 그에 의하면, 이제까지의 철학자들은 인

48) Schopenhauer, 같은 책, 558쪽.
49) Schopenhauer, 같은 책, 558쪽.
50) 니체는 쇼펜하우어의 『의지와 표상으로서의 세계』의 제 1권 부록에 수록된 '불교도들의 열반'을 통해 불교의 열반 개념을 접하게 되었다. 그리고 니체는 이전에 본 대학에 다닐 때, 칼 샤르슈미트(Karl Schaarschmidt)의 강의에서 불교의 니르바나에 대해 접한 적이 있었다. 이때 샤르슈미트는 니르바나를 '소멸 Vernichtung'로 이해하고 허무주의로 규정했다. 니체는 라이프치히에서 산스크리트어를 공부했으며, 절친한 친구 도이센에 의해 인도 사상에 대한 관심을 가졌다. 도이센(Paul Deussen)은 저명한 인도학자로 쇼펜하우어의 경배자였다. 이에 대해서는 다음의 논문 참조, 김정현, 「니체와 불교의 만남」, 『니체 연구』제 8집, 2005, 72-76참조.

간 현존재와 세계를 맹목과 우연이 아닌 의미와 목적이 있는 것으로 해석해 왔다. 그러나 니체는 이러한 세계해석에 있어 진정한 현실의 모습을 발견하지 못한다. 니체가 볼 때 철학적 그리고 종교적 세계관이란 의미와 질서를 추구하는 인간의 요구에 따른 표현일 뿐이다. 인간은 세계에 대한 합리적 해석을 통해 세계의 질서를 이야기하고 그 안에서 안전감과 고요를 얻으려 하기 때문이다. 니체가 볼 때, 세계의 고유한 구조, 혹은 신에 의해 창조된 질서로서 설명되었던 세계의 통일성과 질서의 개념은 우리가 세계에 대해 부가했던 구조와 통일성에 지나지 않는다. 이점은 이미 선험적 자아에 의한 세계구성이라는 주장을 통해 칸트철학이 입증하기도 하였다. 우리가 파악하는 정돈된 이성적 합리적 세계란 우리의 해석을 통해 본 세계의 일부분이다. 니체가 말하는 현실적 세계는 우리의 합리적 세계이해에 기초한 정돈된 이성적 질서가 아니라 그것을 넘어서는 카오스이다. 따라서 니체에게 세계란 무계획적이며, 운명의 유희 같은 것이다. 니체의 허무주의는 철저하게 합리주의를 넘어선 세계에 대한 견해와 인식에 기초한 것이다. "신의 죽음"에 대한 니체의 생각은 니체로 하여금 시작과 끝이 있고 목적이 분명한 세계 대신에 시작도 끝도 없는 세계에 대한 새로운 이해를 일깨웠다. 니체는 이원론, 두 세계이론에 기초한 서구형이상학과 도덕이론을 맹렬하게 비판했었다. 파르메니데스, 플라톤, 아우구스티누스로 이어지는 존재론적 서구형이상학은 존재를 감각적 세계 너머에 있는 영원하고 지속적인 실체로 설명하고 감각적인 것, 우리의 감각에 포착되는 시공적인 것, 우리의 지상적 현실은 비-존재 혹은 비본래적인 것으로 이해했다. 이 전통적 서구형이상학의 존재개념의 총괄을 니체는 '신'으로 이해한다. 그러나 "신의 죽음" 이후 니체에게 있어 존재란 세계너머에 있는 이념, 이성, 신이 아니라 우리가 눈으로 보는 세계의 영원한 "생성과 변화"를 뜻한다. 그에게 있어 서구 형이상학이 강조한 존재나 참된 세계는 허위에 불과하다. 그는 짜라투스투라의 입을 빌어 이렇게 말한다. "맹세하노니, 형제들이여, 대지에 충실하라! 그리고 너희에게 이 세상 너머에 있는 희망들을 말하는 자들을 믿지말라!"[51] 니체가 서구형이상학의 이원론적 세계관과 그

51) F. Nietzche, *Also sprach Zarathustra,* Kritische Studienausgabe 4, hrsg. von Giorgio Colli und Mazzino Montinari [이하 KSA로 약호], München 1988, 15쪽.

세계관 위에 기초한 도덕이론을 맹렬히 공격한 것은 그러한 이론들이 인간의 현실과 삶을 억압하고 또한 가치 절하함으로써 인간의 삶을 바라다보지 못하게 하고 허구적 세계인 차안으로 향하게 만들기 때문이다. 그러므로 니체는 그러한 이론을 반생명적이요 반인간적이며 비현실적이라 평한다.

니체는 불교를 서구형이상학과 기독교 비판에 대한 비판의 도구로 사용한다. 그러나 니체의 불교에 대한 평가는 이중적이다. 우선 니체는 불교나 기독교를 "허무주의적 데카당스"에 속한 똑같은 종교로 본다. 니체는 불교가 수동적 허무주의의 가장 유명한 형식[52)]이라고 말을 하면서 이를 문화적 병리상태로서의 데카당스와 연관시킨다. 그러나 그에 의하면, 불교는 "기독교보다 몇 백 배 더 현실주의적"[53)]이다. 그가 기독교에 비해 불교가 몇 백 배 더 현실적이라 보는 것은 불교가 삶의 현상에 충실하면서도 삶의 고통을 벗어나는 정신섭생의 방법을 알려주는 실증적이면서도 진실로 객관적인 종교이기 때문이다. 그는 불교가 "철저히 현실성을 존중하면서", "도덕 개념의 자기기만", 즉 "선악의 피안"을 넘어서고 있다고 주장한다.

> "불교는 더 이상은 '죄에 대한 싸움'을 말하지 않고, 오히려 현실을 인정하면서 '**고통**에 대한 싸움'을 말한다. 불교는－이 점이 불교를 그리스도교로부터 철저히 갈라 놓는다－도덕 개념의 자기기만을 이미 뒤로 하고 있다. 내 언어로 말하자면 불교는 선과 악의 **저편**에 서 있는 것이다."[54)]

니체는 부처의 수행방법도 객관적인 태도를 지향하는 서구 사람들의 "개념 및 논리적 방법"에 의해 억압된 삶에 대한 처방으로서 생각한다. "붓다는 […] 이것을 물리치기 위해 자연 속에서의 생활, 방랑생활을 권한다. 식사에 있어서의 절제 및 음식선택, 모든 주류에 대한 경계. 모든 정념과 피를 끓게 하는 정열에 대한 경계, 자기 자신을 위해서나 타인을 위해서나 걱정을 만들지 않게 한다."[55)] 니체에 의하면, 불교의 가르침

---

52) F. Nietzche, *Zur Genealogie der Moral,* KSA 5, München 1988, 266쪽.
53) F. Nietzche, *Der Antichrist*, KSA 6, München 1988, 186-187쪽.
54) F. Nietzche, 같은 책, 186쪽 (니체, 백승영 역, 『안티크리스트』, 책세상, 2002, 236쪽).
55) F. Nietzche, 같은 책, 186쪽 참조.

속에서 "에고이즘"은 "의무"로 된다. 왜냐하면 불교의 가르침은 "정신적 관심을 엄격하게 개인에게 환원시킴으로써"서구형이상학에 의해 강조된 과도한 "객관성"과 이로 인한 "정신적 피로" 그리고 "자기 개인적 관심의 약화", "자기 중심의 상실"에 반대해 투쟁하기 때문이다. 니체는 인간의 운명과 자신의 해방은 그 어떠한 사제나 이념 혹은 우상에 달려 있는 것이 아니라 그 자신의 손에 달려 있다고 본다. 모든 종교는 이 목적을 향해 나아가야 한다. 니체가 불교를 기독교와 차별하면서도 똑같이 데카당스의 종교로 본 까닭은, 불교도 이 목적에 이르는 발전단계에 있기 때문이다. 그러나 불교의 가르침 속에서 이 최종적 목적은 표현되고 있다고 니체는 본다. 그래서 니체는 다음과 같이 말한다. "유럽에서도 한번은 꼭 이루어져야만 한다! 계속 앞으로 나아가자! 우리는 사제나 매개자를 더 이상 필요로 하지 않았다. 이제 *자기구원의 종교의 교사*, 부처가 등장한다.-이 문화의 단계로부터 유럽은 얼마나 멀리 떨어져있는가. 제신들과 사제 그리고 구원자의 힘이 의지하고 있는 모든 관습과 도덕이 드디어 사라져 버린다면, 따라서 낡은 의미의 도덕이 죽어버리게 된다면, 이제 무엇이 오는가?-그렇다, 그렇다면 무엇이 오게 되는가?"[56] 니체는 "유럽적 불교"[57]를 기대했다. 니체가 기대했던 유럽적 불교는 기독교와 대비해서 "선악의 피안"을 넘어서는 것이며, 도덕의 속박과 망상으로 벗어나며 삶에의 긍정을 뜻하는 것이다.

맺는 말

우리는 비록 독일 사상가들에 한정된 것이기는 하지만, 서구 사상가들의 불교에 대한 대립적 이해를 살펴보았다. 이들은 불교의 핵심원리를 '무'로 파악하는데 대체로 일치하고 있지만, 이들은 자신들의 철학적 입장에 따라 '무'를 해석하고 있다. 헤르더는 지리학적 기후와 연관해서, 헤겔은 자신의 역사 철학적 체계 안에서 그리고 베버는 "탈주술화의 과정" 속에서 불교의 '무'를 이해하고 설명하려 했다. 주로 서구의 합리주

56) Nietzche, *Morgenröte*, KSA 3, Paragraph 96, 87쪽.
57) Nietzsche, Nachlaß, Ausgabe Schlchta III, 450쪽과 488쪽.

의적 전통에 충실한 독일의 철학자들은 '무'를 불교의 핵심원리로 파악하고 있다. 그러나 이들이 파악하는 '무'는 불교의 '공'이 아니라, 서구적 존재론적 물음에 의해 각인된 '무'였다. 그래서 무는 존재와 비존재, 현상과 본질, 우연적 속성과 실체 간의 관계에 의해서 규정된다. 이런 관점에서 '무'에 기초한 종교인 불교를 볼 때 불교는 존재보다는 비존재를 선호하는 종교로, 따라서 세계와 현실존재에 대해 무관심을 강조할 수밖에 없는 종교라는 결론에 이르게 된다. 또한 불교는 세계형성과 삶의 긍정을 지향하는 기독교-서양적 존재지향과 대비되면서, 세계로부터의 도피, 현세에의 부정, 세계와 자신에 대한 신비적 관조라고 하는 부정적 평가를 받게 된다. 특히 베버는 세계의 탈주술화 과정과 관련해서 '불교의 지혜"를 "서양처럼 자연과 인간을 합리적으로 지배하게 만들어 주는" 그러한 것이 아니라 "세계 전체에 대한 비합리적 방식으로 작용하는 주술적 잠재력"으로 이해했다. 이 점은 '자연성'에서 정신에 이르는 과정에서 불교를 자연 종교의 범주로 설명했던 헤겔과 그 궤를 같이 하는 것이다. 그러나 불교의 지혜나 가르침은 베버가 강조했던 세계의 탈주술화 과정으로 설명되기 어렵다. 왜냐하면 불교는 근본적으로 인간의 삶과 세계의 의미에 대해 묻기 때문이다. 그러나 베버가 긍정적으로 평가했던 세계의 탈주술화 과정은 본질적으로 세계에 대한 인간의 합리적 이해와 지배를 뜻하는 것이었다. 이러한 세계에 있어 인간의 삶과 세계의 의미에 대한 물음은 불필요한 것이 되어 버렸다. 베버의 표현대로 하자면, 인간의 삶과 세계의 의미에 대한 물음, 즉 동양적이고도 불교적인 물음은 서양세계의 학문의 피안에 있다.

그러나 과연 그러한 물음은 불필요한 것인가? 베버가 강조했던 탈주술화의 과정은 세계와 인간의 삶마저 도구적 이성에 의해 조작 가능한 세계로 만들어 버렸다. 이 점에서 서구 형이상학이 서구의 합리화과정의 뿌리이며, 그 결과가 서구의 과학기술문명이라 한 하이데거의 주장을 우리는 떠올릴 수 있을 것이다.[58] 쇼펜하우어나 니체는 이성적 합리적 서

58) 하이데거가 지적했듯이, 존재론에 지배되어 온 서구형이상학은 서구의 합리적 사고의 뿌리이며, 그 귀결은 서구의 과학기술문명이다. 이 과학기술문명 속에서 인간과 자연은 자신의 존재의 본래성을 잃고 유용성을 위한 단 한 가지 목적에 지배되며, 또한 언제나 통제되고 조작가능하게 되었다. 하이데거는 이 과학기술문명 속에서 인간의 유용성과 목적을 위해 모든 사물이 재료로서 획일화되고,

구철학과 그 귀결이 갖는 문제점을 누구보다도 잘 알고 있었다. 쇼펜하우어와 니체는 서구 학문적 전통과 다른 방향에서 불교를 이해하고 수용하자 노력했다. 그들은 소멸해 가는 서구 문명의 대안으로 새로운 세계관과 인생관을 모색하는 과정에서 불교에 의해 자극받고, 그 속에서 그들의 추구하는 지향점을 발견하기도 했다. 그들에게 불교의 가르침이나 '무'의 개념은 고대 그리스의 형이상학에서부터 근대의 서구 학문이 추구해 온 합리적인 세계상의 이해와는 다른 것이었다. 그들에게 불교의 가르침이나 '무'의 개념은 합리적이고, 객관성에 의해서 파악되고 조작 가능한 세계, 즉 근대의 도구적 이성에 의해 지배되는 세계보다 훨씬 더 근원적인 세계에 대한 인식으로 나타난다. 불교의 '무'나 가르침은 인간 존재와 우주 전체는 인간이 이성이나 합리성을 통해 파악할 수 있는 것보다 훨씬 더 근원적인 세계를 열어 보여주기 때문이다. 그러한 세계인식은 기술화된 문명 속에서 획일화되고 통제되며 조작되는 인간의 삶에 대한 전면적이고도 근본적 반성을 가능케 하는 것이었다. 이 점에 있어 불교는 쇼펜하우어와 니체에게 그리고 서양의 합리적 이성적 사고의 맹신에서 눈을 뜬 사람에게 새로운 형이상학적 사유와 단초로 작용할 수 있었을 것이다.

비본래적 방식으로 존재한다고 주장했다.

참고 문헌

김정현, 「니체와 불교의 만남」, 『니체연구』 제8집, 2005.

데미언 키언, 고철환 역, 『불교란 무엇인가?』, 동문선, 1998.

마테오 리치, 송영배역, 『천주실의』, 서울대학교 출판부, 2000.

마테오 리치, 송영배역, 『교우론, 스물다섯마디 잠언, 기인십편』, 서울대학교 출판부, 2000.

막스 베버, 홍윤기역, 『힌두교와 불교』, 한국신학연구소, 1987.

방립천, 유영희역, 『불교철학개론』, 민족사, 2006.

이동희, 「헤겔의 불교이해」, 『헤겔연구』 제7호, 1996.

조셉 니담, 이석호 외역, 『중국의 과학과 문명』, 1-III, 을유문화사, 1989.

테오도르 체르바스키, 연암종서 역, 『열반의 개념』, 경서원, 1993.

히라카와 스케히로, 노영희 역, 『마테오 리치』, 동아시아 1997.

利瑪竇, 『天主實義』, 杭州 (重刊本), 1607 (臺灣, 國防研究院出版社 1967년 影印本).

利瑪竇, 이지조 편, 『천학초함』, 臺灣學生書局 影印本, 1965.

Koeppen, Carl Friedrich, *Die Religion des Buddha und ihre Entstehung*, Berlin 1857.

Ders., *Die lamaistische Hierachie und ihre Kirche* (Die Religion des Buddha, II Band), Berlin, 1859.

Hegel, Werke, Frankfur/M. 1970.

Herder, Johann Gottfried, *Ideen zur Philosophie der Geschichte der Menschheit*, 1787.

Zotz, Volker, *Geschichte der buddhistischen Philosophie*, Hamburg 1966.

Weber. M., *Gesammelte Aufsätze zur Religionssoziologie*, Tübingen, 1988.

Glasenapp, H.v., *Kant und die Religionen des Ostens*, Holzner-Verlag Kitzigen-Main, 1954.

Glasenapp, H.v., *Das Indienbild deutscher Denker*, Stuttgart, 1960.

Bechert, H., / Gombrich, R., (hrsg.), *Der Buddhismus*, C.H. Beck, München, 2000.

Nietzche, Sämtliche Werke, hrsg. von G. Colli u. M. Montinari, 15 Bände, München, 1988.

Schelling, *Philosophie der Mythologie*, Schellings Werke, Abt.II. I Band, Darmstadt 1957.

Schopenhauer, *Sämtliche Werke*, Bd. 1, Frankfurt/M. 1993.

Schmidt, A., *Die Wahrheit im Gewande der Lüge-Schopenhauers Religionsphilosophie*, München/Zürich, 1986.

Das gegensätzliche Verstehen und die Rezeption des Buddhismus unter den deutschen Denkern

Rhie, Donghie

Abstract

In diesem Aufsatz geht es um das gegensätzliche Verstehen und die Rezeption des Buddhismus unter den deutschen Denkern. Der Grund dafur, daß dieser Aufsatz das Verstehen und die Rezeption des Buddhismus in Europa durch die wichtigen deutschen Denker behandeln will, liegt darin, dass die deutschen Denker für das Verstehen des Buddhismus aktiv sind und versuchen, das Prinzip des Buddhismus in Bezug auf ihre Philosophie zu erklären. Aber sie zeigen die gegensätzliche Haltung für die Rezeption des Buddhismus. Die Denker wie Hegel, Koeppen, M. Weber analysierten den Buddhismus unter dem Gesichtspunkt der rationalen europäischen Wissenschaft und bewerten ihn sehr kritisch. Schopenhauer und Nietzsche hingegen zeigten andere Haltung für die Rezeption des Buddhismus. Sie bewerten das Prinzip und die Weisheit des Buddhismus sehr positiv, obwohl Nietzsche den Buddhismus als eine berühmte Form des Nihilismus bezeichnet und es als eine Art der Decadence kritisiert.

Dieser Autsatz versucht, die Ursache des gegensätzlichen Verstehens des Buddhismus unter den deutschen Denkern aufzuklären und aufzuzeigen, was die Begriffe wie “Nichts” oder “Leerheit” und die Weisheit des Buddhismus ursprünglich bedeuten.

Key Words : Buddhismus, Nichts, Leere, Nirvana, Matteo Ricci. Naturreligion, Hegel, M.Weber, Entzauberung, Schopenhauer, Nietzsche

• 투고일: 2011.04.12. 심사완료일: 2011.04.24. 게재확정일: 2011.05.01.

논증과 합리성*

-하버마스의 논증이론에 대한 고찰-

이 광 모

요약문

본 논문은 하버마스의 논증이론을 고찰한다. 논증이란 하버마스에 따르면 첫째, 언어적 행위의 합리성에 대한 심급이다. 따라서 다양한 합리적 언어사용을 설명하기 위해서는 그에 부합되는 다양한 논증유형이 있어야 한다. 둘째, 논증유형은 일상 언어에 대한 형식 화용론적 재구성을 통해 도출된다.

이러한 하버마스의 논증이론은 일상 언어에 대한 재구성을 통해 획득되는 한에서 수사학적 지평을 수용하는 것이며 동시에 형식 화용론적으로 도출되는 한에서 보편적 타당성을 잃지 않는다고 평가할 수 있다.

● 주요어 : 하버마스, 논증, 수사학, 합리성

* 본 논문은 2010년 숙명여자대학교 교내연구지원에 의해 이루어진 것임(연구과제번호 1-1003-0082).

1. 왜 하버마스의 논증이론인가?

최근 들어 논증이론(Argumentationstheorie)에 대한 철학적 관심이 증가하고 있다. 그 내면에는 스티븐 툴민이 말하듯이 일상 언어로 전개되는 논리적 실천을 형식 논리학이 제공하는 이론을 통해서는 제대로 파악할 수 없다는 인식뿐만 아니라[1] 선택의 다양성이 허용되는 사회에서 합리적 선택과 그 선택에 대한 책임의 중요성에 대한 인식이 놓여 있다. 하지만 여기서 우리가 논증이론에 관심을 갖는 것은 그런 것과는 다른 이유 때문이다. 즉 논증이론은 형이상학의 붕괴 이후 나타나는 이성의 역할에 대한 논의를 대신한다는 점 때문이다. 이때 논증이론이 이성의 역할에 대한 논의를 대신하게 되는 배후에는 다음과 같은 두 가지 사건이 존재한다. 하나는 수사학의 부흥이며, 다른 하나는 호르크하이머를 통해 촉발된 이성비판이다.

먼저 수사학의 부흥과 더불어 어떻게 논증이론이 이성의 역할에 대한 논의를 대신하게 되는지 살펴보자. James Crosswhite에 따르면 전통 형이상학은 시간 외부에 존재하는 어떤 존재자에 대한 믿음에 기초하여 특정한 문화나 삶의 형태와는 관계없이 인간의 실천적 목표와 인식의 척도를 설정한다. 그리고 역사 속에서 나타나는 모든 갈등과 차이들을 그렇게 설정된 목표와 척도에 의해 해결할 수 있다고 생각한다. 더 나아가 그러한 해결과 함께 모든 사람들은 진리로 향하여 한 걸음 더 나아가리라는 믿음을 갖는다. 하지만 오늘날 이러한 형이상학적 신념은 더 이상 받아들여질 수 없다. 왜냐하면 전통적으로 유지되던 인식과 실천적 삶의 규범이 붕괴되었기 때문이다. 대신 이 규범이 붕괴된 자리에 다양한 종류의 상대주의와 회의주의 및 이성에 관한 냉소적인 개념들이 들어서게 되었다. 만일 이러한 현상을 형이상학의 붕괴라고 한다면, 오늘날의 철학적 논의들은 형이상학의 붕괴 위에서 출발해야 한다.

J. 크로스와이트가 볼 때 문제는 형이상학의 붕괴가 곧 '이성의 종말'을 의미하는 것은 아니라는 점이다.[2] 왜냐하면 형이상학의 붕괴가 받아들여

---

1) Stephen E. Toulmin, *Uses of argument,* 『논변의 사용』, 고려대학교출판부, 2003, S. 22-24.

2) James Crosswhite, 『이성의 수사학』 고려대학교출판부, 2001, S. 28-29.

진다고 할지라도 철학은 여전히 그 붕괴에 대해 이성적으로 논의할 수 있어야 하기 때문이다. 물론 그때 전개되는 이성적 논의는 더 이상 형이상학적 전제가 아니라 삶과 경험의 토대 위에서 전개되어야 한다. 다시 말해 절대적 진리가 상실된 세계 속에서 중요한 것은 서로에 대한 이해와 합의이다. 이때 이해와 합의를 목표로 하는 것은 수사학이다. 그렇다면 수사학의 핵심은 논증이 된다. 왜냐하면 논증이란 합리적 설득을 목표로 하기 때문이다. 따라서 합리적 설득을 목표로 하는 논증에 대한 이론은 수사학의 부흥과 더불어 활발히 전개될 수밖에 없게 된다.

다른 한편 이성의 역할에 대한 논의를 대신하는 논증이론이 '이성비판'과 관계되는 이유는 다음과 같다. Josef Kopperschmidt에 따르면 논증이론에 관한 관심은 『도구적 이성비판』에서 전개되는 호르크하이머의 논의에 의해 촉발된다.[3] 호르크하이머에 따르면 이성에 대해서는 전통적으로 두 가지 이해가 존재한다. 하나는 주관적 이성으로서 이성을 "사유 구조의 추상적 기능, 즉 가르기 능력과 추론 및 연역의 능력"으로 간주하는 것이며, 다른 하나는 객관적 이성으로서 이성을 인간 혹은 사회계급 사이의 관계 혹은 사회제도와 기관들 그리고 자연과 그것의 발현에 내재하는 원리로 간주하는 것이다.[4] 이러한 구분에 따를 때, 주관적 이성은 단지 전제된 목표에 도달하기 위한 방법의 적합성과 관련된 것이므로 목표 그 자체가 옳은 것인가라는 질문에 대해서는 거의 의미를 부여하지 않고 단지 목표에 합당한 수단을 계산하는 능력으로 이해된다. 반면, 객관적 이성은 인간과 인간의 목적들을 포함하여 존재하는 모든 것들의 위계질서 또는 포괄적 체계를 발전시키려는 목표를 가지게 된다. 호르크하이머가 볼 때 오늘날의 위기, 즉 사유가 물신화되고 이성이 삶의 전략적 도구로 전락하게 되는 원인은 주관적 이성만을 이성으로 간주하며 객관적 이성에 대한 개념을 상실했기 때문이다.[5]

하지만 이와 같은 '이성의 위기'에 직면해서 이성의 주관화를 호르크하이머와는 다르게 평가하면서 객관적 이성의 의미를 보존하려는 사람이 하버마스이다. 하버마스에 따르면 이성은 일단 주관적 능력과 관계되는 듯이 보인다. 하지만 이 주관적 능력은 단순히 어떤 목적에 합당한

3) Josef Kopperschmidt, *Argumentaionstheorie*, Dresden 2000, S. 18-19.
4) 막스 호르크하이머, 『도구적 이성비판』, 박구용 역, 문예출판사, 2006년, S. 16-17.
5) 같은 책, 21쪽.

수단을 계산하는 것이 아니라 객관적인 태도와 관련을 갖는다. 다시 말해 이성은 주관적인 요구들을 상호주관적으로 검토할 수 있게 할뿐만 아니라 동시에 초주관적 내용(transsubjektiven Gehalt)을 파악할 수 있게 하기 때문이다. 이때 초주관적 내용에 근거해서 주관적 요구들을 상호주관적으로 검토하는 것이 논증이며, 그런 한에서 논증이론은 이성의 위기 이후에 허용될 수 있는 이성의 역할에 대한 이론이 된다.

본고에서 우리가 고찰하고자 하는 것은 바로 논증이론이 어떻게 수사학적 논의를 수용하면서도 상대주의나 회의주의에 머무르지 않고 주관적 이성의 한계를 벗어나 초주관적 내용의 지평을 열 수 있는가이다. 특히 우리는 이 문제를 논증 내재적으로 고찰하고자 한다. 여기서 우리의 관심을 끄는 것은 하버마스의 논증이론이다. 왜냐하면 그의 논증이론은 수사학적 관점을 수용하면서도 이성의 객관성을 포기하지 않기 때문이다.

2. 합리성과 논증

하버마스는 논증에 대한 탐구를 사회적 행위의 합리성에 대한 고찰과 더불어 시작한다. 그에 의하면 우리가 일반적으로 어떤 사람이나 그의 행위가 합리적이라고 말할 때, 우리는 그가 어떤 종류의 인식을 소유하고 있는 상태로 생각하곤 한다. 그러나 사실 합리성이란 인식의 그런 소유상태가 아니라 언어 및 행위능력의 주체로서 그 인식을 획득하고 사용하는 방법과 관련된다.[6] 이것은 우리가 '합리적'이라는 표현을 언제 사용하는지 생각해 보면 쉽게 알 수 있다.

예를 들어 A와 B라는 사람이 있다고 하자. A는 다른 사람과 의사소통을 할 목적으로 어떤 주장을 하는 반면, B는 어떤 목적을 달성하기 위해 세계에 목표 지향적으로 개입한다. 이러한 A와 B의 주장에 대해 청자는 각기 A의 주장은 참이 아닐 뿐만 아니라 B가 수행하는 행위도 결코 성공할 수 없을 것이라고 말할 수 있다. 이때 A와 B가 합리적이라면 그들은 청자에 대해 각기 자신의 주장에 대한 근거를 댈 수 있어야

6) Jürgen Habermas, *Theorie des kommunikativen Handelns*, Frankfurt am Main 1995, B. 1, S. 25. (차후 TH로 요약)

한다. 왜냐하면 "의사소통적 실천에 참여하는 자들의 합리성은 그들이 그들의 표현들을 적절한 상황 속에서 근거 지울 수 있는가에 의해 측량되기 때문이다."[7] 다시 말해 A는 자신의 주장이 객관적 세계에 실제로 있는 어떤 것과 관계한다는 것과 B는 자신의 주장이 객관적 세계에 실제로 있어야 할 어떤 것과 관계하고 있다는 것을 제시할 수 있어야 한다. 결국 A와 B의 언어행위가 합리적인 이유는 그들이 자신들의 주장과 행위를 근거지울 수 있을 뿐만 아니라 이러한 근거에 대해 청자는 비판할 수 있기 때문이다.

이와 같은 예시를 통해 하버마스는 언어적 행위의 합리성에 대한 기준으로서 근거지울 수 있음(Begründungsfähigkeit)과 비판가능성(Kritisierbarkeit)을 제시한다.[8] 이것은 곧 "의사소통적 일상실천에 내재하는 합리성은 근거심급으로서 논증행위에 근거한다."는 것을 의미한다.[9] 왜냐하면 논증이란 "참여자들이 문제가 되는 타당성 요구들을 주제화하고 이 요구를 논거(Argument)를 통해 해결하거나 비판하는 언설형태"이기 때문이다. 이것은 역으로 누군가 자신의 주장에 대해 논증할 수 있다는 것은 그의 언어적 행위가 합리적이라는 것을 의미하게 된다. 이처럼 논증행위가 언어적 행위의 합리성에 대한 심급이라는 것은 곧 그 행위는 오류 가능한 인식으로서 객관적 평가에 놓일 수 있다는 말과 동일 것이 된다. 물론 이때 평가의 객관성이라는 것은 그 평가가 행위하는 주체들에게 동일한 의미를 갖는 초주관적인 타당성 요구(transsubjektiver Geltungsanspruch)에 의해 이루어진다는 것은 분명하다.[10]

이처럼 합리성의 척도가 논증할 수 있음이라면, 논증의 양식과 형태에 대한 해명은 단순히 객관적 세계에 대한 진리주장에 근거한 '명제들의 의미론적 관계들'로 제한될 수는 없다.[11] 왜냐하면 합리적 언어행위에는

7) TH. S. 37.
8) TH. S. 27.
9) TH. S. 37.
10) TH. S. 45.
11) 논증에 대한 일반적 정의들: An argument can be as a series of thoughts, the final one of which is set off by some such word as 'therefore'. The series of thought which precede the 'therefore' are called premises, and the final thought is calles the conclusion(Samuel Guttenplan, *The Language of Logic*, New York 1986, S. 7). An argument has one or more premises and a conclusion (W.H.Newton-Smith, *Logic*, London 1985, S. 1). 논증(argument)이란 입증관계를

앞서 든 예 이외에도 여러 형태가 있을 수 있기 때문이다. 다시 말해 우리는 어떤 사람이 존속하는 규범에 따라 자신의 행위를 비판자에 맞서 정당화하는 사람도 합리적이라고 부른다. 또한 심지어 우리는 어떤 소망이나 감정 혹은 정서를 정직하게 표현하거나 비밀을 털어 놓고 자신이 한 짓을 고백하는 사람도 합리적이라고 부를 뿐만 아니라 이러한 행위 이외에 가을에 추수가 끝난 들판에 대한 동경, 병역에 대한 거부 혹은 동료에 대한 시기와 같은 행위를 비판하는 자에 대해 행위자가 나름으로 가지고 있는 가치판단의 도움을 통해 설명하는 자도 합리적이라고 부른다.[12)]

결국 이러한 언어적 행위가 모두 합리적이라고 불린다면 그러한 것은 모두 비판가능하고 근거지울 수 있어야 한다. 물론 이때 그렇게 다양한 언어적 행위가 갖는 타당성 주장을 근거 짓는 방식은 모두 다를 수 있다. 이것은 곧 언어적 행위의 합리성의 다양한 형태에 따라 논증의 양식과 형태도 모두 다르게 이해되어야 함을 의미한다. 그렇다면 어떻게 논증의 다양한 형태와 유형이 구분되고 도출되어야 하는가?

3. 논증에 대한 논리학적, 변증론적, 수사학적 측면에서의 이해와 그 문제들

논증이 언어적 행위의 합리성에 대한 심급으로 제시된다면, 논증에 대한 만족할 만한 이론은 적어도 다음과 같은 두 가지 조건을 충족시켜야 한다. 첫째, 다양한 형태의 언어적 행위에 대한 합리성이 존재하는 한, 논증이론은 이 다양성을 설명할 수 있어야 한다. 둘째, 합리성에 대한 평가가 행위하는 주체들에게 동일한 의미를 갖는 초주관적인 타당성 요구(transsubjektiver Geltungsanspruch)에 의해 이루어지는 한, 논증이론은 평가의 보편적 타당성을 설명할 수 있어야 한다. 첫 번째 조건이 논증의

유지하고 있는 증거와 결론(W.C. 새먼, 『논리학』, 곽강제 역, 박영사 2005 S. 5). 일반적으로 argument와 argumentation은 구분 없이 사용되지만 나는 편의상 argument를 논거 혹은 타당성 근거라 부르고 argumentation을 논증이라고 부를 것이다.

12) TH. S. 36.

유형을 구분하는 일이라면, 두 번째 조건은 논증평가의 객관적 기준을 제시하는 일이다. 이와 같은 조건들을 충족시키는 논증이론을 제시하기 위해 하버마스는 먼저 논증을 바라보는 세 가지 관점과 그 관점이 갖는 문제점을 살펴본다.

하버마스에 따르면 논증은 '산물'(Product), '절차'(Procedure), '과정'(Process)이라는 세 가지 관점에서 파악될 수 있으며, 이 관점들은 각기 전통적으로 아리스토텔레스가 '논리학', '변증론', '수사학'에서 제시하는 논증이해에 상응한다.[13] 먼저 산물의 측면에서 파악된 논증이란 논거라고 불리는 하나 혹은 그 이상의 전제와 하나의 결론으로 이루어진 일련의 진술이 된다. 보통 형식논리학의 대상인 이러한 논증이해는 논증이 일어나는 상황과 논증을 제시하는 사람을 완전히 추상하고 제시된 진술의 명제적 내용만을 문제 삼는다. 따라서 논증의 타당성은 오로지 논리적 형식에 의해 규정된다. 특히 타당한 논증과 부당한 논증이 형식에 의해서 결정된다는 것은 하나의 명제가 타당성 요구를 충족시키는 한에서, 어떤 다른 명제의 논리적 귀결일 수 있는데, 이때 타당성 자체는 진리보전의 법칙에 따라 이 형식 속에서 규정된다는 것을 의미한다. 따라서 타당한 논증이란 참된 전제를 갖으면서 동시에 그른 결론일 수 없는 명제의 집합이 된다.

이러한 관점에서 보면, 논증에 대하여 고찰한다는 것은 명제의 의미론적 단위들에 대한 관계를 고찰하는 것이 된다. 문제는 이때 논증에 대한 이러한 고찰은 단지 형식적 타당성만을 문제 삼기 때문에 일상적 언어생활 속에서 일어나는 타당성요구에 대한 상환방식을 분석하기에는 부적절하다는 점이다. 특히 이러한 부적절성은 다음과 같이 두 가지로 요약될 수 있다. 첫째는 그러한 논증모델은 구체적인 언어 상황에서 전개되는 다양한 영역에 적용(adaptability)되기 힘들다는 것이며, 둘째는 그러한 논증모델에서 문제시되는 형식적 타당성의 기초인 논리적 함축(implication or entailment)은 일상 언어에서 전개되는 근거와 주장의 관계와는 아무 관계가 없다는 점이다.

우선 형식 논리학의 분석적 표준을 논증이 발생하는 모든 영역에 차별 없이 적용하는 것은 무리가 있다는 첫 번째 문제부터 살펴보자. 예를

13) TH. S. 49.

들어 기학학적 논거들을 생각한다면, 그것은 기하학적 문제들을 고찰하는 데는 적합할 것이나 도덕적 문제들을 다루는 데는 적합지 않을 것이다. 그럼에도 불구하고 이와 같은 논증들이 발생하는 영역에 대한 고려 없이 일방적으로 형식적 추론의 타당성을 실천적 영역에 적용한다면 그것은 타당성요구를 상환하는 것이라고 볼 수 없게 된다.

다음으로 '논리적 함축'의 문제를 생각해 보자. 형식논리학에서 언급되는 '함축'은 진술의 속성인 진리의 문제이다.[14] 따라서 그 형식적 타당성을 일상적 대화에 적용하는 것은 범주적 오류를 범하는 것이다. 왜냐하면 일상적인 대화에서 언급되는 근거와 주장의 관계는 내포적 연결(intentional relevance)의 문제이기 때문이다. 다시 말해 일상적인 대화 속에서 논리적 연결사로 간주되는 '그러므로', '만일…라면' 등의 표현들은 단순히 진술의 진리치에 의해 결합되는 것이 아니라 진술의 내용적 규정에 따라 결합되기 때문이다. 이러한 내용적이며 실질적인 규정들은 형식논리학이 간과하는 상황(context)에 의존적 일 수밖에 없게 된다.[15] 이런 이유로 하버마스는 다음과 같이 말한다. "명제적 진리 개념은 실제로 논증 참여자들이 논리적인 의미에서 타당성을 요구하는 모든 상황을 감당하기에는 너무 좁다."[16] 산물로서의 논증이해가 일상적인 언어생활에서 이루어지는 논증을 제대로 설명하지 못한다면, 우리는 논증을 단순히 산물로 고찰하려는 입장에서 벗어나 언어행위자와 그 상황을 염두에 두어야 한다. 논증을 담론의 참여자들 속에서 전개되는 절차로 이해하려는 관점이 바로 절차(procedure)의 측면이다.

절차의 측면에서 논증을 고찰한다는 것은 담론에 참여하는 자들의 상호작용을 규제하는 특별한 형식들에 초점을 맞추어 그 절차를 고찰하는 것을 의미한다. 이때 담론의 절차는 찬성과 반대 측이 상호 협동적인 분할의 형식 속에서 논의를 전개하면서 시작되는데, 먼저 찬성 쪽이 문제가 되는 타당성 요구를 주제화하면 반대 쪽은 이 주장이 정당한 것인가

14) Ernst Tugendhat/ Ursula Wolf, *Logische semantische Propädeutik*, Stuttgart, 1993, S. 32-33 참조. 논리적 함축이란 어떤 진술이 참일 때, 다른 어떤 진술이 거짓인 경우가 가능하지 않는 경우.

15) Christopher W. Tindale, *Acts of Arguing*, New york, 1999, S. 31 참조. 형식논리학의 용어인 '건전성'과 '타당성'은 일반적으로 논증을 평가하기 위해 사용되는 용어인 수용성(acceptability), 적합성(relevance), 충분성(sufficiency)과는 구분된다.

16) TH. S. 55-56.

를 근거들을 가지고 검토한다. 그렇게 검토한 것을 다시 찬성 쪽은 재검토 하도록 요구된다. 논증을 찬성과 반대가 주고받는 절차로 바라보는 이러한 태도는 아리스토텔레스가 변증론에서 제시하는 논증 이해에 상응한다. 절차적 측면에서 볼 때, 논증이란 "가설적 타당성 주장을 둘러싼 논쟁을 합리적 동기에 따른 동의를 통해 종결지으려는 행위"로 규정된다.[17] '실용적 변증론'으로 이해될 수 있는 이러한 절차적 관점은, 서로 대립되는 의견을 가진 사람들이 각각의 의견을 개진할 때 그 절차를 순수 논리적 차원에서 구성하는 것이 아니라 청중들을 염두에 둔다는 점에서 수사학적 논증과 유사점을 지닌다. 하지만 성공적인 논증의 평가 자체가 전적으로 청중에 의존하지는 않을 뿐만 아니라 청중에 대한 설득보다는 문제해결에 초점이 맞춘다는 점에서는 수사학적 논증과 구분된다.

마지막으로 '과정'의 측면에서 논증을 고찰한다는 것은 담론이 전개되는 상황뿐만 아니라 외부적 요인들을 고려하여 논증을 탐구하는 것을 의미한다. 아리스토텔레스의 구분에 근거할 때, 수사학적 관점으로 이해될 수 있는 이러한 고찰방식은 의사소통상황(context)과 청중을 논증의 핵심적 구성요인으로 간주한다. 이 관점에서 볼 때 논증의 목표는 변증론적 논증처럼 문제해결에 초점이 맞추어지는 것이 아니라, 어떤 주장에 대해 청중을 설득하고 그들의 동의를 얻어내는데 맞추어지게 된다. 그렇기 때문에 청중은 논증구성에 있어 단지 수동적인 역할을 하는 것이 아니라 능동적 주체로서 논증을 평가하는 역할을 한다. 청중을 설득하고 이해시키기 위해서는 단지 논리적 정합성에 호소하는 것만으로는 부족하다. 때로는 감정에 호소가 필요가 있으며 때로는 논증자의 도덕적 성품이 요구될 수도 있다. 따라서 논리적 계기인 logos와 청중들의 감정과 관계되는 pathos 그리고 논증자의 성품과 관계되는 ethos가 논증의 핵심적 구성요소로 파악되며, 이 요소들과 외부적 상황이 결합된 것이 대화상황(context)을 만드는 것으로 이해된다.[18]

논증을 절차나 과정의 측면에서 이해할 때 제기되는 문제는 그러한

17) 절차적 관점에서 논증을 이해하는 대표적인 견해에는 Frans H. Van Eemeren과 Peter Houtlosser를 필두로 하는 암스테르담학파가 있다. *Dialectic and Rhetoric*, Dordrecht, 2002 참조.

18) Ch. Perelman/ L. Olbrechts-tytec의 *The New Rhetoric*(Notre Dame 2003)과 James Crosswhite의 『이성의 수사학』 고려대학교출판부, 2001 참조.

논증이해가 비록 실제의 담론상황에서 수행되는 다양한 타당성 요구의 상환방식들을 설명해줄 수는 있지만 좋은 논증을 평가함에 있어 자칫 보편적 기준을 상실하고 상대주의에 빠질 수 있다는 점이다.[19] 이때 나타날 수 있는 상대주의의 문제점에 대해 하버마스는 다음과 같이 말한다. "상대주의적 입장은 더 나은 논증에 특유한 강요되지 않은 강제를 설명하지 못하며 또한 명제적 진리나 규범의 정당성 등과 같은 타당성 주장의 보편주의적 함의를 제대로 담아내지 못한다."[20] 이러한 상대주의적 입장을 극복하기 위해서는 논증을 단순히 절차나 과정이 아닌 산물로 바라보는 관점을 계속 유지할 수 있어야 한다. 결국 논증을 올바르게 이해하기 위해서는 산물, 절차, 과정의 관점 가운데 하나만을 강조하거나 다른 하나를 생략하면 안 되고, 그 세 관점을 모두 유지해야 한다. 따라서 하버마스는 다음과 같이 말한다. "이러한 분석적 차원들 중 어떤 하나의 개별적 차원에서는 논증이론에 내재하는 이념 자체가 충분히 전개될 수 없다. 우리가 각각의 논증들 속에서 파악하는 기초적 직관이란 다음과 같은 것인데, 즉 과정의 관점은 무엇보다도 먼저 보편적 청중을 설득하고, 하나의 주장에 대하여 보편적 동의를 얻어내는 것이며, 절차적 관점은 가설적으로 제기된 타당성 요구들에 대한 논쟁을 합리적으로 동기 지워진 합의를 통해 끝내려는 것이며, 산물의 관점은 타당성 요구를 논거를 통해 근거지우거나 충족시키려는 것을 그 특징으로 한다. 하지만 흥미로운 것은 보편적 청중의 동의, 합리적으로 동기 지워진 합의의 획득 혹은 타당성 요구에 대한 담론적 충족 등과 같은 논증이론적 근본 개념들을 분석하려는 시도에 있어서 위의 세 가지 분석적 차원이 분리될 수는 없다는 것이다."[21] 특히 하버마스는 이 세 가지 측면을 고려하지 않고 논증을 고찰할 때 나타나는 문제점을 클라인과 툴민의 이론을 중심으로 제시한다.

---

19) 이런 이유로 수사학적 논증에서는 '보편청중'에 대한 이해가 핵심이 된다.
20) TH. S. 47.
21) TH. S. 49-50.

4. W. 클라인과 툴민의 논증이론에 대한 비판

W. 클라인은 진리에 대한 객관주의적 관점을 경계할 뿐만 아니라 단순히 설득력 있는 대화에만 관심을 두는 수사학적 전통으로부터 거리를 취하면서 논증을 설명하려고 한다. 그에게 있어 논증이란 "집단에게 타당한 어떤 것에 의지해서 집단에게 문제가 되는 어떤 것을 집단에 타당한 것으로 전환하려는 시도"이다.[22] 이 정의에 의하면 논증은 일종의 집단적 의사소통의 형태를 띠게 된다. 그렇기 때문에 문제가 되는 타당성 주장에 대해 특정한 근거를 바탕으로 결정을 내리고자 할 때, 그 근거가 설득력이 있는지는 집단이 공유하는 지식으로부터 판가름 나게 된다.[23] 이렇게 되면 문제는 논증의 타당성이 그 논증이 진행되는 시대와 사회의 문화적 배경에 따라 달라질 수 있으며 그 결과 상대주의로 나갈 수 있다는 점이다.[24] 하버마스가 볼 때 이러한 문제점이 발생하는 이유는 집단에게 타당한 것을 오직 사회적 사실로만 여김으로써 근거가 합리성에 대해 갖는 내적 연관을 고찰하지 않기 때문이다.[25] 특히 근거의 합리성에 대한 내적 연관을 고찰하지 못한다는 것은 설득행위에 있어 결정적 차원인 '강요되지 않은 강제'로서의 보편적 타당성을 간과하는 것이 된다.[26]

물론 클라인은 논증의 타당성이 청중들을 얼마나 설득시키느냐에 의존하게 되면 결국 논증에 대한 평가는 상대주의로 귀결될 수 있다는 것을 인식하고 있었다. 그럼에도 불구하고 그는 이 위험을 극복할 수 없었는데, 왜냐하면 그는 논증을 고찰하는데 있어 단지 기술적 입장에서 외부적인 관점을 택하였기 때문에 논증 자체가 가지고 있는 내적 논리에 따라 논증을 평가 할 수 없었기 때문이다.[27] 이런 근거에서 하버마스는 다음과 같이 말한다. "클라인의 딜레마는 그가 상대주의적 결론을 감수하려고 하지 않으면서도 관찰자의 외부관점을 유지하고 싶어 하는데 있

22) TH. S. 51.
23) TH. S. 52.
24) TH. S. 52.
25) TH. S. 53.
26) TH. S. 52.
27) TH. S. 53.

다. 그는 사회적 통용과 논거의 타당성을 구별하려 하지 않았다."[28]

하버마스가 볼 때, 클라인이 이런 오류를 범하는 이유는 논증을 의사소통과정으로 파악했음에도 불구하고 합의 형성과정에는 합리적으로 동기 지워진 그래서 강요되지 않은 강제의 차원이 있음을 파악하지 못하기 때문이다.[29] 그렇다면 클라인이 범하는 오류를 피하기 위해서는 사회적 통용에 의해 허용되는 근거와 합리적으로 동기 지워지는 논거의 내적 타당성을 구분해야 한다. 논증을 사회적 통용인 의사소통과정으로 파악하는 것은 곧 논증을 과정의 측면에서 고찰하는 것이다. 클라인의 문제는 논증에서 문제시되는 타당성 요구가 진리요구로 수렴될 수 없다는 이유로 진리연관을 배제시키고 논증을 단지 과정이라는 측면에서만 고찰한다는 점이다. 그 결과 논증들 사이를 평가할 수 있는 내재적 기준은 소멸되고 상대주의만 남게 된다.

다양한 타당성 요구를 수용하면서도 클라인이 범하는 오류를 회피하려는 시도는 툴민에게서 이루어진다. 하버마스가 볼 때 툴민 이론의 장점은 "타당성 요구의 다양성을 허용하면서도 동시에 비판적이면서 시, 공간적 혹은 사회적 제약들을 넘어서는 타당성의 의미를 손상시키지 않았다는데 있다."[30] 특히 툴민은 클라인과는 다르게 논증의 외재적 관점과 내재적 관점을 혼동하지 않으면서 논증의 의미를 그 속에서 사용된 논거들의 내적 평가에 의해 드러내려고 한다.[31] 그러나 이러한 시도에도 불구하고 툴민은 또 다른 문제, 즉 "논리적인 것과 경험적인 것의 추상적 지평을 분명하게 매개하지 못함"으로써 논증 내재적인 것과 외재적인 것에 대한 구분을 하지 못한 클라인과 같은 실패를 범하게 된다. 그렇다면 어떤 이유로 툴민의 시도가 실패하는지 살펴보자.

먼저 툴민은 논증분석을 일상적 언어활동에 대한 고찰로부터 시작한다. 그는 담론 참여자의 입장에 영향을 미칠 수 있는 여러 형태들의 언어활동, 즉 법정 공방, 학문적 회의, 대학의 세미나, 국회의 토론, 의학적 학술대회 등을 고찰하고 이러한 고찰로부터 대표적인 언어활동의 영역을 법, 도덕, 학문, 경영, 예술 등의 다섯 가지로 나눈다. 그는 이러한

28) TH. S. 53.
29) TH. S. 55.
30) TH. S. 56.
31) TH. S. 50.

영역에 고유한 의미를 이해하지 못하고는 논증이 지니는 타당성 요구의 범주들을 판단할 수 없다고 생각하고 이러한 영역에 부합되는 논증의 유형을 도출하고자 한다. 그는 다음과 같이 말한다. "궁극적으로 그 논증들에 힘과 강력함을 주는 것은 다시 한 번 말하자면, 그 논증의 구조나 질서 그 이상의 어떤 것이다. 우리는 논증의 상태나 힘을 단지 그것들을 그 근원적 맥락(context) 속으로 집어넣고 어떻게 그 논증들이 학문의 넓은 기획에 공헌하는가를 인식함으로써 이해할 수 있다."[32]

문제는 하버마스가 볼 때, 툴민이 나눈 다섯 가지의 영역구분의 기준이 모호하다는 점이다. 툴민은 다섯 개의 영역으로 구분한 타당성 요구들의 유형을 서로 다른 합리적인 기획들과 그에 상응하는 제도적인 영역들로부터 경험적 일반화에 의해 도출한다. "그런데 다양한 논증 유형과 타당성 주장을 다양한 '합리적 과업'과 그에 상응하여 제도화된 '논증의 장'으로 소급하여 설명하려는 이 시도에는 애매한 점이 있다. 법과 의료, 과학과 경영, 예술과 공학 기술 모두는 그저 기능적으로 구별되는 경계를 갖는 것인지, 즉 사회학적으로만 구별되는 것인지 아니면 논증 논리학적 이유에서 구별되는 것인지가 분명하지 않다."[33] 다시 말해 하버마스는, 툴민이 논증유형에 대한 구분들을 논증에 대한 내재적 분석으로부터 전개시키는 것이 아니라 경험적으로, 즉 외적인 제도적 형태들에 따라 구분하는 것으로 간주한다. 이것은 곧 서로 다른 논증 영역들을 단지 경험적 언어 사용에 대한 귀납적 고찰로부터 얻는 것이다.[34] 그 결과 논증의 상이한 영역들은 논증의 내재적인 원리와는 아무런 관계가 없게 된다. 논증이 전개되는 언어 영역과 논증의 내재적인 원리가 아무런 관계가 없게 되면 결국 영역에 부합하는 논증의 유형을 원리적으로 도출하는 것은 불가능하게 된다. 툴민은 결국 하버마스가 우려하는 바대로 논증의 유형을 도출하는데 있어 영역의 특이성은 무시한 채 보편적인 하나의 도식을 찾게 된다. 역으로 말해 툴민이 영역 구분에 상관없이 항상 동일한 논증 도식을 끌어내려고 하는 것은 결국 그 영역이 논증 내재적 타당성 요구의 구분에 따라 이루어진 것이 아님을 보여준다는 것이다.

---

32) TH. S. 57.
33) TH. S. 58.
34) TH. S. 58.

하버마스가 볼 때, 논증의 유형에 있어 논증 외적인 제도적 표현들과 내적 구조를 통해 규정된 형식들은 분명하게 구분되어야 한다.[35] 하지만 툴민은 내적으로 동기 지워진 타당성의 유형들과 합리적 기획에 의한 제도적 구분들과의 차이를 인식하지 못하고 있다. 그렇기 때문에 "그는 장에 따라 달라져야 할 논증 방식들로부터 항상 동일한 논증 도식을 추론하는 식으로 자신의 프로그램을 진행시킨 것이다. 그런 한에서 다섯 개의 논증 장은 모든 논증에 해당하는 하나의 일반적 개념 틀이 제도적으로 분화된 것으로 밖에 파악하지 못하게 된다."[36] 결과적으로 툴민은 논증논리학의 과제를 가능한 논증들을 위한 하나의 틀을 해명하는 것으로 제한하고 논증을 추상적 이념들의 무시간적 연속 속에서, 즉 산물로 파악하고 만다. 그는 다음과 같이 말한다. "만일 우리가 위에서 말한 세 가지 구분 즉 산물, 절차, 과정의 측면에 따른 구분에서 볼 때, 툴민은 그의 논증이론에 있어서 단지 개별적 논거들의 연관과 구성을 추구하는 이 세 번 째 측면에 만족하는 것처럼 보인다."[37] 결국 "툴민은 논증이론을 변증론과 수사학의 영역에로까지 충분히 확대시키지 못하고 있다."[38]

하버마스는 툴민이 논증 유형의 다양성을 설명하려던 애초의 의도에도 불구하고 보편주의적 관점으로 회귀하는 것은, 담론에서 의사소통적 전제들과 논증참여자들이 진리탐구의 과정에서 공정한 관점을 받아들인다는 것이 무엇을 의미하는지를 형식적 화용론에 근거하여 설명하지 못하기 때문이라고 생각한다.[39] 그는 다음과 같이 말한다. "나에게 툴민의 오류는 *관습적인* 즉 행위 맥락에 의존적인 *요구들을 보편적 타당성요구들*로부터 분명하게 구분하지 못한다는데 있는 듯이 보인다."[40] 따라서 툴민의 오류를 교정하려면 논증의 여러 형태들을 제도적인 것이 아니라 논증의 내적인 차이로부터 도출해야 한다. 왜냐하면 "외재적인 구분들은 오히려 논증의 합리적 기획의 기능과 목적에 맞추어진 고찰들에 부합하는 서로 다른 형태들의 내재적인 구분에 근거하며, 논증 형식들은 보편적인 타당

35) TH. S. 61.
36) TH. S. 59.
37) TH. S. 58.
38) TH. S. 61.
39) TH. S. 60-61.
40) TH. S. 62, 하버마스 강조.

성 요구들에 따라 구분되는데, 이때 이 보편적 타당성 요구들이란 종종 표현들의 맥락 연관 속에서 비로소 인식될 수는 있지만 결코 상황맥락이나 행동영역을 통해서 비로소 구성되는 것이 아니기 때문이다."[41]

그렇다면 이제 온전한 논증이론을 제시하기 위해서는 보편타당성 주장에 대한 평가를 잃지 않으면서도 그 타당성 주장의 다양성을 논증 내재적으로 설명할 수 있어야 한다. 하바마스는 이러한 논증이론을 제시하기 위해 먼저 타당성 요구(Geltungsansprüchen)의 체계를 언어 화용론적 관점에 따라 제시한다.

5. 타당성 요구의 체계와 형식적 화용론

우선 타당성 주장이 무엇인지 살펴보자. 하버마스에 따르면, 언어행위에 있어서 화자는 청자에게 자신의 주장이 진리임을 주장하거나 자신의 표현이 자기의 진심을 드러내는 것임을 주장하고 그것을 청자가 받아들여주기를 요구한다. 이때 청자는 명시적 혹은 함축적으로 제기된 화자의 요구를 예/아니오로 답할 수 있다. 이러한 청자의 답은 화자가 말한 것에 대한 청자의 단순한 거부 혹은 동의와 같은 의지의 표현이 아니라 그 타당성 요구에 대한 응답으로서 비판 가능한 발언에 대해 근거를 가지고 동의하거나 혹은 동의하지 않는다는 것을 의미한다.[42] 이렇게 본다면 화자가 근거를 갖고 타당성요구를 주장하는 것과 그 주장에 대해 비판하고 응답하는 청자의 담론행위는 하나의 논증행위라고 할 수 있으며, 이때 성립되는 논증의 목표는 "타당성 요구에 대한 담론적 상환"(diskursive Einlösung eines Geltungsanspruchs)이라고 할 수 있다.[43]

문제는 이때 어떤 경우에 타당성 요구가 상환된다고 할 수 있는가이다. 타당성 요구를 상환하는 방식은 분명히 영역에 따라 달라질 것이다. 따라서 단순히 산물적 측면에서만 논증을 고찰한다면, 영역에 따라 다양한 담론적 상환을 설명할 수 없게 된다. 그렇다고 영역별 차이만을 주목

41) TH. S. 64.
42) TH. S. 66.
43) TH. S. 50.

하게 되면 담론적 상환의 보편적 구속력을 놓칠 수 있다. 그렇다면 영역별 타당성 요구의 차이를 보존하면서도 논증 내재적인 보편적 타당성 기준을 충족시키기 위해서는 어떻게 해야 할까? 하버마스는 이를 위해 일단 논증을 그 내용에 따라 명제의 진리, 행위 방식의 규범적 정당성, 가치 표준의 올바른 적용, 이해에 대한 요구 등으로 나누며, 그것이 표현되는 문장들은 기술적 명제들(deskriptive Sätze), 규범적(normative) 명제들, 평가적(evaluative) 명제들, 설명적(explikative) 명제들로 구분한다.[44)]

이렇게 구분된 명제들이 타당성 요구를 포함할 때, 그 요구를 충족시키기 위한 조건들도 모두 다를 수밖에 없게 된다. 왜냐하면 각기 구별된 명제들이 포함하는 타당성 요구의 의미론적 조건들이 모두 다르기 때문이다. 이것은 논증 속에서 화자가 자신의 주장을 근거지우기 위해서는 영역에 따라 다른 조건들을 충족시켜야 함을 의미한다. 즉 기술적 명제를 근거지우기 위해서는 사태의 실존을 제시해야 하며, 규범적 명제에 대해서는 행위들이 받아들여질 수 있다는 것을 보여주어야 한다. 그리고 평가적 명제에 대해서는 가치의 선호를 제시해야 하고, 표현적 명제에 대해서는 자기 진술의 투명성을 보여주며 마지막으로 설명적 명제에 대해서는 상징적 표현들이 적절하게 산출되었다는 것을 보여주어야 한다.

하버마스는 이와 같이 담론 속에서 나타나는 타당성 요구를 상환하는 방식에 따라 논증의 형태를 다섯 가지로 분류한다. 첫째, 타당성 요구가 명제들의 진리에 관한 것일 때 나타나는 논증은 이론적 담론이 된다. 둘째, 타당성 요구가 행동 규범의 정당성에 관한 것일 때는 실천적 담론이며, 셋째, 타당성 요구가 가치표준의 적절성에 관한 것일 때는 미적 비판이다. 넷째, 타당성 요구가 표현의 진실성에 관한 것일 때 나타나는 논증은 치료적 비판이며, 다섯째, 타당성 요구가 상징적 구성물의 이해가능성에 관한 것일 때는 설명적 담론이 된다. 이때 주목해야 할 것은 타당성 요구가 가치표준의 적절성에 관한 것과 표현의 진실성에 관한 것일 때 하버마스는 그 논증을 더 이상 담론(Diskurs)이라 부르지 않고, 비판(Kritik)이라고 부른다는 점이다. 왜냐하면 그 경우에는 논거가 사용되기는 하지만 토의를 위한 중요한 전제인 타당성 주장이 처음부터 문제의 대상으로 인식되지 않을 뿐만 아니라 대화상대자들 간에 대칭적

44) TH. S. 66.

관계가 성립되지 않기 때문이다.[45]

문제는 하버마스가 이처럼 다섯 가지로 범주화시킨 논증의 유형과 형태가 어떻게 그 정당성을 얻을 수 있는가이다. 하버마스는 툴민에 대한 비판에서 지적하듯이 논증의 유형과 형태는 경험적 담론이나 제도적 상황으로부터 도출될 수는 없다고 한다. 왜냐하면 타당성 주장의 종류는 종종 발언의 맥락과 연관하여 비로소 알 수 있는 것이긴 하지만, 그렇다고 그것이 맥락과 행위영역을 통해 비로소 구성되는 것은 아니기 때문이다. 그렇다면 툴민이 범한 오류, 다시 말해 논증의 구분에 있어 경험적인 것과 논리적인 것을 구분하지 못하고 타당성 요구를 미리 발견된 선천적 관점으로 환원시키거나 종국에는 절대적 관점으로 되돌아갈 수 밖에 없던 오류를 다시 범하지 않으면서도 논증 내재적으로 구분되는 타당성 유형의 형태를 도출하려면 어떻게 해야 할까?

6. 경험에 대한 합리적 재구성이론으로서의 논증이론

하버마스는 합리적 언어행위의 다양성을 설명하면서도 보편적으로 타당할 수 있는 논증의 유형을 제시해야 하는 문제에 직면해서 "논증이론은 이를 위해 초월론적 연역과 같은 의미에서의 어떤 '논리적 도출'을 제공하는 것이 아니다"라고 말한다.[46] 다시 말해 논증의 유형을 칸트가 형이상학적 연역을 통해 초월론적 범주를 도출하는 것처럼 그렇게 경험 독립적으로 도출할 수는 없다는 것이다. 이어서 그는 논증유형을 도출하기 위해서는 "진술형식의 분석에서 출발하여 일단 해당 문장이 타당할 수 있는 의미론적 조건들을 설명해야 한다."고 말한다.[47] 여기서 해당문장이 타당할 수 있는 의미론적 조건들을 설명한다는 것은 곧 해당문장의 '화용론적 함축'을 밝히는 것이 된다. 왜냐하면 "진술의 타당성이 어떤 식으로 정당화되는지의 문제에까지 분석이 미치게 되면 타당성 개념의 화용론적 함축이 드러나게 되기" 때문이다.[48] 결국 언어행위의 다양

45) TH. S. 70. 여기에서 우리는 논증의 전제조건으로서 공동의 문제의식과 대칭적 관계라는 것을 알 수 있다.

46) TH. S. 64-65.

47) TH. S. 67.

성을 설명해주면서도 보편타당할 수 있는 논증이론은 화용론적 조건들로부터 도출된다.

하버마스가 이때 말하는 화용론적 조건들이란 객관 세계, 행위의 규범, 주관의 진실성, 가치 표준에 따라 구분된 진술들의 체계이다. 문제는 이렇게 파악된 4가지 진술 방식이 선험적으로 도출된 것이 아니라면 어떻게 그 정당성을 확보할 수 있는가이다. 이에 대해 하버마스는 "논증이론은 바로 형식 화용론적 전제와 명시적으로 합리적인 행동의 조건을 재구성하는 과제를 갖는다"고 말한다.[49] 다시 말해 네 가지 방식의 진술체계는 일상적 언어행위에 대한 재구성을 통해 얻어질 수 있다는 것이다. 논증이론이 합리적인 행동의 조건을 재구성한다는 것은 경험적 언어행위에 대한 반성을 통해 그 형식들이 갖는 논리적 구조를 드러낸다는 것이다. 이렇게 재구성된 유형들이 일상적 언어사용의 논리적 구조일 수 있는 이유는 그것이 경험에 대한 추상으로부터 도출하는 것이 아니라 반성을 통해 그 조건들로 도출된 것이기 때문이다. 그런 의미에서 도출된 형식들은 논리적 구성물이지만 초월적인 것이 아니다. 또한 그 재구성된 것이 다시 경험적 사례들에 의해 검증된다는 의미에서 경험에 대한 합리적 설명 항이 될 수 있으며 그런 한에서 타당성을 확보할 수 있다는 것이다.

이렇게 본다면 논증유형을 재구성한다는 것은 논증유형이 갖는 내재적인 타당성 유형 혹은 논리적인 것과 경험으로부터 주어지는 다양성 혹은 제도들을 구분하면서 동시에 매개시키는 과정이라고 할 수 있다. 이와 같은 과정을 통해 영역의 타당성이 단순한 논리적 구성물이 아님을 입증하고 현실의 합리성 영역임을 보여주는 동시에 현실의 합리적 행위가 분석될 수 있는 논리적 틀이 획득될 수 있다는 것이다.[50]

우리는 논증유형이 애초에 합리적 행위에 대한 형식적 분석으로부터 도출되었다는 점을 주목해야 한다. 합리적 행위에 대한 형식적 분석으로부터 논증유형을 도출하는 과정은 단순히 경험을 일반화하는 과정이 아니라 합리적 행위에 내재되어 있는 논증의 유형을 반성적으로 드러내는

48) TH. S. 67.

49) 산물, 절차, 과정의 측면이 서로 어떻게 조화를 이루어야 하는지에 대한 연구는 논증론의 핵심적인 과제가 된다.

50) TH. S. 16.

과정이다. 따라서 그렇게 도출된 논증의 유형들은 형식 화용론적 조건들로서 "의사소통적 과정의 전제"가 될 수 있다.[51] 이런 의미에서 재구성된 논증유형들은 피설명 항으로서의 합리적 언어사용에 대한 설명 항이 될 수 있다는 것이다.[52]

7. 맺는 말

이제까지의 논의를 기초로 하버마스가 제시하는 논증이론의 특성을 정리하면 다음과 같다. 첫째, 논증이란 언어적 행위의 합리성에 대한 심급이다. 따라서 다양한 합리적 언어사용을 설명하기 위해서는 그에 부합되는 다양한 논증유형이 있어야 한다. 둘째, 논증유형은 일상 언어에 대한 형식 화용론적 재구성을 통해 도출된다. 하버마스의 논증이론은 일상 언어에 대한 재구성을 통해 획득되는 한에서 수사학적 지평을 수용하는 것이며 동시에 형식 화용론적으로 도출되는 한에서 보편적 타당성을 잃지 않는다.

그러나 문제는 형식 화용론적 전제들에 대한 정당화이다. 하버마스는 이 문제를 경험에 대한 재구성이라는 방법을 통해 해결하고자 한다. 하지만 그러한 재구성적 작업이 어떻게 논증유형들에 대해 보편적 타당성을 제공할 수 있을지는 의문이 된다. 이러한 의문은 결국 다음과 같은 물음으로 귀결된다. 형식 화용론적 전제들의 타당성은 어떻게 보증될 수 있는가? 혹은 더 나아가 재구성의 결과물들이 합리적이라는 것은 어떻게 보증할 수 있는가? 이러한 물음들은 근본적으로 하버마스의 기획 즉 합리성의 척도에 의한 역사발전의 평가가 정당한지를 문제 삼게 된다. 따라서 합리성의 심급으로서 논증을 제시하려는 하버마스의 의도가 성공하려면 이 물음에 대한 답변이 주어져야 한다.

---

51) TH. S. 60.

52) Jürgen Habermas, 「Was heißt Universalpragmatik」 in *Vorstudien und Ergänzungen zur Theorie des kommunikativen Handelns*, Frankfurt am Main 1995, S. 372.

참고 문헌

Crosswhite, James,『이성의 수사학』고려대학교출판부, 2001.

Guttenplan, Samuel, *The Language of Logic*, New York 1986.

Habermas, Jürgen, *Theorie des kommunikativen Handelns*, Frankfurt am Main 1995.

Habermas, Jürgen,「Was heißt Universalpragmatik」in *Vorstudien und Ergänzungen zur Theorie des kommunikativen Handelns*, Frankfurt am Main 1995.

Kopperschmidt, Josef, *Argumentationstheorie*, Hamburg 2000.

Newton-Smith, W.H., *Logic*, London 1985.

Perelman, Ch./ Olbrechts-tytec, L.의 *The New Rhetoric,* Notre Dame 2003.

Toulmin, Stephen E., *Uses of argument,*『논변의 사용』, 고려대학교출판부, 2003.

Tugendhat, Ernst / Wolf, Ursula, *Logische semantische Propädeutik*, Stuttgart, 1993.

Tindale, Christopher W., *Acts of Arguing*, New york, 1999.

Van Eemeren, Frans H. / Houtloss, Peterer, *Dialectic and Rhetoric*, Dordrecht, 2002.

Wolff, Michael, *Einführung in die Logik*, München 2006.

새먼, W.C.,『논리학』, 곽강제 역, 박영사 2005.

호르크하이머, 막스,『도구적 이성비판』, 박구용 역, 문예출판사, 2006년.

Argumentation and Rationality

Lee, Kwang-Mo

Abstract

This article deals with Habermas's theory of argumentation. According to Habermas, first, argumentation is the criteria for evaluating rational linguistic action. In oder to explain diverse use of language, there must be the types of argumentation corresponding to that diversity. Second, the types of argumentation are resulted from the formal-pragmatical reconstruction of ordinary language. Habermas's theory of argumentation accepts the rhetorical needs insofar as it is resulted from the reconstruction of ordinary language, and keeps the universal validity insofar as the types of argumentation are formulated by formal pragmatics.

Key Words : Habermas, Argumentation, Rhetoric, Rationality

• 투고일: 2011.04.06. 심사완료일: 2011.04.18. 게재확정일: 2011.04.25.

제3부

부록

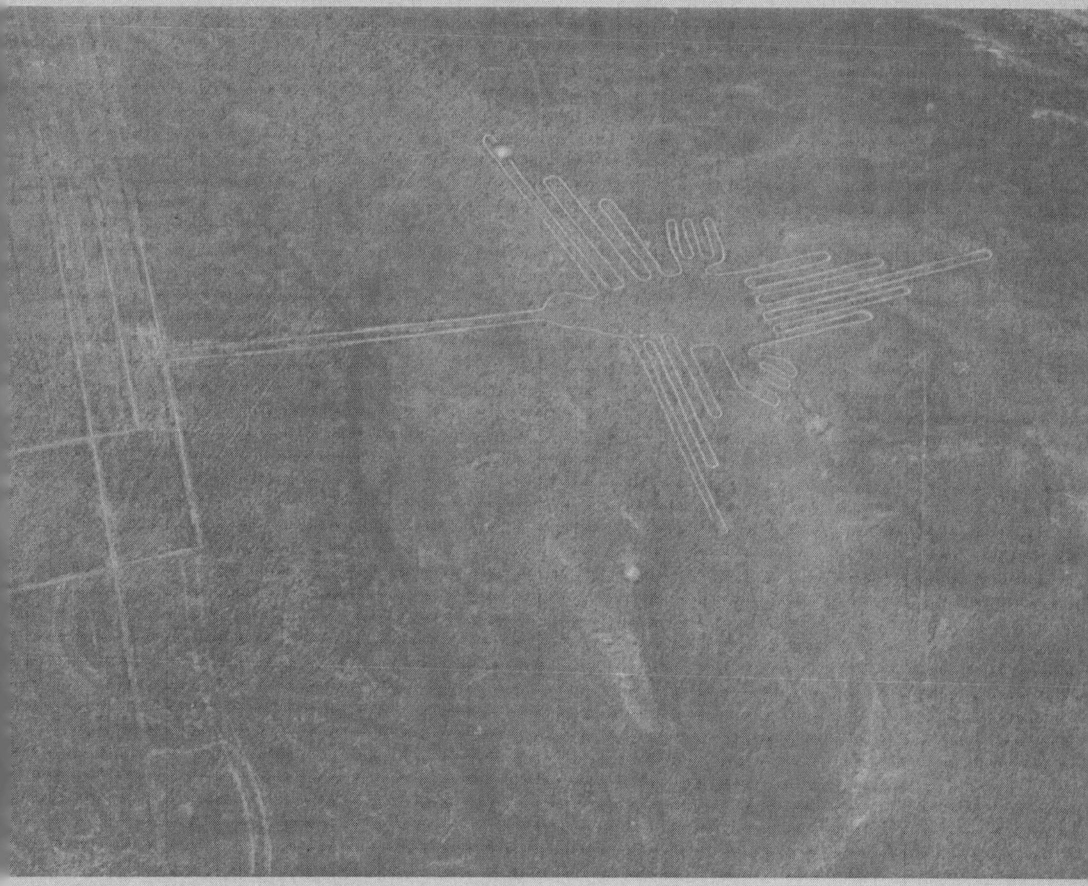

편집후기

다문화와 학문의 태도*

윤 병 태

1. 현대와 실존의 본성으로서 다문화

우리 사회에 다문화라는 말이 빈번하게 사용된 것은 10여 년 전부터이나 학계에서 이 용어에 함축된 특수 사회현상에 주목하게 된 것은 불과 몇 년 전의 일이다. '다문화'라는 용어가 우리사회에서 주목을 받게 된 이유가 있다. 하나는 30여 년 전 시작된 산업화에 어느 정도 성공하자 먹고사는 일에 집착하지 않는 세대가 생겨나고 그들이 기피하는 3D 직종에 외국인 노동자가 유입되면서 전에 없던 새로운 사회문제가 발생한 것이다. 다른 하나는 산업화의 여파로 농어촌이 몰락하면서 그곳의 거주자들이 적령기를 넘기면서도 배우자를 구하지 못하자 국제결혼으로 내몰리게 되고 이에 따라 외국인들이 자연스럽게 유입된 것이다. 외국인의 대량 유입이 오늘날의 문제만은 아니지만 그 어느 때보다 오늘의 '문명과 문화 충돌'의 크기와 세기가 강해지고 있다는 점에서 주목해야 할 특수 현안 문제가 된다고 여겨진다. 정부와 사회단체가 다문화 가정과 외국인 노동자의 문제에 대한 수많은 위원회와 관련법을 만들지 않을 수 없는 때가 온 것이다. '다문화 마을 특구'도 생겨나고 '이민자 사회 통합 교육' 프로그램도 절실해진 상황이 된 것이다. 구체적 사회현상

---

* 이 글은 국제언어인문학회 2010년 10월 학술대회 기조 강연 내용임.

관찰과 분석을 대상으로 하는 사회학과, 약자와 소외계층 문제를 주요 과제 중 하나로 설정하는 실용적 사회복지학에서 외국인 노동자들과 외국인 결혼 여성 및 가정 문제에 주목하여 그에 대한 주제로 논문을 발표하고 토론하는 학술대회가 수년 전부터 빈도수를 높이는 기본 동기가 여기에 있다. 외국인이 100만을 넘어서고 국제결혼이 전체의 3분의 1을 넘어서면서 언어, 문화, 교육 습관, 세계관 등 삶의 모든 분야에서 재반성을 더 이상 미룰 수 없는 사태에 이른 것이다.

비록 다문화 문제는 우리에게는 최근의 사안이나 세계사적 측면에서는 오래전에 고도산업국가의 주도로 전개되는 자본주의 세계화와 관련된다. 20세기를 들어서면서 지역사회 경제는 국가 경제로, 또 국가 경제는 세계 경제 질서로 재편되기 시작한다. 이윤 추구를 위해서는 자본과 상품의 순환운동의 합리적 체계가 필요하고 이 체계를 가장 효율적으로 도입한 곳이 시장이다. 시장은 지역사회와 국가의 장벽을 서서히 무너뜨리고 자본, 상품, 노동, 정보의 자유 경쟁의 장을 구축하면서 하나의 거대 시장으로 성장해나간다. 생산, 판매, 투자, 저축에서 흑인과 백인, 미국인과 한국인의 개별적 차이는 중요하지 않으며 오직 양적 크기와 효율성만이 최고 가치로 부상한다. 개인이나 민족적 특성, 또는 그 문화적 차이는 경제적 가치로 환원되고 이 가치들은 다시 교환가격으로서만 의미를 가진다. 개인이나 민족에서 살아남을 수 있는 것은 경제적 세계 질서에 편입하기 유리한 특성을 가졌거나 적어도 그것에 방해가 되지 않는 것들뿐이다. 국경 없는 세계시장에 존재하는 다양한 문화는 어떤 운명을 맞을 것이며 자기 존립을 지탱할 수 있을까 하는 것은 이제 우리가 다시 되새겨야 할 시대적 물음이다.

한 지역의 문화는 다른 지역의 문화와 교류한다. 한 집단 또는 지역의 언어, 습관, 종교, 도구, 기술, 신화 등이 한 곳에서 생겨나서 교류 없이 그곳에서 성장 소멸하는 경우는 거의 없다. 우연 또는 필연적 사건에 의해 교류하기도 하고 실용적 관점에서 교류하기도 하면서 영향을 주고받으며 변형된다. 침략에 의해 이민족 문화가 강제로 유입되기도 하고 유출되기도 한다. 평화시 상거래, 여행, 이주 등의 수평적 교류에서 타 문화를 전파하고 수용하는데 결정적 요소는 유용성, 기능성, 효율성 및 호기심이다. 이 경우 갈등과 충돌은 심각하지 않다. 이와 달리 정복과 피정복 사이의 교류는 일방적이며 강제적이다. 강한 나라 혹은 집단의 문화가 강제적 피정복 집단으로 흘러들어 가며 저항이 강하면 강할수록 강제적 유입의 강도는 약화되거나 완화되고 그 반대의 경우 유입의 속도는 강화되고 빨라진다. 여하간 문화는 교류와 간섭과 유입을 통해 변형되고 그 주체 의식이나 종교, 그리고 언어의 힘이 강할수록 독자성을 지켜낼 수 있고 반대의 경우 그 문화는 소멸되고 문화 소멸과 더불어 그 민족정신도 사라진다.

인류 출현과 더불어 모듬살이를 시작한 인간은 고유의 생활 방식과 인식 모형과 사유 체계를 발전시키면서 스스로의 생과 역사를 가꾸고 다듬어왔다. 주어진 특수 자연환경을 이해하고 변형하고 가꾸어 생을 영위하고, 자신과 자식들과 이웃들과의 공동 장을 사회적 환경으로 받아들이고 또 만들면서 실존과 역사를 형성한다. 이 실존과 역사 형성에 공동으로 참여한 집단은 그 집단 고유의 문화를 창조한다. 널리 알려져 있듯이 '문화'란 '땅을 갈고 밭을 일구어 자연을 경작한다, 씨 뿌려 곡식을 키우고 가축을 기른다'는 의미의 라틴어 'colere'의 명사형 'cultura'에서 유래한다. 여기에 '학문 또는 예술을 신장하고 계발한다, 장려하고 촉진한다, 교육한다, 정신을 교화한다'는 의미가 후대에 더해진다.[1] 자연의 경작이든 정신의 도야이든 문화는 단지 전통을 지키고 따르는 수동적 체계로 짜이는 것은 아니다. 문화는 끊임없이 나타나는 새로운 타자에 능동적으로 대처함으로써 현재를 고양, 보다 나은 미래로 성장하는 유기적 생명체의 특징을 가지고 있다. 물론 이 생명적 특징은 어떤 민족이나 개인에게 동일한 형식으로 자리 잡는 것이 아니다. 주어진 특수 환경과 그에 대처하는 교육과 도야의 방식에 따라 차이가 나타나며 그 차이는 강약의 차이일수도 질병과 건강의 차이일수도 있다. 이 차이 때문에 역사에서 소멸하는 문화도 있고 만개하는 문화도 있고 병든 문화도 있고 건강한 문화도 있게 된다.

학문적으로 문화 개념에 주목하게 된 것 역시 학문 자체의 요구가 아니라 역사 전개의 필연성에 기인한다. 다시 말해 이것은 15세기 신대륙

1) 정신 교화, 정신 계발, 교육의 의미가 이때부터 더욱 강화된다. Cicero, Tusc, disp., II, 5. Kultur는 근대에 이르기까지 독립적으로 사용되기보다 '～의 문화'라는 소유격 형식으로 쓰이는 것이 일반적이었다. 문화라는 말이 독립 명사로 쓰인 것은 19세기에 들어와서이다.

과 동방 진출 이후 19세기 말 제국주의가 극성하던 시기까지 기독교적 서구 문화와는 근본적으로 다른 문화권을 어떻게 관리하고 조정하느냐 하는 서구인들의 정치경제적·정복적 관심에서 생겨난 것이다. 이 관점에서 유럽은 하나의 기독교 문화권으로 절대적 주체 의식으로 무장하고 능동적으로 타 민족과 집단의 생존 방식을 종속적 하위 문화로 묶어놓는다. 그러나 지배는 단순한 강제만으로는 효율적일 수 없기 때문에 접촉과 이해의 장을 넓히려는 시도가 나타나고 이 시도를 정당화하려는 요청이 생겨난다. 이 요청과 더불어 이성과 경험을 중시하는 철학적 경험주의와 합리주의가 서서히 뿌리를 내린다. 다민족과 다종교와 다인종의 서로 다른 생활과 사유와 역사를 제대로 이해함으로서만 자기 문화가 세계사의 주역임을 효과적으로 주장할 수 있다는 사상이 확립되고 이로부터 사회진화론의 관점에서 다문화를 인식하려는 강력한 흐름이 생겨난다.

보편적 진리를 추구하는 기초학인 철학은 주체뿐 아니라 객체의 구조와 사태에 대한 객관적 인식을 고유 과제 중의 하나로 정립한다. 사태의 객관적 인식은 있는 그대로의 것을 관찰함에 주관과 주체를 둘러싼 내적·외적·실존적·역사적·문화적 조건들을 방법론적으로 제거하는 태도를 요구하고 이 무전제적·무선입관적 태도로 포착된 대상 세계에 대한 경험 내용이 보편타당할 수 있는지를 늘 따진다. 미세 부분에서 진리 확실성에 대한 밀도 차가 있기는 하지만 르네상스 이후 발아하며 18세기 확립되는 합리적 경험론과 경험적 합리론의 인식론은 그 이후 지금까지도 과학적 방법론의 주류로 평가된다. 신대륙 발견 이래 세계 도처에서 유럽인과 현지인의 만남은 문명과 문화의 협력적 교류가 아닌 지배 예속의 관계를 맺게 되지만 다른 한편 그들과는 다른 문화에 대한 객관적 이해의 노력이 서서히 학계에 요구되면서 문화 논쟁이 시작된다. 이 논쟁은 식민지 건설에 나타나는 일체의 문화 충돌의 문제를 물리적·강제력(무력)의 우위로 해결할 수 있는 자신감에서 원주민 문화를 평가 해석하는 폭력적 방식에 대한 반성을 일깨우게 된다. 그렇다고 문명사회와 미개사회로 나누고, 미개사회는 선진 유럽에 의해 문명화되어야 한다는 유럽 중심주의가 아주 사라진 것은 물론 아니다. 오히려 서구 중심주의는 19세기 후반 나타난 생물진화론의 도움으로 국제 정치·사회·문화적으로 더욱 강화된다. 도전에 대한 응전에서 패하거나 효과적으로 대처하지 못하는 경우, 몰락과 예속은 당연시 되고, 이것은 약육강식이 생명체의 본성인 것처럼 움직일 수 없는 과학이라는 제국주의 사회진화론의 사유 모형으로 정착한다.

차이와 다름을 생물진화론의 잣대로만 재는 것은 역사를 물리적 진전으로 보는 것보다 더 위험할 수 있다. 오늘은 어제의 완성이고 내일은 오늘의 완성이며 내일은 또 그 다음 날의 완성이라면 역사의 전 과정은 '완성되지 않는 완성'이라는 모순된 목적의 수단일 뿐이다. 이것은 어제가 오늘만 못하고 오늘은 내일만 못하다는 말이요, 따라서 오늘 최선의 삶으로 역사를 가꾸는 노력과 의지는 무의미하고 무가치하다는 뜻이다. 이러한 관점은 개인에게나 그가 속한 집단에게나 잘못된 길로 인도한다. 개인 또는 집단의 목적은 지속의 매 순간이 목적이며 그 순간의 전체로서의 생존의 역사가 목적이기 때문이다. 잘못된 이 관점은 역사의 매 순간이 수단이 아니라 목적이라는 것, 즉 매 순간은 역사 속에 무의미하게 사라져가는 점이 아니라 과거와 미래를 하나로 통일하는 변화하는 절대지점이라는 이해를 통해 교정되고 극복된다. 문화를 기술문명과 혼동하고 차이를 우열로 여기면 이 땅 위의 모든 문화를 한 줄로 세우고 앞의 것은 뒤의 것을 정복 지배할 수 있다고 믿으며 그렇게 행동한다. 세상의 모든 생명체를 먹이사슬로 묶고 맨 윗자리를 차지한 육식동물 (그중에서도 인간) 이외의 것들은 그것의 먹을거리 수단일 뿐이다. 양은 늑대 삶의 수단이고 풀은 양의 삶의 수단으로만 여기면 양 자체의, 풀 자체의 독특한 생명의 전 체계를 이해할 길목은 막혀버린다. 이 관점에서는 이 세상의 어떤 것도 그 자신이 타자의 수단으로서가 아니라 자기 자신의 목적으로 존재한다는 진실을 이해할 수 없다. 신대륙 발견에서 시작되고 19세기 후반 절정을 이루는 식민지 쟁탈전에서 지구 구석구석의 무수한 소위 '미개 문화'가 말없이 멸종되어 사라져간 것은 도대체 무엇을 의미하는가?

자문화 절대주의가 반드시 유럽인들만의 사고방식은 아니다. 이 세상 어느 집단 혹은 민족도 자신들의 언어나 종교, 도덕과 법률 전통과 관습을 쉽게 바꾸거나 버리지 못한다. 강력한 외부 세력의 침략에서 버틸 수 있을 때까지 자신들의 문화와 믿음 체계를 지킨다. 다행히 방어에 성공하고 침략을 효과적으로 이겨내면 자신들의 승리가 자신들의 문화와 생활 체계에 있다는 확신이 강화된다. 문제는 침략과 공격을 퇴치 방어하는 데 결정적 역할을 하는 것은 문화 전반의 위력이 아니라 문화를 보존할 정신력과 그 정신력을 지켜낼 수 있는 물리적 힘(무력)과 기술적 장비라는 데 있다. 위대하고 찬란한 문화가 있으면서도 잘 조직된 얼마 아니 되는 군과 병력과 무기에 의해 무릎을 꿇고 몰락해간 많은 민족의 역사를 우리는 알고 있다. 이 점에서 19세기 후반에 나타난 다문화 담론 및 문화상대주의 역시 정복자의 지배 문화권에서 스스로를 정당화하고 강화하는 이데올로기적 성격을 그 내면에 감추고 있음을 부인하기 어렵다.

다문화를 긍정하고 그것의 통일을 하나의 세계관적 인식 틀로 제공하려한 대표적인 이들 중 하나는 니체이다. 다문화의 존재가 인류의 자연스런 현상이라는 것과, 이 다양한 것 중 어느 하나가 지배적이고 다른 것이 종속적인 것이 아니라 모두가 각기 자신의 관점에서 주체요 타자의 관점에서 객체라는 것을 인정하면 문화상대주의가 된다. 인식론에서 상대주의는 '절대 진리는 없으며, 있다 해도 알 수 없고, 안다 해도 전할 수 없다'는 회의주의와 똑같은 것은 아닌 쌍둥이이다. 조건과 조망이 같은 위치에서 대상은 동일하게 보이지만 다른 위치에서는 달리 보인다. 원기둥을 위에서 보면 원이지만 옆에서 보면 직사각형인 이치와 같다. 어느 위치에서 본 것이 진리인지의 기준도 없으며 다른 위치에서 달리 보인 것이 거짓이라는 증거도 없다. 무엇이 진상인지 확립할 수도 없고 알 수도 없으니 그에 대한 어떤 진술도 참 또는 거짓으로 단정할 수 없다. 상대주의가 관점주의와, 그리고 관점주의가 허무주의와 겹쳐지는 소이이다. 관점주의든 허무주의든 단순한 관념적 사유의 산물이 아니라 생의 본성에 대한, 역사와 문화에 대한 관찰의 산물이라는 것이 니체의 논지이다.

니체와 같은 시기에 인간학과 문화인류학이 태동하면서 역사주의와 문화상대주의의 지평이 확립된다. 이 지평은 약육강식과 적자생존과 진화론으로 약소민족의 문화를 말살하고 남는 것은 결국은 지배 문화 하나이지만, 이 마지막 문화조차 영원히 보장할 수 있는 것은 아무것도 없다는 반성 위에 있다. 죽지 않는 개인이 없듯 역사 속에서 생성 번영

과정을 마치고 소멸하지 않는 민족도 없고 국가도 없다. 여기서 쉽게 풀기 어려운 다음과 같은 물음이 제기된다. 개인과 민족과 국가의 소멸이 자연스런 역사 법칙이라면 그들이 가꾸고 계발한 문화 또한 생로병사의 인연 고리에서 벗어날 수 있는가? 지금 현재 세계사의 주역을 자처하는 강한 나라와 그 문화 역시 시간이 지나면 병들어 몰락하는가, 아니면 어떤 특정 조건들을 확립하고 지키면 영원히 지속할 수 있는가? 역사란 무엇이며 문화란 또 무엇인가? 그것의 이념적 종말은 어떤 모습이며 사건적 종말은 또 어떠한가?

일찍이 헤겔은 철학과 문화와 역사와 도야를 동일시한다. 철학함이 없음은 도야와 교육의 없음이고 도야와 교육이 없으면 역사는 곧바로 사멸한다는 것, 또 역사의 소멸은 두말할 것도 없이 그 민족 고유문화의 죽음을 수반한다. 문화와 그 생존은 곧 역사의 지속을 전제해야 하고 역사 지속의 제일 요건은 민족의식의 도야와 그 도야를 지켜낼 수 있는 대내외적 방어력임을 헤겔은 강조한다. 이 둘이 균형을 잃으면 그 문화는 피어보지도 못하고 멸망한다. 철학은 이 둘의 균형을 통한 진리와 자유와 평등 이념의 확립 이외에 아무것도 아니다. 이 점에서 철학은 문화와 같은 구조를 가진다 하겠다. 헤겔이 특히 민족정신의 심장을 그 나라 언어(말)에 두고 있는 것은 주목할 필요가 있다. 말은 그 민족의 절대정신의 육화이다. 그 나라 말은 그 민족이 소유한 모든 것, 역사와 도덕과 법, 학문과 예술과 종교와 철학이 모든 것을 하나로 묶는 끈이며 그 전체에 내재한 혈관이요 심장이다. 따라서 고유의 언어가 없으면 영혼이 없는 것이며, 영혼이 없으면 죽은 것이요, 죽은 것은 더 이상 생명체가 아니며 생명체 아닌 것에 문화는 있을 수 없다. 이 점에서 한 나라의 언어는 다양을 하나로 종합하는 살아 있는 절대적 통일체이다.

문화는 본성상 다양의 단일성이다. '～의 문화'처럼 소유주가 독립적으로 있든, '문화'처럼 소유주가 그 자체이든 상관없이, 그 내용은 언제나 하나 이상이며 따라서 수적으로 다양하다. 그러나 또한 이 다양한 내용들은 '문화'라는 하나의 질적 개념 속에 포섭되고 종합된다. 또 이 경우에만 구체적이고도 현실적 의미가 있으므로 단일성이다. 유기체에서 그 모양이나 기능에서 근본적으로 서로 다른 눈, 코, 귀, 입, 손 등등의 다양한 지체들이 하나의 유기체, 하나의 생명체에서 긴밀하게 연결되고 통일되는 것과 같다. 이 때문에 문화를 오로지 다양성으로만 파악하거나, 또는 오로지 단일성으로만 받아들이는 것은 논리적 오류이다. 논리적 오류는 인식적으로 거짓이다. 거짓을 신념으로 받아들이는 것은 진리와 선에 대한 단순한 폭력이 아니라 범죄이다. 순수 단일 문화가 존재하지 않는 것처럼 순수 다문화 또한 무가치한 것이다. 이것은 다문화를 고유의 특정 시각에서 조화롭게 통일시켜야 한다는 뜻을 함축한다.

오늘날 다문화의 전형을 보이는 곳은 미국이다. 다양한 인종과 언어, 그 각기의 고유 습관과 종교, 생각과 관념들이 서로 중첩되면서 상호 이질성을 수용하고 고유성을 변형하며 소위 무국적 문화를 창조한다. 이해관계의 충돌을 최소한으로 조정하는 법의 테두리 내에서 모든 분야에 자유롭게 진출하고 행동할 수 있다는 이데올로기는 다문화를 하나의 미국 문화로 정착시키는 초석이다. 폭력을 수반하는 문화 충돌의 통제, 개인의 기본권과 인권을 침해하는 행위에 대한 보편적 기준의 확립 위에 모든 구성원에게 자유를 보장하는 것, 이것이 바로 다문화의 원동력인 것이다. 자유는 정해진 하나의 길만을 강요하거나, 또는 몇 개의 길 중 한두 개를 선택하는 데에서가 아니라 인간 고유의 가능성의 모든 길이 열려 있는 데 그 본질이 있다. 세계사는 대제국이 언제나 다문화 포용 정책을 사용할 수밖에 없음을 보여준다. 로마제국은 피정복 민족의 언어, 종교, 습관, 제도 등의 독자성과 자율권을 인정하되 정치적·경제적·법적 예속성을 강요하였고 제국이 분열되는 것을 막기 위해 이 강요를 세부적으로 법제화한다. 이 법제화는 각 민족이 불만을 갖지 않도록 인간관계의 보편적 형식들에 대한 규정에 토대를 두고 있다. 몽골제국 역시 피지배 민족에게 정치·경제·군사적 예속 조건 이외에는 비교적 관대했다. 오늘의 미국은 역사 속의 대제국과 단순 비교하기에는 무리가 있으나 기본 유형에서 대제국의 이러한 특징을 지니고 있다. 미국의 다문화는 민족과 민족이 각기 다른 지역 다른 나라를 차지하고 있으면서 하나의 통일을 이루던 역사 속의 제국들과 달리 하나의 땅, 한 나라의 국경 안에서 나타난 현상이다. 주인 없는 땅에 서로 다른 민족들의 이민으로 이루어진 나라, 각자 가지고 온 문화들이 단지 서로 다를 뿐 아니라 끊임없이 대립하고 갈등하기 때문에 어느 정도까지 갈등과 모순을 수용하고 규제하는 것인지를 정치·사회적으로 숙고해야 하는 나라, 그러면서도 지금 현재 지구상의 어느 나라보다 다문화를 반영하는 나라가 미국이다. 따라서, 비록 심각한 사회적 모순과 결함을 내포하고 있음에도 불구하고, 단일 문화를 외치는 크고 작은 닫힌 사회가 그 폐쇄성의 결함을 깨닫고 열린 사회로 도약하려면, 결국은 참조할 수밖에 없는 미래의 나라가 곧 미국이다. 물론 다문화의 본질을 제대로 이해하기 위해서는 다양한 측면에서, 즉 자연환경적 요인, 정치경제적 요인, 사회 구성적 요인, 인종적 요인, 교육적 요인, 세계관적 요인 등을 고려해서 입체적으로 탐구해야 한다. 또한 문화의 다양성과 사회 구성의 복잡성이 하나의 문화로 통일됨에 큰 거부감이 없는 원인은 어디에 있는지도 깊이 관찰해야 한다. 다시 말해, 독창적이고 생산적인 하나의 문화를 형성하는 원동력이 문화의 다양성 자체 때문인지, 아니면 문화 외적인 것, 즉 문화의 다양성의 통일적 순기능을 이끌어 내려는 정치경제적 이념의 필연성과 강제성 때문인지 곰곰이 따져보아야 한다. 개인주의와 자유를 국가 이념이라고 정치적으로 선전한다고 다민족의 다문화, 다언어가 무리없이 통일되는 것은 아닐 수 있기 때문이다.

우리가 지향해야 할 다문화주의는 서구중심주의에 대한 비서구 학계의 강화된 비판에서 유래된 것은 아니다. 그것은 서구중심주의가 독단적 유아론으로 강화될 경우, 서구 자신을 위해서도 비서구를 위해서도 생산적이지 않다는 것, 그래서 중심과 주변의 반목과 갈등은 중심도 주변도 함께 붕괴시킬 수 있다는 위기의식에서 시작된 것이다. 문화는 인간 개개인의 공통성인 생로병사와 이 전체 과정에 대한 개인이 속한 집단의 상징체계이다. 이 상징체계는 언어, 습관, 종교, 도덕과 법률, 예술과 학문 등의 요소로도 되어 있다. 이 각 요소들에 밀도의 차이는 다소 있을 수 있어도 형식적 차이는 없다. 모두 다 생명 있는 인간 삶에서 유래되기 때문이다. 한 개인으로 태어나 자라고 성인이 되는 것, 결혼하여 가족을 위해 노동하다 자식이 다 성장하면 늙고 병들어 죽는 것은 어느 문화권이건 동일하다. 이 동일성에 토대를 두고 자연과 인간과 사회를 객관적으로 분석하면 보편적 학문이 된다. 비록 표현의 차이에도 불구하고 어떤 문화권이든 태양은 태양이고 별은 별이며 나무는 나무이고 강은 강으로 인식한다. 태양과 밤낮의 관계, 붉은색과 대상의 관계, 사랑하는 사람과의 관계에 대한 언어 표현의 방식과 문법은 다를지라도 그 구조는 동일하다. 이 때문에 자연적 사실에 관한 객관적 학문과 그 응용으로서 기술이 문화권과 관계없이 존재하며 객관적 수준 또한 존재한다. 5 더하기 7은 어떻게 표현하든 12이며 남극에 거주하든 북극에 살든 똑같이 열둘이다. 이것이 열둘인지 모르는 사람이나 집단이 있다면 그것을 아는 사람이나 집단보다 셈본에서 미개인이나 미개 사회이다. 논리와 사실에 대한 자연과학과 그 응용학의 차이는 단순한 차이가 아니라 우열이요, 열등 집단은 우수 집단에게 과학에서만 지배되는 것이 아니라 기술에서도 지배된다. 후진국에서 이 부분에 총력을 기울여 선진국과 차이를 극복하려는 것은 생존 본능 때문이다. 그러나 정신과학에서는 이와 전혀 다르다. 지리적·기후적 자연의 차이에서 유래하는 인간학적·인류학적 차이와, 이와 연관된 인간의 습관과 생활 방식의 차이로 우열을 따질 수 없다. 또 이 차이에서 유래하는 고유의 종교와 도덕과 규범과 법의 상이성에서도 우열을 따질 수 없다. 고유의 예술과 놀이문화의 차이에서 우열 고저를 평가하는 것은 잘못이다. 열대지방의 나체 문화와 한대지방의 모피 문화의 차이에서 문화적 우열이 아니라 그 상이함의 필연성을 인식해야 한다. 어떤 식으로든 기능과 효용과 계산과 응용을 지향하는 자연과학 영역을 제외한다면 신라 문화보다 고려 문화가 더 수준 높으며, 조선 문화보다 일제 식민지 문화가 더 수준 높다고 말하는 것은 무식이 아니라 멍청한 일이다.

2. 다문화 시대의 대학과 학문의 태도

동양이나 서양이나 예외 없이, 진리와 선과 아름다움의 본질을 알고 그것을 추구하는 것에 학문과 삶의 목적이 있다. 플라톤은 진선미의 이념은 인간의 사유 기능에 따라 구분되는 것이나 본래는 하나라는 것, 그리고 그 하나의 실체가 선의 이데아라는 것을 가르친다. 학문은 예외 없이 자기와 자기 시대의 위치를 알고 왜 어떻게 지금의 이 상황이 초래되었으며 또 어떻게 어디를 지향할 때 최선인지를 인식하고 인식 내용을 최선의 노력으로 가꾸는 것이기 때문이다. 진리는 가장 적합하고도 의심의 여지없는 인식의 체계이며 그렇기 때문에 그것을 믿고 인간 자신과 세계를 최선으로 이해하는 것이다. 이 이해를 실천적 최고로 완성하는 것, 그것은 참으로 아름다운 길이다. 진리는 선일 때 아름답고, 아름다움은 선일 때 진리이며, 선은 그 자체 선이므로 진리와 아름다움의 궁극적 실체라는 것이다. 여기서 안다는 것, 참과 거짓뿐 아니라 옳고 그름을 안다는 것은 가장 기초가 된다. 무엇이 어떠하다는 것을 모르고서는 그것이 무엇이며 무엇을 어떻게 해야 할지를 알 수 없고, 이것을 알 수 없으면 무엇이 더럽고 추한지 판정할 기준조차 없다. 이것이 진선미 중 제일 먼저 정립해야 하는 것이 진리의 이념인 이유이다.

플라톤 문하에서 20여 년을 수학한 아리스토텔레스의 학문관 역시 스승과 멀지 않다. 주지하다시피 그는 학문 활동(ἐπιστημη → Scientia)을 "보다(θεωρεῖν)", "행위한다(πράττειν)", "만들다(ποιειν)"라는 세 가지로 구분하고 그 각각에서 "이론학"과 "실천학", 그리고 "제작학"이 생겨난다고 생각한다.[2] 당시 그리스에서 학문의 기초로 '안다', '인식한다'는 행위를 최우선으로 한 것은, 앎 없이는 어떤 대상도 행위도 규정할 수 없다는 이유 때문이다. '본다'는 행위는 그것이 무엇인지 알기 위한 초보적 태도이지만, 오로지 눈에 보이고 감각에 주어지는 현상에 대한 앎은 진정한 인식이 아니다. 현상의 변화와 그에 따른 감각의 추이에만 매여 있는 앎은 진리가 아니라 현상과 신념에 뿌리 박은 억견(δοξα)이므로 현상과 감각지의 근원에 대한 앎이 '진정한 인식'이라는 플라톤의 사상은 아리스토텔레스에게 그대로 이어진다. '보는 것'은 감각적 경험 세계를 눈으로 보는 것만이 아니라 그 근거에 대한 오성과 지성으로 보는 것으로, 이 참되게 보는 틀이 이론학이다. 이론학 자체는 가치중립적이다. 감각만으로 대충 보는 것과 지성으로 속속들이 보는 것은 일상인과 학자의 태도 차이일 수 있으나, 일상적 앎이 진정한 인식이 아니라 해도 그 앎은 주체가 악한 자이냐 선한 자이냐를 구분하지 않는다. 진정한 인식 역시 일차적으로는 이런 중립적 성격이 있다. '행위하는 것'은 자신의 이익을 위한 것이든 공공의 이익을 위한 것이든, 최선을 목표로 하고 윤리적인 최선은 물론 이 개인과 사회 공동선의 추구이다. 이 공동의 최고선에 대한 앎은 진정한 학문, 즉 에피스테메의 본질이다. 이 앎이 전제되어야만 앎의 목표가 앎 자체가 아니라 최선의 삶이라는 것, 그리고

---

2) Aristotele, Metaphysica, E_2, 1026 b4.

그것을 추구하는 실천적 노력과 창조가 아름답다는 것을 깨닫게 된다. 이 깨달음에서 진정한 진리는 결코 가치중립적인 것이 아니라 최선의 최고 아름다움의 가치를 창조하는 것임을 인식한다.

플라톤, 아리스토텔레스에서 수립된 학문의 목적으로서 진선미 이념의 구조 인식과 그 실천은 근대에 이르기까지 서양 사유의 전통으로 면면히 이어진다. 근대에서 이론과 실천과 이들을 잇는 예술의 특징에 대한 시각 차이에 따라 강조점이 달라지기도 하지만 그 상관관계의 본질적 차이는 크지 않다. 한 가지 특이한 것은 근대 자연과학의 발달에 힘입어 이전에 doxa의 영역에 속하던 경험적 지식 혹은 현상적 지식이 체계화, 분과화되면서 지식학과 학문(에피스테메)의 중심을 차지하게 된다는 것이다. 수학과 물리학의 논리와 실험에 토대를 둔 경험과학은 비록 이론학을 지향해도 속성상 제작과 기술에 응용되기 쉽고, 실생활의 편리함을 증진시킬 뿐 아니라 기술과 응용은 인간 욕구를 자극하여 돈벌이 수단으로 이전하는 데도 효과적이다. 이것이 근대의 학문이 자본주의와 같은 의자에 앉아 같은 궤도 위를 달리는 이유이다.

고대 그리스의 순수 지적 호기심에서 시작된 자연과 인간에 대한 탐구와 진선미 이념의 통일로서 학문의 확립과 발전은 중세 기독교의 지배로 인해 종교와 신학의 변두리로 밀려난다. 중세에는 교회가 곧 대학이고, 교회의 성직자들이 학자이며, 학문의 목적은 신에 대한 인식과 믿음이었다. 그러다 중세 말 선진 이슬람 문화의 강력한 영향으로 인간과 학문과 종교의 본질에 대한 반성이 요구된다. 이 문화 교류에서 자연과학과 기술의 실용성, 인간과 현세의 중요성을 새롭게 깨달으면서 교회로부터 학문의 자율성을 확보하게 된다. 중세시대 교회(대학)에서 학문은 신학부와 그 부속 학부로서 철학부였지만, 르네상스 시기에 교리에서 독립된 새로운 대학이 생겨나면서 신학은 교회학과 기독교학으로 제한되고 철학은 고대 그리스의 진선미와 그에 관련 되는 일체의 분야, 그리고 자연과학과 인문과학의 기초학을 되찾는다. 구체적 현실 세계와 이승을 중시하는 경향은 실용학으로서 법학과 의학을 독립시키지만 내적으로는 철학의 이론적 기초와 연결되어 있었다. 이때 철학은 그리스적 의미의 로고스의 학, 즉 episteme(논증적 지식학)와 philosophia, 즉 sapientia의 학(지혜의 학)의 조합으로서 인문학과 자연학의 기초 학문이라는 뜻을 지닌다. 본시 로고스는 그리스어의 'legein(말하다)'에서 나온 말로, 이성이라는 의미이나 헤라클레이토스 이래 존재의 질서와 법칙, 사유의 본질, 신의 말씀, 하늘과 땅의 이치라는 의미를 함축하게 된다. 철학이 로고스의 학이라는 말은 그것이 학문 일반이라는 뜻이지만 르네상스에서 인간 정신이 세속화될 대로 세속적이 되자, 보다 실용적인 두 학문, 즉 법학과 의학이 여기에서 독립된다. 법학은 철저하게 실용주의적이던 거대 로마제국을 통치하기 위해 이미 소유권을 토대로 한 인간관계를 규범화하여 만민법과 공법, 시민법을 법제화한 것이었다. 로마법은 그 중립적 합리성 때문에 고대 이래 당시 유럽 전 지역의 개인적·사회적 갈등을 해결하는 본보기로 쓰이고 있었지만, 그 방대함 때문에 규칙들을 외우고 해석하는 데만도 수년을 집중해야 했다. 그러나 수고하여 전문가로 인정받으면 사회적으로 출세가 보장되는 터였다. 더구나 기독교의 단일 이데올로기에서 지역과 민족적 자각에 따른 독자성에 대한 요구는 문화 다원주의로의 이행을 강요하고, 따라서 교역과 교류에 따른 정치적·법적 규범의 확립과 인식이 필요해진 시대가 도래한 것이다. 이에 비해 의학은 그리스 이래 대학 학문의 한자리에 있던 것이 아니다. 질병 치료라는 돈벌이 직업으로서의 특성과 역병에 대한 국가 정책적 관리 요구에 의해, 학원에서 의원을 양성하고 단체를 결성하여, 한편으로는 영업을 하는 이들과 다른 편으로는 다양한 기능이 종합된 빈민구제소(보건소)에서 일하는 의원들로 나뉘어 있었다. 그러다 페스트가 휩쓸고 지나간 13~14세기에 와서 체계적 전문 연구 및 관리의 필요성이 제기됨에 따라 대학에서 학문의 하나로 확립된다. 결국 법학과 의학이라는 실용 실천학은 르네상스 시기의 새로운 세계의 도래, 즉 사회적 정치 경제적 변화 때문에 학문의 중심 분야로 급부상한 것이다.

고대 그리스에서 아카데미 대학은 진리 탐구(진선미에 대한)라는 학문 자체의 목적을 위해 연구했던 학자들에 의해, 또 그들의 연구 성과들을 청년들에게 교육하여 보다 나은 현재와 미래를 설계하려는 순수 동기에서 설립되었다면, 르네상스 이래 근대의 대학은 중세 신학과 철학(인문학과 자연학)의 전통 아래 실용적 목적의 법학과 의학이 추가되는 특징을 보인다 하겠다. 그 당시 유럽 최초의 대학인 살레르노 대학(1060년 설립)이 의학을 중심으로, 볼로냐 대학(1088년 설립)이 법학을 중심으로 설립되나, 둘 다 이미 수십 년 전부터 존재했던 직업인 양성소가 그 원형이다. 뒤이어 나타나는 파리 대학(1109)과, 1167년 파리 대학 입학이 불허된 영국 유학생들의 요구에 따라 파리 대학을 전범으로 기존의 교습소를 개조하여 13세기 초 왕의 인가를 받은 옥스퍼드 대학과 거기에 떨어져 나온 캠브리지 대학(1209년 설립) 역시 새로운 세계관인 실용성과 기능성을 대학과 학문의 중요 이념으로 설정한다. 강약의 정도 차이는 있지만 신학과 법학, 의학 및 이 모두의 기초학으로서 철학에서는 이른바 중세 후기 교양학(ars liberalis)으로 일컬어지는 모든 과목을 가르치고 배웠다[3](이 시기 신학부 역시 종교에 대한 순수 학문적 탐구가 목적이 아니라 경전과 교리 교육, 교회와 수도원의 성직자 양성에 목적이 있었으므로 일종의 실용학 교육기관이었다고 볼 수 있다). 철학부는 모든 학문의 기초학의 성격을 완전히 잃은 것은 아니나 역시 사회의 정치적 엘리트의 교양 도야와 공무원 양성이라는 실용적 목적으로 인문학적 교양학부로 변질되는 터였다.

대학의 목적을 순수 학문 탐구로 설정하는 것은 계몽주의가 휩쓴 18세기에 이르러서이다. 이것은 대학의 르네상스가 다른 분야, 특히 예술과 종교보다 수 세기 늦었다는 뜻이기도 하다. 진리 그 자체에 대한 학문적 열정은 그에 방해되는 일체의 간섭에서 해방될 때만 가능하며 이것은 이성의 자유와 자율성에 대한 믿음에서 시작된다. 대학은 이제 기능인이나 정치가를 배양하는 양성소가 아니다. 대학은 그때그때의 사회의 필요에 따라 직업교육을 하는 곳이 아니라, 인간 자신의 본성, 국가 자체의 본질을 규명하고 그에 맞는 인격체를 육성하고 도야하는 곳이어

3) 초기 볼로냐(Bologna) 대학의 법학부 교수 아르네리우스의 로마법 강의와 그라티아누스 교수의 교회법 강의의 인기가 높아 학생들이 구름처럼 밀려와 볼로냐는 법학의 중심지가 되고 시는 학생들의 하숙방이 절대 부족해진다. 집주인들이 방세를 터무니없이 올리자 학생들은 모임을 결성해서 이에 대항하는데 그 모임의 이름이 우니베르시타스(Universitas)이다. 이 모임은 시 당국에 방세 인하를 요구하여 관철시키면서 대학의 뜻으로 정착된다. 재미를 붙인 우니베르시타스는 교수들에게 수강료와 책값이 너무 비싸니 값을 인하하라고 요구하게 된다. 교수들은 이에 최소한이나마 자신들을 지키기 위한 조합을 만들게 되는데 그 이름이 콜레기아(Collegia)이다. 교수들은 이 모임 덕분에 자기 과목을 독자적으로 개설할 권한을 갖게 된다. 볼로냐 대학을 우니베르시타스가 주도한다면 파리 대학은 콜레기아가 주도한다. 이에는 철학적 신학자 아베라르두스(Abelardus), 안셀무스(Anselmus) 등의 명강의가 중요한 역할을 한다.

야 한다. 제작술과 기술과 기능을 익히는 것을 굳이 대학에서 할 필요는 없다. 직업학교와 기술학교 설립이 수월해진 시대에 대학은 새로운 목표, 즉 자유 이성에 의한 진리 추구라는 과제를 재정립해야 한다. 여기서 자유는 임의나 방종 또는 목적 없는 방황이 아니다. 그것은 완전한 휴머니즘의 길, 개인의 자유 인격, 사회의 인륜적 인격, 국가의 문화적 인격을 완성하는 이성의 활동 자체이다. 순수 이론 학문을 기술로 응용하기 위한 수단으로 격하할 필요는 없다. 기술은 효용성이 기준이나 학문은 진리성이 기준이다. 기술의 목적은 기계이지만, 학문의 목적은 인간이요, 그것도 진리의 인간이다. 따라서 대학에서 학문은 이론학이든 실천학이든 제작학이든 기본은 문화 교육, 즉 인문학의 토대에서 축적되어야 한다. 한 인격은 철학적 전인교육, 즉 고전, 문학, 역사, 언어학, 예술, 수학, 물리학, 수사학의 균형적 도야를 통해 도달된다. 완성된 개별 인격의 인간관계가 사회를 구성하면 그 사회는 완전한 사회이며 또한 완전한 국가이다. 역으로 완전한 이상 국가는 개인의 완전한 자유와 인격이 도야되는 곳이요, 사회의 갈등과 모순이 개인적 생의 활기를 촉진하는 곳이다. 이것이 문화학, 즉 인문학의 본질이다. 인문학의 목적을 대학 교육의 목적으로 설정한 때는 18세기 중반 이후 유럽, 특히 독일이다.[4] 18세기 중반 이후 한 세기 동안 독일의 대학들은 공무원이나 기술자 양성 또는 미래 세대 교육과 같은 실용적 목적 대신 고대 희랍적 전통인 진리 탐구와 발견이라는 학문 고유의 목적을 설정하고 이 목적 실현을 방해하는 교회와 국가의 간섭에서 자유를 쟁취해내는 역사를 일구어 엄청난 학문적 성과를 얻는다.[5]

이제 오늘의 다문화 시대 우리 현실로 돌아와 대학에서 학문의 태도를 되새겨보자. 세계사에서 최소한 진보의 한 계기를 담당했던 문화의 전형을 분석하고 배우고 비판적으로 수용하는 것은 대학과 학문의 일차적 과제로 여겨진다. 이를 위해 세계사적 사건들뿐 아니라 현재 우리 자신과 우리를 둘러싼 세계에 대한 면밀한 분석과 엄정하고 객관적 평가가 필요하다. 이것은 학문의 기본 작업이기도 하지만 생존을 목적으로 하는 국가와 문화의 지속 조건이기도 하다. 이때 무엇보다 중요한 것은

4) 예나, 하이델베르크, 베를린, 할레, 뮌헨 대학 이념 참조.

5) 1816년 헤겔은 국가의 본질적 계기를 문화와 학문의 번영으로 규정한다. GW. 18, 13쪽 참조.

국가의 본질과 목적은 학문의 본질, 목적과 일치하고, 학문의 본질과 목적은 대학의 본질과 목적에 일치하며, 대학의 본질과 목적은 인문학의 본질과 목적에 일치한다는 사실에 대한 확고한 인식과 믿음의 확립이다. 이런 인식과 믿음이 없는 국가에서는 대학과 학문은 물론 인문학을 이해하지 못하며, 학문과 인문학을 이해하지 못하는 국가는 인간을 이해하지 못한다. 세계사는 인간을 이해하지 못하는 인문학의 단명, 국가의 단명, 문화의 단명을 간명하고도 확실하게 보여주는 전시장이 아닐까?

필자약력(가나다순)

권대중

계명대학교 철학부 교수. 서울대학교 미학과를 졸업하고, 같은 대학 대학원에서 석사학위를, 그리고 독일 아헨대학(RWTH Aachen)에서 박사학위를 취득했다. 저서로는 *Das Ende der Kunst. Analyse und Kritik der Voraussetzungen von Hegels These* (Würzburg 2004)가, 역서로는 『예술의 죽음과 부활』(편역, 지식산업사 2004), 『헤겔의 체계 1』(비토리오 회슬레, 한길사 2007), 『세계의 밀착』(페터 슬로터다이크, 철학과현실사 2007)이 있으며, 주요 논문으로는 「헤겔의 <이론정신철학>에서의 "사유"」, 「전통적 진리대응론의 전개 및 문제점들: 플라톤에서 칸트까지」, 「헤겔의 '예술의 종언' 명제의 수정가능성 모색」, 「관념론적 정합론으로서의 헤겔의 진리관」, 「3의 변증법과 4의 변증법」, 「헤겔의 언어철학」, 「헤겔의 '예술의 과거성' 명제의 해석과 비판을 위한 예비적 고찰」등이 있다.

박배형

서울대 인문학연구원 HK연구교수. 서울대 경제학과와 같은 대학교 미학과 대학원을 졸업하고, 독일 빌레펠트 대학에서 철학박사학위를 받았다. 주요논문으로 「칸트의 라이프니츠 비판」, 「인식능력들의 자유로운 유희-칸트미학의 한 문제」, 「헤겔과 '상이성 명제'」, 「이성과 감성의 조화 또는 통일이라는 관점에서 본 근대미학: 칸트와 헤겔의 경우」등이 있으며, 지은 책으로는 『미학과 그 외연』(공저)이 있다.

서정혁

연세대학교 철학과를 졸업하고, 동대학원에서 칸트 철학으로 석사 학위를, 헤겔 철학으로 박사 학위를 받았다. 현재 숙명여자대학교 교양교육원 조교수로 재직 중이다. 저서로 『철학의 벼리』, 『논술 교육, 읽기가 열쇠다-선생님을 위한 읽기 교육의 방법과 활용』, 『논증과 글쓰기』(공저) 등이 있고, 역서로 『헤겔 예나 시기 정신철학』, 헤겔의 『법철학 강요』, 헤겔의 『미학 강의』, 헤겔의 『세계사의 철학』, 헤겔의 『교수 취임 연설문』, 피히테의 『학자의 사명에 관한 몇 차례의 강의』, K. 뒤징의 『헤겔과 철학사』가 있다. 그 외 독일 관념론과 교양교육 및 사고와 표현 교육에 관한 다수의 논문이 있다.

윤병태

연세대학교 철학과 교수. 연세대학교 철학과 졸업. 독일 마부르크대학교 졸업. 괴팅겐대학교 철학박사. 저서 『개념 논리학』, 『삶의 논리』, 『청년기 헤겔철학』, 『칸트 그리고 헤겔』외 논문 다수.

이광모

숙명여자대학교 의사소통센터 조교수. 성균관대 철학과와 같은 대학교 대학원 석사과정을 졸업하고, 독일 빌레펠트 대학에서 철학박사학위를 받았다. 주요 논문으로 「헤겔 논리학, 범주론인가 아니면 신지학인가」, 「개념이란 무엇인가-객관적 논리학과 주관적 논리학의 관계에 대하여」, 「철학적 증명에 관하여-칸트로부터 헤겔로의 전개를 중심으로」, 「철학의 원리에 관하여-아리스토텔레스와 헤겔을 중심으로」, 「그리스 비극의 공동체적 의사소통기능」등이 있고, 저서로는 『헤겔철학과 학문의 본질』 등이 있다.

이동희

독일 하이델베르크대학 철학박사, 한신대학교 학술연구교수, 한국학중앙연구원 연구기획실장 역임, 현재 한국학중앙연구원 고전학 연구소 선임연구원, *Der in die Natur versenkte Geist*, 『헤겔과 자연』, 『변증법과 해석학의 대화』, 『세상에서 가장 흥미로운 철학이야기1,2』등 저서와 『슐라이어마허의 해석학』, 『라이프니츠가 만난 중국』등의 역서와 「헤겔에 있어 자연과 정신의 통일」, 「사변적 변증법 형성을 위한 플라톤 변증법에 대한 헤겔의 해석」, 「헤겔 역사철학에 있어 '동양적 전제주의'의 문제」등 논문 다수가 있다.

조상식

서울대학교 교육학과 졸업. 독일 괴팅겐 대학교에서 석사와 박사(교육철학 전공)를 취득. 현재 동국대학교 교육학과 부교수 겸 교양교육원장으로 재직하고 있음. 주요 저역서로 『윌리엄 제임스-교육론』(저서), 『독일 교육학의 이해』(저서), 『쉽게 읽는 칸트 판단력 비판』(역서)(Teichert 저), 『이성1-우리 시대의 이성 비판』(역서)(Welsch 저) 등이 있으며, 주요 관심분야는 서양교육사상, 미학교육론, 도덕교육론, 비판이론 등이다.

조종화

고려대학교 심리학과(학사)와 동 대학교 대학원 철학과(석사)를 졸업하고, 독일 마인츠-요한네스 구텐베르크 대학과 본-프리드리히 빌헬름 대학에서 철학을 수학하였으며, 베를린-훔볼트 대학에서 철학 박사 학위를 받았다. 현재 동덕여자대학교 지식융합연구소에서 학술연구교수로 재직 중이며, 주요 논문으로는 「헤겔의 반성개념- 헤겔 논리학의 학에서 본질논리학과 관련해서」(박사학위논문, 2006) 이외에 「헤겔 모순개념의 객관성과 구조」, 「플라톤의 관여의 변증법과 헤겔의 모순의 변증법- 상이성 또는 타자성 개념을 중심으로-」, 「헤겔 『논리학의 학』에서 상이성 개념의 논리적인 의미와 구조」등 다수가 있다.

하광언

서울대 사범대학 독어교육학과를 졸업하고 문화방송에 입사, 보도이사를 거쳐 원주문화방송 대표이사로 일함(~2000). 연세대 언론홍보대학원을 졸업하고 동 대학원 철학과에서 박사 과정(헤겔 전공)을 수료했으며 현재 논문을 준비중이다. 석사논문은 "미디어의 사회적 현실구성이론의 현상학적 체계에 관한 연구"였음.

『헤겔연구』 목차 _ 제20호부터 28호까지

제20호 낭만주의 쟁점과 헤겔(2006. 12. 용의 숲)

제21호 철학의 고전적 담론들(2007. 6. 용의 숲)

第22호 로고스인가 사튀로스인가(2007. 12. 용의 숲)

제23호 오늘 우리에게 헤겔철학은 무엇인가(2008. 6. 용의 숲)

第24호 주체와 타자(2008. 12. 용의 숲)

第25호 개인과 사회(2009. 6. 용의 숲)

제26호 욕망과 문화(2009. 12. 용의 숲)

제27호 감성과 이성(2010. 6. 용의 숲)

제28호 역사와 예술 그리고 이성(2010. 12. 용의 숲)

한국헤겔학회 윤리 장전

한국헤겔학회의 회원은 학술 연구를 수행함에 있어 연구 윤리를 준수하고 바람직한 연구 문화 정착에 앞장 서 나갈 것이다. 이를 위해 아래와 같이 연구 윤리 장전을 실천해 나갈 것을 서약한다.

1. 학회 임원진 및 모든 회원은 회칙에서 규정한 연구윤리 규정을 성실히 이행한다.

2. 학회 회원은 연구 활동 및 그 결과 발표에 있어서 학자의 본분과 양심에 따라 거짓없이 진실되게 행동한다.

3. 학회 회원은 타인의 연구 성과를 존중하며, 표절 금지 원칙에 준하여 어떤 경우에도 표절하지 않는다.

4. 학회 편집위원은 학회지 [헤겔 연구]의 제반 업무를 학회 규정에 의거하여 공평하고 공정하게 집행한다.

5. 학회 회원은 각종 논문 및 연구 관련 심사시 학자의 양심에 따라 공정하게 심사한다.

2007년 12월 30일

한국헤겔학회

한국헤겔학회 윤리 규정

제1조(목적 및 구성)

한국헤겔학회(이하 학회)의 윤리 규정은 학회의 모든 회원이 연구, 결과물 발표, 심사를 포함한 모든 학술적 행위에서 준수해야 할 연구윤리의 원칙과 기준을 제시한다. 본 윤리규정은 학회의 모든 회원이 학문 연구의 가치를 상호 인정하고, 학문의 진보와 윤리문화 정착에 기여하려는 목적으로 마련된 것이다. 본 윤리규정은 학회의 윤리위원회 구성 및 운영에 관한 조항, 연구 윤리에 관한 조항, 심사 윤리에 관한 조항, 편집위원회에 관한 조항, 그리고 윤리규정 시행지침으로 구성된다.

제2조(윤리위원회 구성 및 운영)

1. 학회는 윤리 규정의 목적을 달성하기 위해 '윤리위원회'를 설치한다.
2. 윤리위원회는 위원장을 포함하여 5명으로 구성하며, 이사회의 추천을 받아 학회장이 임명한다.
3. 윤리위원의 임기는 2년으로 하며, 재임에 관한 제한은 없다.
4. 윤리위원장은 윤리위원들의 호선으로 선출한다.
5. 윤리위원회는 윤리규정 위반으로 제소된 사안에 대해 제보자, 피조사자, 증인, 참고인 및 증거자료 등을 포괄적으로 심의하고 의결하는 권한을 지닌다.
6. 윤리위원회는 제소된 사안에 대해 접수된 날로부터 30일 이내에 심의 결과를 의결하여 회장에게 통보한다.
7. 윤리위원회의 징계 건의가 있을 경우, 학회장은 이사회를 소집하여 징계 여부 및 내용을 결정한다.

제3조(연구 윤리)

1. 타인의 연구 결과물(저서, 논문 게재 및 학술대회 발표 등)을 자신의 것처럼 보이게 하는 모든 행위는 원칙적으로 '표절'로 간주한다.
2. 어떤 이유에서건 인용 및 참고 여부를 밝히지 않는 행위는 '표절'로 간주

한다.

3. 타인의 연구 결과물을 직, 간접적으로 인용할 때 학회가 제시한 원고 작성 요령에 준하여 인용 및 참고 여부를 분명히 밝혀야 한다.
4. 이미 발표된 연구 결과물을 중복해서 발표하는 것도 '표절'로 간주한다. 다만, 특별한 사정에 의해 중복 발표할 경우, 이전에 발표한 연구 결과물의 출처를 명확히 밝혀야 한다.

제4조(심사 윤리)

1. 모든 회원은 학회가 규정한 심사 규정에 의거 모든 심사를 객관적이고 공정하게 심사해야 한다.
2. 심사자는 연구자 및 심사 결과에 대한 비밀을 준수해야 한다.
3. 심사자는 심사 대상물의 표절 여부를 면밀히 판정하여야 한다.
4. 만일 심사자의 심사 결과에 대해 추후 문제가 제기될 경우, 윤리위원회의 심의를 거쳐 차후 심사 자격을 박탈할 수 있다.
5. 모든 회원은 각종 심사 결과를 통보받은 후 1주일 내로 재심을 의뢰할 수 있다.
6. 연구 결과물 재심은 기존 심사자를 제외한 3인 이상의 심사자에게 의뢰해야 한다.

제5조(편집위원회)

1. 편집위원회는 학회의 [헤겔 연구] 지 편집 및 발행에 관련된 모든 일에 책임있는 결정을 내려야 할 의무가 있다.
2. 편집위원회는 투고논문의 공정한 심사를 위해 관련 전문 분야의 심사자 3인 이상에게 심사를 의뢰해야 한다.
3. 편집위원회는 투고논문의 심사결과 및 그 사유를 반드시 정해진 기한 내에 투고자에게 통보하여야 한다.
4. 재심을 의뢰받은 경우, 편집위원회는 기존 심사자를 제외한 3인 이상의 심사자에게 재심을 의뢰하고, 재심 결과를 의뢰자에게 정해진 기한 내에 통보하여야 한다.

제6조(시행지침)

1. 모든 회원은 연구 윤리 위반으로 제소되었을 경우 윤리위원회의 조사에 성실히 임할 의무가 있다.
2. 윤리 규정 위반으로 제소된 회원에게는 충분한 소명 기회가 주어져야 한다. 소명 방식은 당사자의 의견을 수렴하여 윤리위원회가 결정한다.

3. 윤리위원회는 모든 심의 및 의결과정에서 회원의 신원을 노출해서는 안된다.
4. 윤리 규정을 위반한 회원에 대해서는 윤리위원회의 결정에 따라 경고, 투고 및 발표 제한, 임원 해촉, 회원 자격 정지 및 박탈 등의 징계를 할 수 있고, 이 조치를 여타 개인 기관과 공유할 수 있다.
5. 윤리 규정의 수정은 본 학회의 회칙 개정 절차에 준하여 정기 총회에서 결정한다.

부칙

본 규정은 2008년 1월 1일부터 시행한다.

『헤겔연구』 논문투고 및 심사규정

Ⅰ.『헤겔연구』 논문 투고 규정

1. 발간 시기: 연 2회(6월 15일 여름호, 12월 15일 겨울호)
   원고 접수: 연중 수시

2. 원고 종류
   1) 철학(哲學)과 사상사(思想史) 전반에 관련된 자유 주제, 특히 독일 관념론 및 헤겔 사상과 관련성이 있는 미발표 논문(특별 주제의 경우 별도로 공고한다.)
   2) 서평: 최근 3년 이내에 출간된 국문 저서 혹은 번역서, 연구사적 의의가 있는 외국문 저서
   3) 논문평: 최근 2년 이내에 발표된 국내외 주요 연구 성과, 특히 이미 『헤겔연구』에 수록된 논문 및 국내 주요 연구 동향에 대한 논쟁적 언급
   4) 번역: 헤겔 및 독일관념론 전반과 관련 있는 원서(분량 등 기준은 일반 논문 투고의 기준에 따른다.)

3. 분량
   1) 논문 기본 게재료: 참고 문헌을 포함하여 200자 원고지 80매 이상 130매 이하, 전임 이상 회원: 20만원, 비전임 회원: 13만원.
   2) 131매 이상의 초과분에 대해서는 원고지 장당 3,000원의 초과 게재료를 납부한다.(정해진 게재료 미납시 편집위원회의 결정에 따라 논문 게재를 보류할 수 있다.)
   3) "… 연구비 지원에 의한 연구 결과물임"이 표시된 투고 논문에 대해서는 게재료 30만원을 징수하고, 게재료 수납 때 영수증을 발부함.
   4) 서평: 200자 원고지 50매 내외
   5) 논문평: 200자 원고지 30매 내외

4. 투고 요령
   1) 워드프로세서(아래아 한글 프로그램)로 작성
   2) 디스켓과 함께 출력 원고 4부 제출: 디스켓과 출력물에는 반드시 논문 제목(한글/외국어), 저자 성명(한글/외국어), 저자 약력, 주요 검색어(한글/외국어), 논문 요약문(한글/외국어), 논문, 참고 문헌 순서로 포함되어 있어야 한다.
   3) 저자 약력에는 투고자의 소속, 주소, 전화번호, 이메일 주소를 정확하게 명기해야 한다.

5. 접수처
   - 서울특별시 서대문구 신촌동 134 연세대학교 외솔관(제1인문관) 508호 윤병태 교수 연구실 (한국헤겔학회 편집위원회)
   - 전화: 02-2123-2399/휴대폰: 010-2910-4215
     e-mail: kuri345@hanmail.net

6. 투고 시 주의 사항
   1) 논문 투고의 기본 자격은 본 학회의 회원으로 한다.(회원이 아닌 경우 투고 전 회원에 가입해야 한다. 회원이더라도 회비 미납 사실이 있을 경우에는 회비를 완납한 후 투고할 수 있다.)
   2) 동일 제목의 논문을 1, 2, 3 등의 형태로 연속적으로 투고할 수 없다.
   3) 외국어로 작성된 논문은 편집위원회의 심사를 거쳐 번역 게재한다.
   4) 분량이나 주제가 본 연구지의 기준이나 취지에 전혀 부합하지 않을 경우 심사 대상에서 제외한다.
   5) 다른 학술지나 출판 등록된 저서에 이미 게재된 논문은 심사 대상에서 제외한다.

7. 원고 작성 시 주의 사항
   - 원고를 투고할 때에는 반드시 다음 사항을 주의하여 작성하여야 한다.
   1) 투고자는 논문 작성 시 단독연구인지 공동연구인지를 명기해야 한다. 접수 시 1명의 성명이 기재되어 있을 경우, 이를 단독연구로 접수한다. 공동연구의 경우, 책임연구자와 공동연구자를 구분하여 명기해야 한다.
   2) 논문의 마지막 부분에 참고문헌을 반드시 첨가하여야 한다. 참고 문헌의 수록 순서는 국한문 문헌 다음에 외국 문헌을 싣되, 각각 저자 이름의 가나다와 알파벳 순서로 기재한다.

참고 문헌 작성법 예

Hegel, G. W. F., *Pbänomenologie des Geistes, in: Gesammelte Werke*, Bd. 9, hrsg. von W. Bonsiepen & R. Heede, Hamburg 1980.
Hegel, G. W. F., 임석진 옮김, 『정신현상학』, 지식산업사, 1988.
Gadamer, H. G., Hegel und die antike Dialektik, in: *Hegel-Studien*, Bd. 1, hrsg. von F. Nicolin & O. Pöggeler, Bonn 1961.
홍길동, 「헤겔의 자유개념」, 『헤겔연구』, 제9호, 한길사, 2001.

3) 각주의 경우 다음과 같은 작성법의 예를 따른다.

각주 작성법 예

G. W. F. Hegel, *Pbänomenologie des Geistes, in: Gesammelte Werke*, Bd. 9, hrsg. von W. Bonsiepen & R. Heede, Hamburg 1980, 13-14쪽 참조.
G. W. F. Hegel, 임석진 옮김, 『정신현상학』, 지식산업사, 1988, 17쪽.
H. G. Gadamer, Hegel und die antike Dialektik, in: Hegel-Studien, Bd. 1, hrsg. von F. Nicolin & O. Pöggeler, Bonn 1961, 10쪽 이하 참조.
홍길동, 「헤겔의 자유개념」, 『헤겔연구』, 제9호, 한길사, 2001, 18쪽.

4) 각주에서 이미 앞에서 인용된 논문에는 <저자 이름, 같은 글, 쪽수>로 표기하고, 저서에는 <저자 이름, 같은 책, 쪽수>로 표기한다. 만일 동일한 저자의 논문이나 저서 등이 중복될 경우에는 <저자, 논문명 혹은 저서명, 쪽수>로 표기한다. 그리고 바로 이전의 각주와 동일한 논문이나 저서가 인용될 경우에는 <같은 곳, 같은 글 혹은 같은 책, 쪽수>로 표기한다.
5) 주요 저작의 경우 필자가 약호 규정을 사용하여 본문이나 각주에서 표기할 수 있다. 가능한 한 각주 1에서 약호 규정을 구체적으로 명기해야 한다.
6) 편집의 일관성을 위하여 가능한 한 장, 절, 항, 목을 I, 1, 1), ①로 표시한다.
7) 강조는 ‘ ’ 부호로 표기하고, 인용문에서 가운데 단어나 구절의 일부 생략은 ‘…’로 표기하고, 완전한 문장의 생략은 ‘(……)’로 표기한다.
8) 논문 투고 시에는 본 학회에서 정한 작성 요령에 따라 논문 요약문 및 주요 검색어를 함께 제출하여야 한다. 외국어(영문 및 독문) 요약문 및 주요

검색어는 국문에 준해 함께 제출하여야 한다.

논문 요약문 및 주요검색어 작성요령

- 요약문 원고는 주제 분류(학술진흥재단에서 제공하는 학문 분류표 참조), 5단어 이내의 주요 검색어, 논문의 요약문으로 구성된다.
- 분량은 500자 정도(원고지 3매 정도)
- 주요 검색어는 논문에서 논의되는 주요 개념들이나 주제들 또는 인물들을 언급하되, 다섯 개념 이내로 한다.
- 요약문은 논문 전체의 핵심 내용을 논문 내용에 부합하게 작성한다.

9) 투고된 원고와 디스켓은 반환하지 않는다.

Ⅱ. 『헤겔연구』 논문 심사 규정

1. 논문 심사 및 게재 원칙
   1) 투고 논문 심사는 원고 마감 후 4월과 10월 연 2회 실시한다.
   2) 각 논문은 편집위원회에서 위촉한 심사위원 2~3인이 심사한다.
   3) 심사 시 논문 투고자의 성명과 소속 등을 알 수 없도록 한다.
   4) 각 심사위원은 투고 논문들을 본 편집위원회에서 규정한 아래의 '개별 심사 항목'에 따라 종합적으로 검토 평가한다.

개별심사항목

- 논문의 주제 의식이 명확하며 논리적이고 타당한 근거들이 제시되었는가?
- 창의적이고 비판적인 논제, 개념, 논거, 관점 등이 제시되었는가?
- 관련 분야에 대한 기초 문헌과 2차 문헌에 대한 적절한 논의가 이루어졌는가?
- 국내의 선행 연구 논저들에 대한 논의가 이루어졌는가?
- 논문의 형식적 요건(각주 인용, 참고 문헌 표기, 분량 등 본 학회에서 요구한 논문 작성에 관련된 사항)을 정확히 갖추었는가?[논문 요약문 및 주요검색어 작성요령]

5) 종합 평가는 개별 항목에 대한 평가를 근거로 '게재 가', '수정 후 게재 가', '게재 불가'로 판정한다.
6) 2인 이상으로부터 '게재 가' 판정을 받은 논문은 수정 없이 바로 게재할 수 있다.
7) 심사에서 수정이 요구된 사항은 필자에게 <심사 결과 통보서>에 첨부된 <수정 요구서>를 통해 고지하여 반드시 수정 후 게재한다.

2. 편집위원 선정 기준과 절차

1) 본 학회의 편집위원회는 위원장 1명, 위원 15명 이내로 구성한다.
2) 편집위원은 반드시 본 학회의 정회원이어야 하며, 학회 발전에 공이 많은 자로 학회 이사들의 추천으로 후보가 된다.
3) 추천된 후보들 중 학회 이사들의 과반수 이상의 찬성으로 선정한다.
4) 가급적 지역 안배를 고려하여 각 도에 최소 1명씩 위원을 두며, 다양한 연구 분야를 고려하여 선정한다.
5) 편집위원의 임기는 2년으로 하며 연임할 수 있다.

한국헤겔학회 임원 명단 (2010. 12.-2012. 12.)

회장_최신한(한남대)
명예회장_임석진(명지대)
고문_송병옥(건국대), 이강조(경북대)
이사_위상복(전남대), 이창환(서울대), 임홍빈(고려대),
임재진(조선대), 이병창(동아대)

(상임이사)
부회장_ 유헌식(단국대)
총무이사_ 이정은(연세대)
연구이사_ 권대중(계명대)
편집이사_ 윤병태(연세대)
국제교류이사_ 이광모(숙명여대)
학술지평가준비위원장_ 서정혁(숙명여대)

연구위원_조종화(고려대), 정대성(연세대), 박배형(서울대),
이종철(연세대), 소병일(고려대), 이재성(계명대)
편집위원_이광모(숙명여대), 강순전(명지대), 유헌식(단국대),
서정혁(숙명여대) 권정임(강원대), 권대중(계명대),
김준수(부산대), 백훈승(전북대), 김귀룡(충북대)
국제교류위원_연효숙(상명대), 김옥경(서강대), 나종석(연세대),
황설중(고려대), 양우석(증상연)
학술지평가준비위원_남기호(서울여대), 양희진(한남대)
감 사_정미라(전남대), 심철민(서울대)
총무간사_양희진(한남대)
편집간사_남기호(서울여대)

헤겔연구 제29호

예술의 생명성

1판 1쇄 인쇄 2011년 6월 14일
1판 1쇄 발행 2011년 6월 15일

편집 한국헤겔학회
펴낸이 윤병태
펴낸곳 도서출판 용의 숲
주소 서울시 서대문구 신촌동 134 연세대학교
제1인문관 508호 한국헤겔학회 편집위원회
전화 02-2123-2399
휴대폰 010-2910-4215
E-mail kuri345@hanmail.net
출판등록 2004년 3월 29일 제 313-2004-00078호
주문처 한국출판협동조합(일원화공급처)
전화 02-716-6032 | 팩스 02-716-3819-20

ISSN 1598-9410(29)
가격 16,000원